LE DIABLE À 37 000 PIEDS

Anthologie Poche

de la revue FEUILLETON

Conception graphique gr20paris

ISBN : 978-2-36468-036-4

Illustration de couverture : Mike Lemanski

Le
Diable
à
37 000
pieds

Anthologie

FEUILLETON
Non-Fiction

Éditions
du sous
sol

Sommaire

William Langewiesche

LE DIABLE À 37 000 PIEDS

Il y avait toutes les chances que cet accident ne se produise pas – la collision entre un jet Legacy 600 et un Boeing 737 transportant cent cinquante-quatre personnes. Mais le 29 septembre 2006, à la suite d'une longue série d'erreurs, ce crash inattendu a bien eu lieu, au-dessus de la forêt amazonienne. Depuis tous les points de vue, ceux des pilotes, des contrôleurs aériens brésiliens, d'un camp indien caiapo, voire de la forêt vierge incendiée, William Langewiesche reconstitue la rencontre fortuite entre la technologie de pointe et la faillibilité humaine.

Quelles étaient les probabilités pour que cela arrive ? L'accident avait tellement de chances de ne pas se produire, l'enchaînement de circonstances qui y menait pouvait s'interrompre de tant de façons différentes qu'un enquêteur me confia plus tard que le diable lui-même semblait y avoir joué un rôle. Les responsables étaient des pilotes américains et des contrôleurs aériens brésiliens, en charge des couloirs aériens survolant le bassin de l'Amazone qui s'étire au nord du Brésil. Si ce n'étaient pas les types les plus intelligents qui soient, ils correspondaient à la moyenne de leurs professions respectives, s'étaient montrés jusque-là suffisamment opérationnels, et pas assez stupides pour que la stupidité fournisse à elle seule la raison du désastre qu'ils ont causé. C'est arrivé le vendredi 29 septembre 2006, vers la fin de la saison sèche, dans l'État occidental du Mato Grosso, à l'endroit où la jungle amazonienne s'étend au sud du rio Xingu, une rivière large et boueuse. Cet après-midi-là, le ciel était pâle et chaud. Les dauphins nageaient dans le courant, comme ils ont toujours fait. Les tortues se prélassaient sur la rive. Comme d'habitude, quelques véhicules avançaient laborieusement sur la route sans revêtement, cahoteuse, qui coupe sur des centaines de kilomètres à travers bois et clairières, labourant le sol en seconde et déposant des nuages de poussière sur les campements occasionnels. La route a une appellation officielle, BR-80, mais il s'agit plutôt d'une piste. Elle mène de nulle part à un peu plus loin. Pendant la saison des pluies, elle devient quasiment impraticable. Les colons qui l'ont suivie pour pénétrer dans la jungle se nomment eux-mêmes les Oubliés. Ceux qui se sentent supérieurs aux Indiens de la vicinité paraissent néanmoins résignés à des vies faites d'ambitions médiocres. Quand des étrangers passent en voiture, les colons se détournent de leurs tâches pour les regarder. Cela, avec la télévision, fait office de divertissement. Sinon, les jours passent, pareils aux autres pour la plupart. Le 29 septembre était un jour comme ceux-là. À ma connaissance, il n'y avait pas d'étrangers au sol. S'il y a eu un quelconque sentiment d'urgence, ce fut en fin d'après-midi, quand les quelques conducteurs proches de l'endroit où l'on traverse le rio Xingu se mirent à accélérer pour arriver à temps pour le dernier ferry, à la tombée de la nuit.

Le gué se trouve au cœur du territoire des Indiens caiapos, une réserve étendue et couverte d'une forêt dense. Le ferry est une barge attachée par un côté à un petit remorqueur piloté par des Indiens taciturnes. L'activité du ferry est leur seule source de revenus, indépendamment des aides de l'État. Le village principal n'est pas loin. Environ trois cents caiapos y vivent, dans des huttes ouvertes et coiffées de toits de paille, qui sont plus propres que les baraques sordides des Oubliés. Les Indiens se peignent le corps de motifs géométriques mais portent des vêtements occidentaux par-dessus. Certains ont un penchant pour les chemises camouflage. D'autres portent des plateaux dans leur lèvre inférieure. Il s'agit d'une mode peu pratique, car cracher devient difficile. Les hommes s'appellent entre eux “les guerriers”, ce qui doit les rassurer dans leur fierté. Ce sont des chasseurs et des pêcheurs qui disparaissent en expédition dans la forêt pendant plusieurs jours. Les femmes restent à la maison, où elles s’occupent des enfants et des corvées du village. Celui-ci est plein du bruit de toutes les allées et venues, des bébés qui pleurent et de l’activité de la basse-cour. Mais le 29 septembre dans l’après-midi, environ une minute avant 5 heures, deux femmes parties faire leur lessive en silence au ruisseau entendirent un coup de tonnerre, un seul, très fort. C’était étrange car le ciel était dégagé. Les femmes rentrèrent au village et rapportèrent ce qu’elles avaient entendu.

Par la suite, la presse fit grand cas du groupe d’Indiens caiapos, les décrivant comme des gens proches de la nature, et en conséquence vierges, dont la vision du monde était tellement limitée par leur mode de vie traditionnel qu’ils concevaient les avions comme de lointains oiseaux de fer. La réalité est plus complexe. J’ai dénombré cinq antennes de télévision par satellite dans le village et, à l’écart, au-delà d’une imposante école, j’ai découvert une piste d’atterrissage en terre, entretenue et suffisamment longue pour accueillir des avions à turbopropulseur haute performance. Les caiapos savent très certainement ce qu’est un avion. À la vérité, leur chef, un homme corpulent du nom de Megaron, se déplace parfois sur des vols affrétés et payés par le gouvernement. Il y a quelques années, le musicien Sting l’a même fait venir à New York pour participer à une campagne en faveur de la protection des terres indiennes. Megaron, tenant conseil assis à l’ombre des arbres, m’a décrit son arrivée à New York : la vue par le hublot et le spectacle des avions en vol, puis en train d'atterrir, les uns après les autres, à quelques minutes d'intervalle seulement. La qualité du travail de la tour de contrôle de New York l'avait impressionné. Voilà pour le côté "oiseau de fer" de l'histoire. Pourtant, il est vrai que les caiapos n'ont pas complètement adhéré à la modernité au sens où on l'entend communément. Ils n'ont pas été christianisés, ni persuadés d'abandonner leurs croyances traditionnelles, qui mentionnent la proximité d'un monde parallèle, "de l'autre côté", où errent les âmes des personnes victimes d'une mort soudaine, avec lesquelles seuls les chamans peuvent s'entretenir. Était-il possible que le coup de tonnerre provienne de cet endroit ? En un sens, c'était le cas. Mais avoir voyagé en avion ne signifie pas que votre première pensée aille vers ce type d'appareil. Personne parmi les caiapos n'imagina que le bruit était celui d'un Boeing 737 s'écrasant au sol.

La même stupéfaction frappa les autres personnes qui purent entendre le son de l'impact. À l'ouest du territoire des caiapos, dans les bureaux d'un ranch fort de vingt et une mille têtes de bétail, du nom de Fazenda Jariña, de nombreux employés entendirent ce coup de tonnerre mais ne surent pas quoi en penser. Le gérant du ranch, Ademir Riebero, un homme petit et solitaire, m'a confié qu'il savait que le trafic nord-sud entre Manaus et Brasilia passait à l'aplomb du secteur et que la nuit, on pouvait entendre les moteurs et voir les lumières des avions. Le soir du 29 septembre, en revanche, il ne se demanda pas si l'un deux s'était écrasé quand il eut vent du tonnerre inexpliqué :

“Nous n’imaginions pas un instant que cela pouvait arriver ici. Seulement à Sao Paulo, ou dans des endroits comme ça.” En effet, les avions qui passèrent dans le ciel ce jour-là étaient dans la phase de vol la moins critique, filant tout droit et sans effort, à haute altitude, dans le froid d’un ciel immaculé, et matériellement capables de résister quelle que soit l’erreur que leurs équipages pouvaient commettre. Puis Riebero reçut l’appel radio d’un fonctionnaire qu’il connaissait : “Ademir, un avion de la compagnie Gol a disparu, et il semble qu’il se soit écrasé près de chez toi.” Gol est une compagnie à bas coût qui a pris le nom de l’interminable cri de victoire qui salue un but au football, “G-O-O-O-O-O-L” ! Riebero alluma la télévision sur une chaîne d’information et vit à l’écran une carte de Jariña. Étrangement, cela marqua la situation du sceau de l’authenticité dans son esprit. Il supputa, au vu de l’absence de réactions des avant-postes du ranch, que l’avion ne s’était pas écrasé sur les terres de la Fazenda. Mais étant donné la hauteur et la densité de la jungle environnante, il n’était pas surprenant qu’un Boeing entier ait pu disparaître.

Plus tard dans la soirée, alors que les appels radio se succédaient, Riebero apprit que des manœuvres d’une ferme avoisinante avaient vu tomber un avion. Il s’agit des seuls témoins oculaires connus de l’accident. Comparé à la Fazenda Jariña, la ferme sur laquelle ils vivent et travaillent est petite, mais reste tout de même de belle taille. Elle est luxuriante et particulièrement bien entretenue, comme s’il s’agissait d’un objet de plaisir avant tout. Elle appartient à un jeune homme vivant à Sao Paulo, âgé de vingt-quatre ans, qui la reçut en cadeau de son grand-père. Être riche peut se révéler vraiment agréable au Brésil ; et la forêt amazonienne, soyons franc, est plus jolie une fois coupée. Les manœuvres construisaient un nouveau mur de briques quand ils entendirent un rugissement et aperçurent le Boeing à une quinzaine de kilomètres à l'est. L'avion piquait du nez en vibrant et semblait traîner un panache de fumée. À cette distance, l'avion ne faisait que quelques centimètres de long. Il disparut derrière la cime des arbres et s'enfonça dans la forêt au loin. Ni poussière ni fumée ne s'élevèrent dans le ciel. Le coup de tonnerre survint plusieurs secondes après. Les manœuvres coururent vers le contremaître, qui se précipita sur la radio et passa le premier appel. Cette nuit-là, les gens de la ferme eurent du mal à dormir. L'aviation brésilienne appela pour demander à utiliser la Fazenda Jariña pour les opérations de sauvetage et de soins une fois que l'avion serait retrouvé. Riebero accepta car le ranch possédait des installations adaptées à l'accueil du public. Si Dieu le voulait, l'on compterait des survivants. À 11 heures du soir, un quadrimoteur Hercules commença à chercher vers l'est, d'un vol lourd, dans les ténèbres. Finalement, sans succès : la boîte noire du Boeing était apparemment défectueuse, car on ne capta aucun signal de secours. L'aviation appelait Riebero sans cesse, pour le tenir au courant. Riebero finit par éteindre le poste pour trouver un peu de repos. Il se leva à l'aube. Pendant un temps, le matin fut calme. Mais à 8 h 30, un autre Hercules passa à basse altitude au-dessus de la ferme, équipé d'un magnétomètre servant à détecter les masses métalliques. À 9 heures, Riebero apprit la découverte de la carcasse de l'appareil.

Elle se trouvait dans une zone de forêt dense, sur le territoire caiapo, et fut presque impossible à voir du ciel. Les hélicoptères des forces armées commencèrent à se poser sur le terrain de foot du ranch. On envoya une équipe de sauvetage, qui descendit en rappel sur le site du crash et revint en annonçant qu'il n'y aurait aucun survivant. La scène était effroyable. Cent cinquante-quatre personnes avaient péri. Il s'agissait d'hommes, de femmes et d'enfants, tous innocents. À l'échelle de l'Histoire, les individus sont insignifiants, mais ceux-là n'ont pas connu une mort paisible, comme on pourrait le souhaiter. Ils ont traversé un moment de terreur totale, et la force de l'impact les a réduits en charpie. C'est le pire accident dans la longue histoire de l'aviation brésilienne.

L'opération de sauvetage débuta par le défrichage d'un héliport au milieu de la forêt. Quand la nouvelle de la présence du Boeing sur le territoire caiapo parvint aux oreilles de Megaron, il rassembla vingt-deux hommes (tous des guerriers) et se rendit à la Fazenda Jariña, d'où ils mirent deux barques en aluminium à l'eau et descendirent le courant, voyageant un jour entier jusqu'au site. Les caiapos voulaient se rendre utiles. Leur chaman était là. Les cieux avaient fait pleuvoir la ruine sur leurs arbres. Pour eux, les individus ne sont pas sans signification en regard de l'histoire. Pour eux, dans un monde parallèle, cent cinquante-quatre âmes torturées imploraient qu'on s'occupe d'elles.

William Langewiesche

LE DÉCOLLAGE

L'après-midi du 29 septembre, à plus de 1000 kilomètres au sud, quelques heures avant le crash du Boeing, deux pilotes américains se préparaient à rentrer chez eux dans un jet d'affaires de la marque brésilienne Embraer flambant neuf. L'appareil se tenait dans le soleil levant, étincelant sur le tarmac de l'usine Embraer de Sao José dos Campos, près de Sao Paulo. C'était un Legacy 600, un bijou pesant vingt-cinq millions de dollars, capable d'accueillir de manière luxueuse treize passagers à 41 000 pieds, à plus de 800 km/h et, avec peu de passagers, de voler 6 000 kilomètres sans avitailler. Le Legacy se classe parmi les jets privés de catégorie supérieure, parmi des appareils comme les Gulfstreams, les Challengers, les Falcons – qui sont, du point de vue politique, éthique et environnemental, de détestables créations, mais restent tout de même, dans le domaine du transport de personnes, de vrais chefs-d'œuvre. Le Legacy pèse plus de 22 tonnes à pleine charge. Il est propulsé par deux réacteurs à double flux Rolls-Royce montés sur la partie arrière du fuselage. Ceux-ci délivrent une poussée totale de plus de 7 tonnes, ce qui coûte environ 1 000 litres de kérosène par heure à l'atmosphère et aux réserves mondiales de pétrole. Le Legacy a un empennage en "T" de belle taille, et de fines ailes tirant vers l'arrière, dont les extrémités se recourbent en gracieuses ailettes : des extensions verticales de 2 mètres étudiées pour dompter les courants atmosphériques et améliorer l'efficacité (de manière tout à fait relative). Il possède un cockpit avec les derniers équipements en matière d'instrumentation électronique, dont un ordinateur pourvu d'un système de gestion de vol, un G.P.S. de haute précision, des radios puissantes, un superbe pilote automatique et le nec plus ultra en équipement embarqué dédié à l'évitement des collisions. La cabine comprend un office complet (personnel de bord suggéré), un système de divertissement, un téléphone satellite, un grand cabinet de toilette et trois zones séparées de fauteuils, dont une à l'arrière qui peut être transformée en chambre privative. Si vous mettez un point d'honneur à vous faire vraiment plaisir, et pour un prix exorbitant, voler à bord d'un Legacy est fortement recommandé.

Celui-ci avait été acheté par ExcelAire, une compagnie d'affrètement située à Long Island, dans l'intention de le louer comme taxi volant dans le monde entier. L'appareil avait reçu une immatriculation américaine, N600XL. En langage radio, cela donnerait : November 600 X-Ray Lima. Les lettres "XL" font référence à ExcelAire. Pendant les jours qui ont précédé l'achat, quatre autres salariés de la compagnie ont inspecté l'appareil avant de matérialiser l'achat, deux vice-présidents ainsi que l'équipage : le capitaine, Joseph Lepore, quarante-deux ans, et son copilote, Jan Paul Paladino, trente-quatre ans. Lepore avait la réputation d'être un homme agréable, qui aimait voler et qui n'avait jamais pensé à rien d'autre. Paladino donnait l'impression d'être plus ouvert, et peut-être plus vif d'esprit. Aucun des deux pilotes ne parlait portugais ni ne manifestait beaucoup d'enthousiasme pour le Brésil au-delà des références obligatoires à Rio de Janeiro. Si l'on en juge d'après les enregistrements des échanges dans le cockpit, conservés par la boîte noire et plus tard récupérés par les enquêteurs, ils s'exprimaient avec un accent new-yorkais; et c'était le cas même quand ils s'adressaient aux autochtones. Dans les enregistrements, ils ne s'exprimaient pas souvent. Ce qui n'a pas d'importance: l'anglais est la *lingua franca* de l'aviation. Partout, on exige des contrôleurs aériens qu'ils l'utilisent pour communiquer avec des pilotes qui ne sont pas anglophones. Les procédures de la navigation aérienne sont à peu près les mêmes tout autour du globe. Enfin, la tâche pour laquelle Lepore et Paladino avaient été engagés était de piloter des avions, pas de flâner en méditant sur les différences culturelles.

Ce sont les mêmes pilotes qui furent plus tard cloués au pilori, soupçonnés d'avoir disparu des radars pour faire des acrobaties au-dessus de l'Amazone. Cette accusation, dès le départ frappée de ridicule, fut rapidement réfutée par les données de la boîte noire. Lepore et Paladino n'étaient pas du genre à faire du rodéo en avion. Plutôt le contraire. Au-delà du bavardage de cockpit, les enregistrements montrent des personnalités dévouées à leur tâche et à leur hiérarchie, de manière quasi enfantine. En ce sens, ils représentaient un idéal type de l'industrie aérienne. C'étaient aussi des pilotes expérimentés et formellement qualifiés pour piloter ce genre d'appareil. Ils venaient de finir une session d'entraînement sur Legacy aux États-Unis, auprès de FlightSafety International, l'école de pilotage de jets privés la plus connue au monde, où ils s'étaient montrés compétents lors des Q.C.M. de toutes catégories. L'entraînement dispensé par FlightSafety fait appel à des cours théoriques et à des exercices en simulateur. Il est aussi guindé et formaliste, autant fait pour impressionner les bureaucrates que pour former les pilotes, et en conséquence moins utile qu'il ne prétend l'être. Il n'est pas, cependant, sans valeur et ExcelAire était allé un peu plus loin en les envoyant au Brésil lors de l'achat. Au surplus, pendant le processus d'inspection et de validation à Sao José dos Campos, ils avaient fait un vol d'essai sur l'avion neuf sous la supervision de pilotes et d'ingénieurs de l'usine Embraer, qui leur avaient présenté les systèmes de la cabine de pilotage et fourni quelques tuyaux pratiques. Enfin, Paladino, le copilote, avait déjà volé sur un jet régional Embraer de même facture quand il travaillait pour American Airlines. Et ces jets sont faciles à piloter. Il n'y avait aucune raison de douter que Lepore et Paladino ramèneraient le N600XL à bon port en toute sécurité.

Leur séjour brésilien ne fut pas drôle. La ville de Sao José dos Campos est sans intérêt, les retards s'accumulèrent au fur et à mesure que l'équipe d'ExcelAire découvrait de petits problèmes sur l'appareil et que les techniciens d'Embraer faisaient leur possible pour les résoudre. Une difficulté particulière concerna les lampes à L.E.D. de la cabine, ce qui faillit compromettre la vente. Embraer réserva un traitement de faveur aux Américains et insista pour les faire accompagner d'un membre du personnel pour la première partie du vol retour, apparemment pour faciliter leur sortie du pays. Les choses ne se passèrent pas de cette manière, mais l'idée était de parcourir 3000 kilomètres vers Manaus, au nord, de passer la nuit dans un bon hôtel et de faire un tour en bateau sur l'Amazone avant de rentrer aux États-Unis plus tard dans la journée. Henry Yandle, responsable des ventes pour l'Amérique du

Nord chez Embraer, ainsi que Joe Sharkey, journaliste du *New York Times* spécialisé dans les voyages d'affaires qui devait relater le vol pour le magazine américain *Business Jet Traveler*, accompagnaient l'équipage. Entre tous, Sharkey était l'*outsider*, et potentiellement très influent. C'était inhabituel de l'avoir invité sur un voyage inaugural avec un équipage tout juste formé. Mais il s'agissait d'une course exceptionnelle, sans client à bord et sans la discrétion qui entoure en règle générale l'utilisation de tels appareils.

La publicité était la bienvenue pour Embraer et ExcelAire. Une description des Legacy dans *Business Jet Traveler* pourrait aider à convaincre quelqu'un d'en acheter ou d'en affréter un. Il est difficile de savoir ce que Sharkey aurait pu écrire comme contenu original : qu'un voyage en Legacy est confortable ? Que la cabine offre de la place pour les jambes, de l'espace de travail et un compartiment à bagages grand comme un dressing ? Que l'éclairage de la cabine ne clignote pas ? Pour vingt-cinq millions de dollars, encore heureux. Quoi qu'il en soit, Sharkey avait toutes les apparences d'un homme décent et il est peu probable qu'il se soit intéressé aux aspects les plus discutables de l'appareil : la consommation de carburant par kilomètre-passager, la dépense pour les actionnaires de la compagnie, l'usage disproportionné de ressources publiques telles que le contrôle aérien et les créneaux de décollage et d'atterrissage. Non, on pouvait parier sans crainte que *Business Jet Traveler* ne publierait pas ce genre d'article. Néanmoins, la présence de Sharkey mit un peu plus de pression sur les épaules des pilotes qui s'approchaient doucement de la piste de décollage à bord d'un avion qu'ils connaissaient mal.

C'était le vendredi 29 septembre, juste avant 3 heures de l'après-midi. Embraer avait fourni à la tour de contrôle un plan de vol généré par ordinateur jusqu'à Manaus. Les plans de vol sont des demandes d'autorisation de vol ou des annonces de vols imminents. Le plan soumis prévoyait que l'avion survolerait Brasilia, puis, après un léger virage à gauche, emprunterait un couloir aérien qui devait l'emmener à Manaus, 2 000 kilomètres plus loin. Cette route aérienne porte le nom UZ6. Elle survole le territoire des Indiens caiapos et la Fazenda Jariña, mais, bien sûr, le plan de vol ne tenait pas compte de cela, ni même de l'existence de l'Amazone. À partir des vents prévus et des performances du Legacy, le plan de vol exigeait une ascension à 37 000 pieds (11 277 mètres), soit le niveau de vol 370, une altitude appropriée pour la direction initiale du vol. Jusqu'à Brasilia, cette direction se trouvait légèrement à l'est du nord magnétique. On assigne en général des altitudes "impaires" (35 000, 37 000, 39 000 pieds) aux avions volant sur des destinations orientales, alors qu'on donne des altitudes "paires" (36 000, 38 000, 40 000 pieds) aux destinations occidentales. C'est la base, l'équivalent vertical de la circulation à droite pour les automobiles. Les contrôleurs aériens virtuoses autorisent parfois des exceptions quand le trafic est faible (de même, les exceptions sont la règle sur certains couloirs aériens à sens unique) mais de manière générale, ces règles de vol imposent les altitudes auxquelles les avions volent dans le monde entier. L'ordinateur de planification de vol le savait, et comme la route vers Manaus imposait un virage à l'ouest au-dessus de Brasilia, il indiqua une descente à 36 000 pieds (10 972 mètres) à ce moment du vol.

Lepore et Paladino avaient une version imprimée de ce plan de vol dans le cockpit, la route à suivre surlignée en jaune et les altitudes visibles. Mais un plan de vol n'est qu'une proposition. Il devient proche de l'artefact une fois que les contrôleurs aériens l'ont longuement considéré et donnent un feu vert officiel, assignant une route de vol et une altitude qui correspondent aux besoins de l'espace aérien sous leur responsabilité. Ensuite, le plan de vol originel ne devient opérationnel que dans des circonstances précises, liées à un défaut de communication. Lepore et Paladino reçurent l'approbation par la radio de la tour de contrôle de Sao José dos Campos avant de rejoindre la piste de décollage. L'anglais du contrôleur local se réduisait au strict minimum. Au final, Lepore et Paladino comprirent l'essentiel : on leur donnait l'autorisation de voler vers Manaus selon une procédure de départ standard puis la route prévue par le plan de vol, à une altitude initiale de 37 000 pieds. On leur attribua un code transpondeur unique, et ils firent le réglage qu'on leur demandait. Le transpondeur est une balise radio qui répond au radar du contrôle du trafic aérien, mettant en surbrillance un indicateur sur l'écran des contrôleurs et transmettant de manière automatique l'altitude et la direction de l'appareil en vol. Comme la majorité de l'électronique du Legacy, cet équipement avait été fabriqué par la marque américaine Honeywell. À 14 h 51, Lepore, assis à gauche, aux commandes, le N600XL accéléra sans à-coups sur la piste et décolla. J'imagine que Sharkey était ravi. Il entreprenait un voyage à la manière d'un pacha des temps modernes. Ni lui ni les pilotes n'auraient pu se douter qu'au même moment, presque 3000 kilomètres au nord, dans le monde normal, les passagers ordinaires du vol Gol 1907 s'amassaient autour de la porte d'embarquement du terminal de Manaus, se préparant à monter à bord d'un Boeing 737 pour un vol vers le sud.

DÉFAUT DE COMMUNICATION

Les enregistrements des échanges verbaux du cockpit sont des bandes sans fin de deux heures. Celle récupérée des entrailles du N600XL débute quarante-deux minutes après le décollage, tel un rideau se levant sur une scène banale, mais le diable rôde en coulisses. Il était 15 h 33. Le pilote automatique était enclenché. L'avion se situait 240 kilomètres au sud de Brasilia environ et à l'altitude prévue de 37000 pieds. Paladino, dans son rôle de copilote, était à la radio, contactant un nouveau secteur du contrôle du trafic aérien. Ce secteur est une subdivision de l'espace aérien contrôlé par Brésil centre (S.B.B.S. A.C.C.). Ce dernier est un radar qui contrôle le trafic au-dessus d'une vaste zone du centre du Brésil, à peu près au nord de la limite de l'État du Mato Grosso. Paladino actionna un transmetteur et dit : "Niveau du N600XL, niveau de vol 370." La réponse du contrôleur aérien lui parvint brouillée et incompréhensible. Paladino réitéra sa demande et cette fois-ci, la transmission du contrôleur fut à peine plus claire. "Je crois qu'il vient de dire :

'contact radar'", dit Lepore. Paladino crut le capitaine sur parole et reprit la radio : "Roger1, contact radar." Il ajouta à l'intention de Lepore : "Je n'ai aucune idée de ce qu'il a bien pu dire." Lepore ne fit aucun commentaire. Pour une grande part, les communications radio en vol sont routinières. L'échange requis avait eu lieu, et les pilotes ont tendance à garder leur calme. Aux États-Unis, ils auraient peut-être suivi le problème, alerté le contrôleur sur la mauvaise qualité de ses transmissions radio et essayé de le faire basculer sur une meilleure fréquence ou une antenne plus proche. Ils ne firent rien de tout cela au Brésil. Était-ce une forme d'arrogance culturelle ? Probablement pas. Était-ce de la timidité linguistique ? C'est possible, peut-être mélangée à l'inertie intellectuelle qui peut assoupir les pilotes en vol. Pour le moment, tout allait bien, mais considéré retrospectivement le manque de suivi de la part de l'équipage n'était pas bon signe.

Pour passer le temps, ils explorèrent le système de gestion de vol de l'appareil et les écrans plats associés, mais aussi le logiciel de planification de vol fourni par l'usine Embraer et installé sur un ordinateur portable individuel. Paladino avait le portable. Un passager vint le trouver. Il se peut que cela ait été Sharkey, car il demanda des renseignements sur l'altitude, comme s'il ne savait pas lire les instruments du tableau de bord, ce qu'on aurait pu attendre des autres passagers. Qui que ce fût, Paladino l'accueillit d'un ton particulièrement enjoué : "Bonjour ! Comment ça va ?

— Bien. Et vous ?

— Très bien. On fait, hum… on fait mumuse. On essaye de se familiariser avec l'avion.

— Il se comporte comme une beauté dans les airs, non?”

L’usage du féminin était maladroit, mais Paladino poursuivit: “Oui! Une vraie beauté avec des ailes!”

Ils parlèrent du temps, qui, à ce moment, était aussi au beau fixe. Le passager quitta le cockpit. Paladino reprit son exploration sur l’ordinateur. À propos de ce qu’il y faisait, il s’exclama: “Ah merde, je l’ai perdue!

— Quel est le problème? demanda Lepore.

— J’ai perdu une page. Où est-ce qu’elle est passée? J’ai dû appuyer quelque part.

— Ah, c’est pas grave”, répliqua Lepore.

Comme s’ils n’avaient rien de mieux à faire, Lepore et Paladino continuèrent à bidouiller l’ordinateur. Il n’y avait pas vraiment de raison de regarder à l’extérieur. La terre s’étalait loin en contrebas et ne représentait pas un sujet de préoccupation. Le ciel autour d’eux était immense. Le trafic à ces altitudes était sous contrôle radar et bien qu’on puisse entendre les transmissions d’autres avions, le système d’évitement des collisions du Legacy devait avertir si l’un d’entre eux devait se rapprocher dangereusement à cause d’une erreur des contrôleurs aériens. C’était la nature de la partie du trajet alors en cours. Le cockpit était un cocon. Lepore et Paladino pilotaient un jet en lui-même d’un maniement aisé, mais qui avait été truffé de possibilités électroniques dont la plupart étaient imbriquées les unes dans les autres et donc insoupçonnables au premier abord. L’imbrication des informations de vol (pour beaucoup superflues) est une tendance qui remonte à plusieurs décennies et qui semble être hors de contrôle. Ce processus est alimenté d'une part par la pression du marché, qui demande des cockpits dégagés, et d'autre part par les capacités technologiques offertes à des ingénieurs et des designers débordant d'enthousiasme. Pour les pilotes, le problème est triple : l'architecture des systèmes ainsi créés est différente pour chaque appareil ; il est nécessaire de s'approprier la logique qui a été mise en œuvre, et ils dépendent dans leur pratique de manuels pleins de néologismes qu'ils sont supposés ingurgiter. En principe, un pilote disposant de suffisamment de temps et de patience peut tout assimiler à l'avance, mais de tels professionnels sont rares et Lepore et Paladino n'en faisaient pas partie. Ils étaient de la vieille école, sûrs de leur maîtrise du jet et à l'aise avec la première règle de la navigation aérienne, qui est de diriger l'avion vers l'endroit où l'on veut aller et de le laisser voler. Avec un pilote automatique sophistiqué et des systèmes de navigation, ils n'avaient aucune difficulté à laisser le Legacy voler. La boîte noire a révélé qu'il est resté à exactement 37 000 pieds, précisément au centre de la route qui lui avait été assignée. Pendant ce temps-là, Lepore et Paladino se sont mis à étudier l'appareil, comme doivent le faire des pilotes, avec de la pratique, des essais et des erreurs.

Henry Yandle, le responsable des ventes pour l'Amérique du Nord, vint leur rendre visite. Il faisait montre de cette familiarité excessive que certains passagers adoptent en compagnie des pilotes. On pouvait entendre des transmissions radio, pour la plupart en portugais, certaines venant d'autres avions, d'autres du contrôle du trafic aérien. Yandle appuya sur le fait qu'il fallait faire passer un bon voyage à Sharkey. Pour conclure, il dit: “Très bien. Combien de temps encore, les gars?”

Lepore lui répondit: “Ah merde, bonne question”, et se mit à rire.

Paladino: “Tout à fait.”

Yandle: “On se demandait parce que…”

Lepore fournit des excuses. “Nous n’avons pas programmé l’ordinateur avant d’arriver à cette altitude.” Il se peut que Paladino ait sorti une montre à ce moment car il fit référence à la durée prévisionnelle du vol: “Ça fait trois heures et vingt-trois minutes depuis le décollage, donc nous devrions, hum…”

Lepore ajouta: “Une heure et…” Il tapota sur son clavier, dans l’espoir de tirer la réponse du F.M.S. (Flight Management System, système de gestion de vol) : “On est encore en train de voir ce qui cloche pour faire fonctionner ce truc. Ce F.M.S.”

Aujourd’hui, ce recours à l’automation, cette mentalité de pousse-boutons, de la part de pilotes opérationnels, nous semble triste et même tragique. Ils devaient obligatoirement savoir à quelle heure ils avaient décollé. Ils volaient depuis quarante-cinq minutes, en gros. Les vents n’étaient pas significatifs. Si on ajoute dix minutes supplémentaires pour obtenir un créneau à l’arrivée, cela signifie qu’ils avaient encore probablement quelque chose comme deux heures trois quarts de vol. C’est un calcul mental des plus élémentaires et cela aurait été bien assez précis.

Yandle essaya de ne pas en tenir compte: “Pas de problème.” Mais la question avait été soulevée. Temps de service, temps bloc, heure locale, temps de poussée, temps de relâche, temps mort, temps de vol, heure d’arrivée, temps restant en carburant, heure d'expiration, temps à espérer ceci ou cela. Il y a aussi le temps U.T.C., temps coordonné universel, appelé le temps zoulou (*zulu time*), ce qui roule gentiment sur la langue.

Lepore : "Où est-ce qu'on trouve le temps total ?"

Paladino : "Courant, non ?" Le "temps courant" est celui qui s'affiche sur une banale montre.

Lepore : "Atterrissage. C'est pas ça." Il n'arrêtait pas de taper sur son clavier. "L'arrivée, l'arrivée, l'arrivée." Il ne renonçait pas à l'objet de sa quête. Mais c'est Paladino qui trouva : "Et voilà ! Deux heures et quarante-sept minutes." Il venait de découvrir le temps restant.

Yandle : "Deux heures quarante-sept." L'électronique avait donné la durée officielle.

Et le vol continua de la sorte. L'intervalle aurait pu être mieux utilisé, les pilotes au calme, concentrés sur le vol, mais on ne ferme pas la porte au nez des passagers à bord d'un jet privé. Yandle était un collègue et, Sharkey, quelqu'un d'important. La conversation se poursuivit alors que Lepore et Paladino essayaient de tirer du système de gestion de vol des informations sur les conditions météorologiques. Ils eurent du mal à les trouver. Ils eurent des difficultés semblables avec l'ordinateur portable. Leurs tâtonnements ne sont pas à porter à leur discrédit, et ne veulent pas dire qu'ils étaient inconscients d'avoir osé piloter cet avion, comme cela a été écrit depuis. *A posteriori*, ils se sont peut-être montrés trop actifs dans le cockpit. Cependant, ils étaient loin d'être les seuls dans ce cas. Les meilleurs pilotes sont des maîtres du minimalisme qui se fient moins aux équipements et plus à leur cervelle, mais ce genre de pilote est rare.

Les vendeurs d'avions sont différents, car tous ces rajouts leur font faire du chiffre. Yandle revint dans la cabine avec son invité. Seuls dans le cockpit, Lepore et Paladino continuèrent à bidouiller le système alors que l'avion approchait de son virage au-dessus de Brasilia. Le contrôleur leur attribua une fréquence différente quand ils pénétrèrent dans un autre secteur de l'espace aérien couvert par Brésil centre. Ce secteur est vaste, s'étirant sur environ 800 kilomètres au nord, vers la limite de l'espace aérien de Brasilia, juste au-delà des terres des caiapos, où Manaus prend le relais. Dans ce nouveau secteur, la première fréquence radio fut 125.05 mégahertz, ce qui normalement aurait dû servir pour encore 400 kilomètres. Paladino confirma la reprise, régla la nouvelle fréquence et se signala par un appel standard : "Brasilia, N600XL, niveau, niveau de vol 370, bonjour."

La réponse du contrôleur fut rapide et forte : "N600XL, transpondeur *ident*. Contrôle radar."

Paladino : "Roger."

Bien que l'appareil ait eu à traverser l'entièreté de ce vaste secteur et que toutes les radios aient fonctionné parfaitement, ce fut le dernier échange complet avec Brésil centre.

Au Brésil, le contrôle aérien est une fonction militaire pour des raisons historiques, mais aucune d'entre elles n'est valable. Dans ce nouveau secteur, le contrôleur en activité s'appelait Jomarcelo Fernandes dos Santos, il avait trente-huit ans, il portait le grade de sergent. Sa demande d'identification auprès du Legacy était une requête pour que l'équipage appuie sur un bouton du transpondeur afin que le symbole électronique de l'avion se mette en surbrillance sur la console de la salle de contrôle, rendant le repérage du N600XL parmi les autres cibles en vol plus facile pour dos Santos. La raison pour laquelle dos Santos en a ressenti le besoin n'est pas claire, puisque le secteur était particulièrement calme à ce moment-là. De toute façon, très haut au-dessus de Brasilia, Paladino ne s'exécuta pas immédiatement. Quand il se rendit compte de son erreur, il s'écria : "Oh putain, j'ai oublié de le faire !" Le bouton d'identification se trouvait sur l'unité de gestion de la radio, un écran de contrôle pour les radios et le transpondeur. Paladino enclencha le bouton.

Avec un temps de retard, Lepore dit : "L'identification est juste là."

Paladino : "Je pense que c'est bon, oui."

Paladino : "Je crois que tu vois que..."

Il ne finit pas sa phrase : "Oh, merde !"

Sur le même appareil, la communication de fréquence venait de disparaître brusquement. Mais Paladino connaissait le numéro.

Paladino : "2-5-0-5. C'est pour ça que je l'écris."

C'était une bonne habitude. Malgré ce que peuvent croire les ingénieurs, dans un cockpit, il n'y a pas d'accessoire plus fiable qu'un stylo. Paladino rentra de nouveau la fréquence.

Lepore : "Oui."

Entre les deux hommes, un changement subtil était en train d'avoir lieu, et Paladino prenait l'ascendant. Ensemble, ils pénétrèrent de nouveau dans le labyrinthe de l'électronique, tentant de calculer la distance d'atterrissage à Manaus ainsi que la performance de décollage pour le lendemain. Au beau milieu de leurs essais, le Legacy se retrouva au-dessus de Brasilia et fut dirigé par le pilote automatique vers la route aérienne UZ6, sur une trajectoire à 24 degrés ouest du nord. Il était 15 h 55.

Les pilotes ne firent aucune mention du virage que l'avion venait de prendre. En soi, cela n'était pas surprenant. Mais le Legacy continuait à voler à 37 000 pieds, en contradiction avec l'usage qui aurait voulu qu'il se soit installé dans cette nouvelle direction sur une altitude "paire". Ce n'était pas une infraction. D'un point de vue opérationnel, cela n'avait aucune importance que le plan de vol ait prévu une descente à 36 000 pieds à cet endroit. En effet, les règles sont très claires. On avait assigné à Lepore et Paladino l'altitude 37 000 pieds, et à moins d'une urgence, ils étaient obligés de conserver cette altitude jusqu'à ce que le contrôle du trafic aérien approuve un changement. Il n'y avait eu aucune instruction en ce sens. Avec si peu d'appareils en vol, il est possible qu'ils aient cru que le contrôleur leur faisait une faveur en autorisant une exception, ce qui se fait parfois aux États-Unis. Ils savaient certainement qu'ils étaient en contact radio et radar avec Brésil centre, que leur transpondeur transmettait leur altitude et que les écrans radar du contrôle l'affichaient avec précision. Néanmoins, il leur restait 2 000 kilomètres à parcourir dans les airs : une longue distance pour voler sans respecter les usages. Il est étrange qu'ils n'aient fait aucun commentaire sur l'altitude peu habituelle, ni n'aient fait l'effort de la vérifier auprès du contrôleur, d'autant plus qu'ils se trouvaient dans un système latino-américain dont ils ressentaient le manque de rigueur et dont ils se méfiaient à raison. Personne n'expliquera peut-être jamais complètement leur incapacité à se parler. Mais il semble que cela ait été quelque chose d'humain, un moment d'absence, du genre qui invite à se poser la question : "Comment ai-je fait pour être aussi stupide ?"

UNE MASSE DE MÉTAL BRUT

La performance du sergent dos Santos s'explique plus difficilement. En tant que contrôleur aérien, les tâches qu'il avait à accomplir étaient sensiblement les mêmes que celles des joueurs de jeux vidéo, mais demandaient largement moins de rapidité et de dextérité. Bien que ses erreurs puissent potentiellement avoir des conséquences graves, les dimensions de l'espace aérien lui offraient de larges marges de manœuvre pour assurer la sécurité des appareils, même en excluant les systèmes d'évitement des collisions installés dans les cockpits et le fait que certains pilotes regardent encore ce qui se passe dehors. Aux États-Unis, un contrôleur faisant des recherches sur la simulation de vol me fit part une fois de la difficulté à diriger deux avions l'un contre l'autre, même de manière volontaire. Je lui répondis que cela ne me surprenait pas. Même les plus gros avions restent petits, et le point de départ de l'évitement des collisions trouve une origine communément admise dans ce que l'on nomme la *Big Sky Theory*. Dos Santos n'y avait peut-être pas pensé en ces termes, mais sa façon de se conduire montre qu'il croyait fermement que si on laisse deux avions suivre leur course, il n'y a aucune raison pour qu'ils se rencontrent.

Il était assis devant un affichage électronique aussi net et aussi détaillé que n'importe lequel dans le monde. Au moment où le Legacy se signala pour la première fois, un peu au sud de Brasilia, il apparut sur l'écran sous la forme d'une croix entourée, indiquant la réponse d'un transpondeur mode S, mais aussi d'un vecteur matérialisant la direction de vol ainsi que d'un encadré affichant son indicatif d'appel et deux altitudes. La première d'entre elles était l'altitude à laquelle volait l'avion, 37000 pieds, rapportée par le transpondeur, et que Paladino avait confirmée tout de suite par radio. Elle était suivie d'un signe égal, indiquant un transpondeur en état de marche et en vol horizontal. Ces indications étaient à leur tour suivies de la seconde altitude, dont la fonction est particulière au système brésilien et dont la pratique se révèle ambiguë. Ailleurs dans le monde, cette seconde altitude correspond au niveau de vol ayant fait l'objet d'une clairance, un chiffre entré manuellement par les contrôleurs aériens quand ils demandent au pilote de descendre ou monter. Au Brésil, cela peut être aussi le cas, mais si aucune entrée manuelle n'a été effectuée, un mode automatique prend le relais. La seconde altitude qui s'affiche est alors celle proposée par le plan de vol originel, archivé, pour cette partie du vol. Dos Santos devait connaître la distinction. Il avait la responsabilité de la surveillance des airs, et la nature de cette seconde altitude n'est pas difficile à comprendre. Néanmoins, en ce jour précis, il semble qu'il ait tout mélangé. Quand le N600XL a pénétré dans son secteur, un peu au sud de Brasilia, les deux altitudes étaient identiques, affichant toutes les deux 37000 pieds, avec un signe égal entre elles, et la nature de la seconde n'avait aucune importance. Mais cinq minutes plus tard, quand le Legacy survola Brasilia et vira sur la gauche pour rattraper la route aérienne UZ6, la seconde altitude changea automatiquement pour 36 000 pieds, la proposition du plan de vol de départ, un niveau de vol usuel pour la nouvelle direction de vol. Selon toutes les apparences, dos Santos a cru que cela voulait dire qu'on avait demandé au Legacy de descendre, alors que c'était lui qui gérait l'appareil et qu'il n'avait fait aucune demande en ce sens. Étonnamment, il ignora par la suite le chiffre de l'altitude réelle du Legacy : la réponse du transpondeur, qui montrait que l'avion volait encore à 37 000 pieds. Il crut, malgré de solides preuves du contraire, que le Legacy était descendu à 36 000 pieds.

J'ai essayé de comprendre pourquoi. Il se peut que dos Santos se soit tellement attendu à ce que les pilotes prennent contact avec lui au sujet de cette altitude inhabituelle que leur silence radio l'ait amené à penser qu'ils faisaient ce qu'il fallait. Mais, en matière d'erreurs, celle-là dépasse les bornes de la stupidité. De plus, elle ne fut pas corrigée et se montra même contagieuse.

Une fois Brasilia survolée, le symbole du Legacy indiqua clairement une réponse du transpondeur à 37 000 pieds pendant 80 kilomètres et dos Santos ne fit rien pour y remédier. Puis le diable fit son entrée en scène. Elle survint à 16 h 02, au moment où le transpondeur du Legacy cessa de fonctionner. La perte de signal se matérialisa de deux manières sur l'écran de dos Santos : le cercle entourant la croix qui marquait la position de l'appareil disparut et le signe situé entre les deux niveaux de vol (FL370 et FL360) devint “Z” au lieu de “=”. Le Legacy était devenu une cible “primaire”, sans mode S, une masse de métal brut qui renvoyait les rayons des radars, mais incapable de transmettre son altitude. Toutefois, dans l’environnement militarisé de Brésil centre, un radar de l’armée de l’air prit le relais afin de déterminer grossièrement cette altitude, une fonction qui devait servir à aider les pilotes de chasseurs aériens à intercepter d’éventuels intrus hostiles, qui voudraient évidemment essayer de survoler la mère patrie en ayant éteint leurs transpondeurs. Comme le Legacy était encore près du radar au sol, celui-ci permit de calculer correctement l’altitude et afficha pendant un court laps de temps la valeur de 37000 pieds. Quoi qu’il en soit, la perte du transpondeur n’aurait pas dû avoir de conséquence sérieuse. En effet, les pannes de transpondeur sont relativement courantes, et comme d’habitude elles provoquent une réaction de la part des contrôleurs (en règle générale, ils demandent aux pilotes de réinitialiser la machine) ; celle-ci aurait au moins pu permettre aux deux parties de se parler. Le problème de transpondeur aurait été réglé, et avec lui, la question de l’altitude. Toutefois, dos Santos ne prit pas la peine d’appeler. C’est comme s’il ne s’était jamais aperçu que le transpondeur avait lâché.

Un quart d’heure plus tard, dos Santos quitta son service. Il fut remplacé par un autre sergent, Lucivando Tiburcio de Alencar, vingt-sept ans. Dos Santos l’informa brièvement du trafic dans le secteur, dont un Legacy en direction de Manaus – au niveau de vol 360, selon lui. À ce moment-là, le Legacy était à environ 250 kilomètres de Brasilia, encore à portée de radio sur la fréquence attribuée mais évoluait en dehors du périmètre permettant au radar militaire de calculer son altitude avec précision. Le radar militaire commença à indiquer des chiffres erronés ; au départ, par coïncidence, 36 000 pieds, ensuite, des variations de telle ampleur que le Legacy aurait dû jouer aux montagnes russes pour qu'elles soient vraies. Cela explique les communiqués ultérieurs selon lesquels les pilotes auraient fait les casse-cou. Avec un temps de retard, de Alencar réalisa que le Legacy était seulement une cible “primaire”, sans transpondeur en mode S pour transmettre l'altitude de vol. Mais il semble qu'il se soit écoulé au moins dix minutes après sa prise de fonction quand il fit l'effort de passer un appel radio pour la première fois. Il était 16 h 27, ils se trouvaient tout juste à une demi-heure du territoire des caiapos. Le Legacy volait alors depuis trente-six minutes après la dernière communication avec le contrôle du trafic aérien et depuis vingt-cinq bonnes minutes après la panne du transpondeur. Il était à environ 400 kilomètres au nord de Brasilia et déjà hors de portée d'une communication radio fiable sur la fréquence attribuée. Au moment où de Alencar passa son appel, le Legacy ne répondit pas, car on n'entendait pas la transmission dans le cockpit. De Alencar essaya à nouveau, en vain.

On aurait pu attendre de de Alencar qu'il se soit montré à la hauteur de l'enjeu. Il savait désormais que le jet était dépourvu de transpondeur, qu'il ne répondait pas à la radio et volait à vive allure vers la limite de sa couverture radar, possiblement à la rencontre d'un trafic aérien venant en sens inverse et pour l'instant invisible. Les vitesses conjuguées de deux jets volant en sens opposés peuvent dépasser les 1 600 km/h. À cette vitesse, une poussière à l'horizon peut très vite venir obstruer le champ de vision. À sa décharge, de Alencar pensait que N600XL était à 36 000 pieds et que le trafic venant en sens inverse serait 1 000 pieds plus haut ou plus bas. Mais même si cela avait été correct, cela n'était que des hypothèses, évidentes certes, mais non vérifiées. De plus, on considérait jusqu'à il y a peu qu'un espace vertical de 2 000 pieds était le minimum requis en matière de sécurité, et bien que 1 000 pieds de distance soit désormais la norme, celle-ci se base sur l'usage obligatoire d'une nouvelle génération d'équipements de précision, parmi lesquels des pilotes automatiques et des altimètres de pointe, ainsi que des transpondeurs parfaitement calibrés. Jusqu'à ce qu'on puisse rétablir les communications avec le Legacy et résoudre le problème de transpondeur, N600XL, malgré son prix et sa sophistication, était comme un avion détourné, piloté avec précision mais de manière inadaptée par rapport au strict seuil de tolérance de l'espace aérien. Il n'y avait aucune raison de paniquer, mais la procédure, et le bon sens, dictaient à de Alencar de consulter le secteur de Manaus, qui était contigu, et de faire un effort particulier de suivi de tout trafic qui s'y trouvait. Au lieu de cela, il ne fit pas grand-chose pendant les vingt-six minutes suivantes, à part appeler cinq fois le Legacy, dans l'espoir que l'équipage puisse l'entendre et lui répondre, mais sans empressement. À part le dernier, tous les appels furent effectués sur la fréquence qui s'était déjà montrée défaillante. De Alencar aurait pu essayer de faire passer un message par le biais d'autres aéronefs en vol – cela aurait été normal – mais il ne le fit pas, peut-être à cause de la barrière de la langue. Pendant la majeure partie de cette période, il était assisté d'un autre contrôleur. Peu avant le crash, alors que le Legacy approchait des limites de l'espace aérien de Brasilia, cet assistant appela Manaus et leur fit part du fait qu'un avion volait vers eux à 36 000 pieds. Il négligea de mentionner qu'il n'y avait eu aucune communication radio pendant 500 kilomètres et que le transpondeur du Legacy était en panne. Il était presque 17 heures. Le Gol 1907 volait à bonne allure vers le sud. Cachées par la jungle en contrebas, deux femmes de la tribu des caiapos étaient allées laver leur linge près du ruisseau.

"¡CALMA!"

Retournons en arrière, une heure avant environ, à 80 kilomètres au nord de Brasilia, au moment où le transpondeur du Legacy est tombé en panne. À ce moment-là, le transpondeur ne s'est pas arrêté mais est passé de la position "altitude" à la position "standby". Soit cela est arrivé tout seul, soit un des pilotes a appuyé sans le savoir sur un bouton. Bien que les deux éventualités soient possibles, et que la seconde semble probable, la distinction n'a pas vraiment d'importance. Les pilotes, pas moins que les contrôleurs, sont supposés remarquer ce genre d'événements. Loin au nord, près de Manaus, le Boeing en route pour le sud venait d'atteindre le niveau des 37 000 pieds. Dans le cockpit du Legacy en route pour le nord, exactement à la même altitude et exactement sur la même route aérienne,

Lepore et Paladino étaient seuls, toujours en train de planifier le voyage du lendemain, s'en remettant à l'électronique pour les aider.

Le copilote, Paladino : "Nan, on peut faire quarante-huit, huit-huit-quatre."

Le capitaine, Lepore : "Si on fait, hum… A.T.T. ? En gros, c'est, hum… réservoir plein, non ?"

À ce moment précis, 16 h 02, le transpondeur cessa de fonctionner. Aucune alarme sonore ne retentit dans le cockpit. Au lieu de cela, un message d'alerte apparut silencieusement sur chacune des deux unités de gestion radio, portant l'abréviation du mot "standby". L'élégance des alertes devait sembler judicieuse aux ingénieurs d'Honeywell, qui travaillent dans des bureaux en Arizona, mais, en plein vol, elle ne fut d'aucune aide aux pilotes, qui se noyaient dans les appareils embarqués. Pendant les 800 kilomètres qui suivirent, les messages d'alerte restèrent en vue, mais invisibles. Les pilotes étaient occupés à autre chose : leurs calculs de performance du vol automatisé, les visites amicales des passagers dans la cabine, les propositions d'eau et de sodas. Une de leurs préoccupations majeures était la piste de Manaus, qui avait été raccourcie à cause de travaux. À un moment de la discussion, Lepore dit : "Nous pouvons atterrir, sans problème. Il faut juste trouver la piste." Il n'était pas particulièrement inquiet. Il émit un rire sarcastique : "Rien de tel que de claquer le premier vol de ce putain d'avion !"

Le claquer, le bousiller, vraiment foirer jusqu'au bout. Mais d'abord, c'est mentalement qu'il faut tout foutre en l'air. Paladino répondit à Lepore sur le même ton : "On n'aurait pas pu se trouver une belle piste comme il faut. On se retrouve coincés dans un trou perdu au fin fond de la jungle amazonienne." Il jeta un regard vers les étendues brunes et vertes qui défilaient en dessous : "Ah, magnifique. Mais ça ne ressemble pas à l'Amazonie."

Lepore : "Pas vraiment, non."

Tout simplement parce que ce n'était pas encore l'Amazonie. Plus tard, et pendant quelque temps, cela ne ressemblerait toujours pas à l'Amazonie parce que la forêt avait été abattue. Ah, magnifique. Quelques nuages flottaient devant eux. Paladino envisagea un détour pour éviter les heurts : "J'imagine qu'on va devoir contourner." C'était une proposition. Il reconsidéra la question : "Ah, peut-être que ça se passera aussi bien sans rien faire." L'avion volait à 800 km/h. Cela n'avait pas l'air rapide parce que les nuages étaient énormes et qu'ils pouvaient les voir de loin.

Lepore : "Ah, sans doute." Il fit tomber quelque chose sur le sol du cockpit : "Ah, flûte."

La précision de la navigation pose des dangers qui ne sont pas immédiatement perceptibles. Celle du Legacy repose sur trois systèmes. Le premier est un altimètre ultra-précis, capable de mesurer l'atmosphère avec une finesse telle qu'au niveau de vol 370, il pouvait donner l'altitude de l'aéronef à cinq pieds près, peut-être. Le second est aussi précis. Il s'agit du G.P.S. embarqué, un système de positionnement qui enregistre la localisation géographique de l'appareil avec une précision de l'ordre de la moitié de son envergure et qui, couplé à une base de données de navigation, définit la route aérienne suivie avec une précision identique. Le troisième est un pilote automatique qui vole mieux que ses maîtres humains et qui travaille, de manière toutefois machinale, avec l'altimètre et le G.P.S. pour que l'avion ne dévie pas d'un pouce. De telles possibilités sont relativement nouvelles. Jusqu'à il y a peu, des avions lancés par mégarde l'un contre l'autre par le contrôle du trafic aérien à la même altitude et sur la même route se seraient presque sans coup férir croisés sans dommage, grâce au degré d'incertitude de leurs systèmes de navigation. Mais ce n'est plus vrai. Le problème pour le Legacy est que le Boeing qui venait à sa rencontre sur la même route aérienne possédait un équipement tout aussi précis.

Paladino fit référence à un diagramme de navigation à haute altitude. Il était imprimé sur un papier de mauvaise qualité : "Il y a un tas de fréquences que nous pouvons utiliser au cas où nous n'aurions plus de radio." Cette dernière laissait échapper par moments des échanges entre les contrôleurs et d'autres avions. Toutefois, un changement se produisit graduellement. Alors que le Legacy s'éloignait de la zone couverte par l'antenne au sol, les transmissions venant de la tour de contrôle finirent par ne plus être audibles. Lepore et Paladino ne relevèrent pas ce fait, comme s'ils s'étaient trouvés aux États-Unis, peut-être parce qu'ils ne faisaient pas attention au portugais, et ne se rendirent pas compte que ce qu'ils entendaient n'était que des moitiés de conversation, venant exclusivement d'autres pilotes en vol. Au moment où cette perte de communication se fit, sans que les pilotes du Legacy en aient conscience, à peu près quand de Alencar passa son premier appel infructueux, Paladino déballa un appareil photo neuf et commença à jouer avec. Tout se passait comme si les systèmes de l'aéronef n'avaient pas été suffisamment déroutants.

Paladino : “Je ne trouve pas la vidéo sur ce truc.”

Lepore : “Presse le bouton ‘vidéo’. Non, je ne sais pas.”

Paladino : “Où est-ce qu’il se trouve ?”

Lepore : “Je ne sais pas. Attends.” Lepore prit l’appareil. Une minute de silence s’écoula, interrompue par une transmission en portugais. “C’est probablement un de ceux-là, sur la molette.”

Paladino : “Ouais. C’est ce que tu penses, non ?”

Lepore : “Je ne suis pas sûr. Je ne… sais pas si tu peux faire de la vidéo avec cet appareil. Sinon, ça doit se trouver dans les réglages sur le dessus.”

Paladino : “Ouais.”

Lepore : “Mais je ne sais pas lequel. Il faudrait sans doute lire le manuel, trouver de quel paramètre il s’agit.”

Paladino : “Je ne peux plus rien lire maintenant.” Il avait repris l’appareil photo.

Lepore : “Oui, bon, pas de problème. Ne le fais pas. Allez, éteins-moi ça.”

C’était un bon conseil. Mais alors que leur attention se portait de nouveau sur le cockpit, les pilotes ne remarquèrent toujours pas que le transpondeur était en veille. Ils passèrent à côté d’une autre alerte, un petit voyant indiquant “T.C.A.S. *off*”, au bas de l’écran principal affichant les paramètres de vol pour chaque pilote, des écrans qui leur auraient servi à effectuer les vérifications de base en vol si le règlement n’avait pas attribué cette tâche à l’autopilote. T.C.A.S. est l’acronyme de Traffic Collision Avoidance System (système d’alerte de trafic et d’évitement des collisions). Il s’agit d’un dispositif de sécurité embarqué qui dialogue de manière électronique avec les autres appareils en vol, indépendamment du contrôle du trafic aérien. En cas de collision imminente, le T.C.A.S. alerte les pilotes de chaque aéronef et négocie une solution. En règle générale, il donne instruction à l'un de descendre et à l'autre de grimper. Il s'agit d'un équipement obligatoire dans la quasi-totalité des jets et des avions de ligne. On considère que sa fiabilité est si grande que les instructions qu'il donne priment sur celles de la tour de contrôle. Cependant, il faut que les transpondeurs des aéronefs soient actifs pour que ce dispositif fonctionne. En conséquence, dans le cockpit du Legacy, le T.C.A.S. avait cessé de fonctionner quand le transpondeur s'était mis en veille. De la même manière, il n'y eut pas d'alarme sonore. Mais le résultat était que le Legacy était désormais aveugle à la présence d'autres avions et lui-même invisible sur les écrans de leurs T.C.A.S. en fonction.

Lepore déclara qu'il avait besoin d'aller aux toilettes : “Mais comment on fait pour sortir de là ?” Il réussit à s'extirper de son siège et quitta le cockpit. Il a dû être accaparé par les passagers car il s'est absenté pendant presque dix-sept minutes. Pendant ce temps-là, Paladino se trouva au calme. Le jet s'approchait à vive allure des limites de l'espace aérien de Brasilia. Deux transmissions radio lui parvinrent en portugais, toutes deux en provenance d'avions lointains. À un moment, Paladino parla tout seul : “Bordel, mes lunettes ?” Ensuite, la radio fut silencieuse pendant de longues minutes. Paladino a finalement dû se demander pourquoi car il se résolut à tenter de contacter le contrôle du trafic aérien. Il envoya son indicatif deux fois sur la fréquence 125.05. Comme il n'eut aucune réponse, il commença à “faire son marché” parmi les autres fréquences sur la liste du diagramme de navigation, essayant chaque fréquence deux fois, soit un total de douze appels radio sur une période de cinq minutes. On sait aujourd'hui qu'aucun de ces appels ne parvint aux oreilles de de Alencar, cela pour plusieurs raisons, dont des récepteurs éteints dans les bureaux de Brésil centre. Par une déveine sans nom, deux des appels furent bloqués par d'autres avions transmettant au même instant.

Heureusement, Paladino, au cours de ses tentatives de joindre le contrôle du trafic aérien, laissa la radio sur une fréquence que de Alencar utilisa pour son dernier essai de communication. Ainsi, la voix de de Alencar résonna tout à coup dans le cockpit du Legacy, demandant au vol de s'identifier auprès d'Amazonie centre, basé à Manaus: "N600XL, Brasilia aveugle. Contactez Amazonie centre, 123.32. Si pas possible, hum... 126.45. N600XL." Il parlait anglais avec un accent mais s'exprimait avec suffisamment de clarté, ou presque. Les données de vol montrent qu'il restait trois minutes avant la catastrophe. Si Paladino avait vraiment compris l'appel, il aurait changé de fréquence et se serait signalé à Manaus par un appel de routine dans lequel il aurait mentionné l'altitude du Legacy. Il est possible que le contrôleur de Manaus, qui avait surveillé le vol Gol 1907 à 37000 pieds et venait de passer le relais à ses confrères de Brasilia, aurait eu les réflexes et les compétences pour faire dévier le Legacy, ou lui demander de descendre ou grimper. Mais Paladino n'avait pas entendu la nouvelle fréquence: "Non, j'essaie juste de vous contacter. Je suis désolé, quelle était la première fréquence pour N600XL? 1-2-3..., je n'ai pas compris les deux derniers…” Il n’y eut pas de réponse. Paladino essaya plusieurs fois, mais sans succès. Lepore revint dans le cockpit et remit sa ceinture. Il s’excusa de son absence. Paladino expliqua les difficultés qu’il semblait y avoir avec les communications radio. Ils commencèrent à tester des fréquences, dans l’espoir d’arriver à joindre Manaus.

Il restait peut-être une minute. Distant d’environ 50 kilomètres, le Boeing venait à leur rencontre à toute vitesse. Si les pilotes avaient regardé par la vitre du cockpit, il leur aurait été difficile de le distinguer ; à peine une tête d’épingle. De plus, à cause des illusions d’optique engendrées par la rotondité de la Terre, l’aéronef aurait semblé être à une altitude beaucoup plus élevée jusqu’aux dernières secondes avant l’impact. Pour les pilotes du Boeing, il aurait été encore plus difficile de voir le Legacy. Le capitaine, Decio Chavez Jr, était un des hommes les plus expérimentés de la compagnie Gol : instructeur, quarante-quatre ans, 14 900 heures de vol, dont presque un tiers sur les plus récents 737. Son copilote, Thiago Jordao Cruso, vingt-neuf ans, était un apprenti pilote qui comptabilisait 3 850 heures de vol. Le 737 qu’ils pilotaient sortait tout juste des lignes d’assemblage de Boeing et ne volait pour Gol que depuis deux semaines à peine. Le vol vers le sud s’était jusqu’à présent déroulé dans la routine, l’avion naviguant en pilotage automatique, toujours exactement là où il devait être. Les pilotes passèrent une bonne partie du vol à regarder des photos de leurs collègues ou de leurs amis. À dix minutes du dénouement, une hôtesse entra dans le cockpit pour une discussion osée. Elle leur demanda s’ils avaient vu la vidéo du mannequin Daniela Cicarelli en train de faire l'amour sur une plage. Un des pilotes répondit : "Ma chérie, viens me voir. Tu peux nous apporter un truc de ce genre ici ?" Ils rirent. Comme elle s'en allait, le pilote s'écria : "Ma chérie, reviens !" Peu après, le contrôleur situé à Manaus leur donna une nouvelle fréquence pour Brésil centre et leur demanda de ne pas se signaler tant qu'ils ne seraient pas arrivés à une certaine position quelques minutes plus tard. Les pilotes effectuèrent le changement de fréquence et, par un tour du sort, entendirent le dernier contact de de Alencar avec le Legacy (parfaitement audible dans l'enregistrement des voix de la cabine de pilotage du Boeing), car le contrôleur avait relayé son appel sur plusieurs fréquences simultanément. Cependant, les pilotes du Boeing n'entendirent pas la demande de clarification de Paladino, car elle avait été faite sur une fréquence qu'ils ne captaient pas. Cela n'aurait fait aucune différence de toute façon. Le T.C.A.S. du Boeing ne montrait rien. Les pilotes n'avaient aucune raison de suspecter que le Legacy était à proximité. Ils continuèrent à regarder des photos. Il y en avait de Bruno, un autre pilote, d'un marathon, d'une chute d'eau, d'un *quati*, une drôle de bête à quatre pattes qui s'était attaquée aux sacs à dos.

Le Legacy déboula en trombe sur le Boeing à environ dix mètres sur sa gauche et soixante centimètres plus bas. L'écart était infinitésimal à l'échelle du ciel et la mesure d'une précision de navigation impressionnante. L'ailette du Legacy agit comme un poignard, découpant l'aile gauche du Boeing sur la moitié de sa largeur environ et tranchant le longeron de l'aile, sa structure interne. La partie supérieure de l'aile se souleva, arrachant le revêtement dans le mouvement, puis se détacha, partit en tournoyant vers le fuselage et détruisit la queue du Boeing presque entièrement. À l'intérieur du cockpit du Boeing, le bruit ressemblait à celui d'un accident de voiture. Les pilotes perdirent immédiatement le contrôle de l'appareil, qui vrilla sur la gauche et piqua tout droit en spirale vers le bas. Le cockpit se remplit d'alarmes : un klaxon d'urgence et une voix robotique alertant avec insistance : "Angle d'inclinaison ! Angle d'inclinaison ! Angle d'inclinaison !", comme si l'équipage avait besoin du conseil. Dans la cabine, les passagers hurlaient. Les pilotes réagirent comme on aurait pu s'y attendre : en faisant leur possible pour reprendre le contrôle de l'appareil. Ils ne savaient probablement pas d'où venait le problème. En tout cas, ils n'en ont jamais fait mention. Ce qui est étrange, c'est qu'ils ne jurèrent pas. Après dix secondes de chute, l'un d'eux cria bien : "*¡Aye!*" mais l'autre lui intima de garder son calme : "*¡Calma!*" Il le répéta quelques secondes plus tard. Si un pilote devait mourir à bord d'un avion, il choisirait de partir dignement. Ces deux-là savaient évidemment que c'était trop tard, mais ils firent ce qu'ils purent, allant jusqu'à sortir le train d'atterrissage pour ralentir la chute. La manœuvre était désespérée. Vingt-deux secondes après l'impact, un avertissement d'excès de vitesse se fit entendre, et persista jusqu'à la fin. Les forces à l'intérieur de l'aéronef s'accrurent rapidement jusqu'à dépasser, trente secondes après l'impact, les quatre G : la limite de gravité au-delà de laquelle certains passagers ont dû s'évanouir car la pression empêchait l'irrigation de leur cerveau. Ils avaient peut-être de la chance, mais cela n'avait peut-être aucune importance. Dans le cockpit, les pilotes persistaient à essayer de voler, en lutte avec les instruments de contrôle. Ils partagèrent quelques mots qu'il est impossible de distinguer au milieu du vacarme des alarmes. Quarante-cinq secondes après l'impact, un deuxième "*¡Aye!*" retentit. Sept secondes plus tard, à 7000 pieds, le Boeing se brisa en trois parties, qui tombèrent directement dans la forêt en contrebas, à proximité les unes des autres.

UN *ONE-MAN-SHOW*

À l'intérieur du Legacy, la collision produisit un claquement. Lepore grogna comme s'il avait reçu un coup de poing dans la poitrine. L'avion roula sur son flanc gauche et le pilote automatique se désengagea en émettant trois sonneries et un avertissement enregistré. Lepore attrapa les manettes : "Qu'est-ce que c'était ?" Il avait l'air submergé par l'adrénaline. De son côté, Paladino semblait remonté à bloc par le choc : "Pas de problème, prends les commandes, mon pote ! Prends juste les commandes !" Il vérifia la pressurisation de la cabine : "Ce n'est pas... Il n'y a pas de décompression explosive." Il est possible qu'il ait pensé que Lepore était hésitant ou que, sur la base de sa plus grande expérience avec cette catégorie de *jets*, il lui appartenait de prendre les choses en main : "Tu veux que je le fasse, mon pote ? Tu veux que je prenne les commandes ?" Lepore n'entendit pas la question ou choisit de ne pas répondre. Le Legacy était violemment endommagé, persistant à virer sur la gauche, et exigeant de Lepore qu'il tienne les commandes un quart de tour vers la droite pour que les ailes restent à l'horizontale. Il se débrouillait plutôt bien avec les commandes. Mais il était très anxieux.

Lepore : "Quoi... On a été percutés ?"

Paladino : "Je ne sais pas, mon pote. Passe-moi les commandes."

Lepore accepta. Paladino prit alors en charge non seulement la navigation du jet mais aussi la fonction de commandant. Cela se déroula sans un mot entre les deux hommes. Paladino fut ferme. Lepore ne s'était pas complètement effondré mais ses facultés mentales s'étaient amoindries sous la pression.

Paladino : "Bien, il faut déclarer une urgence."

Lepore hésita sur la fréquence radio la plus basique qui soit : "Qu'est-ce que c'est, 21.5 ?"

Paladino : "Oui, 21.5." Cet échange montre qu'il assurait avec aplomb la fonction de commandement. "Quel que soit le bordel... il faut que nous atterrissions."

Lepore : "Allez !"

Un passager entra dans le cockpit : "Vous savez que nous avons perdu une ailette ?"

Lepore : "Ah bon ? D'où est-ce que c'est venu ?"

Paladino s'adressa aux passagers restés dans la cabine : "Bon, nous descendons ! Il s'agit d'une urgence ! Asseyez-vous !"

Lepore, respirant bruyamment dans le micro, lança un premier appel d'urgence au contrôle du trafic aérien. Il n'y eut pas de réponse. L'ailette avait été arrachée, laissant un moignon dentelé, l'aile gauche tordue vers le haut et une partie de son revêtement supérieur en train de se défaire de la structure. Les passagers pouvaient voir l'aileron droit que le pilote avait fortement incliné afin de maintenir une position de vol correcte. Ce qu'ils ne pouvaient pas voir, c'est que la queue de l'appareil avait elle aussi été touchée.

Du cockpit, aucun de ces dommages n'était visible, mais les pilotes savaient que leur jet était sévèrement atteint et pouvait à tout moment les lâcher. Ils devaient atterrir au plus vite, mais pour ce faire, ils devaient descendre à basse altitude, où la densité plus élevée de l'air risquait de briser l'avion s'ils ne maîtrisaient pas assez leur vitesse.

Paladino : "Faut pas aller trop vite."

Mais il savait aussi que s'il ralentissait trop, il pourrait perdre le contrôle du tangage. Quelqu'un murmura "Bordel" dans un micro. À ce moment précis, le Boeing s'écrasa au sol, quelque part derrière eux, plus bas. Paladino appuya sur un bouton du système de gestion de vol et trouva l'aéroport le plus proche, à 160 kilomètres devant eux. L'aéroport était identifié par un code à quatre lettres, S.B.C.C., quel qu'en soit le sens. À leur connaissance, il s'agissait d'une piste dans la jungle comme celles dont se servent les missionnaires, tout à fait inadaptée pour un Legacy. Ils avaient besoin de plus d'informations : la longueur de la piste, l'altitude du terrain.

Paladino : "J'ai l'aéroport le plus proche ici. Cherche-le si tu veux."

La recherche devait sans doute être possible dans le système d'information mais ils ne savaient pas comment faire. Quelque part, il y avait des cartes papier qui pouvaient receler l'information.

Lepore : "Il y a des livres de bord de ton côté ?"

Il respirait fort.

Paladino : "Oui… non… ouais… je l'ai."

Lepore tendit la main vers les manettes de contrôle : “J’ai le...” mais Paladino ne lâcha pas le manche : “Laisse-moi les commandes, je crois que...”
Lepore : “D’où est-ce que ça venait ?”
Paladino : “Est-ce qu’on a touché quelqu’un ? Tu as vu ça ? Tu as vu quelque chose ?”
Lepore, hésitant : “Je crois que j’ai vu... j’ai levé les yeux...” Il lança un autre appel de détresse mais resta en retrait. Luttant pour trouver l’information sur le plus proche aéroport, il dit : “Qu’est-ce que c’est ? S... ?”
Paladino : “S, B, C, C. Nous y allons directement.”
Lepore : “Je ne sais pas s’il est assez grand.”
Paladino : “Je sais. On y va, c’est tout. On verra bien. Essaie de contacter ces connards. Ils ne veulent pas répondre.”
Lepore : “S... B... C... C ?”
Paladino : “Oui”, quelqu’un s’exclama. Apparemment, Paladino venait de parcourir les écrans : “Mon pote, tu as le T.C.A.S. en marche ?”
Lepore : “Oui, il est arrêté.”

Il y a deux façons d’interpréter l’inversion de la réponse : soit il commit un lapsus, soit, juste après avoir dit “oui”, il aperçut enfin les alertes présentes sur les écrans de contrôle, indiquant le T.C.A.S. à l’arrêt et le transpondeur en veille. Il est impossible de trancher d’après son intonation sur les enregistrements. Mais, au loin, sur les écrans du contrôle du trafic aérien, le transpondeur de l’avion réapparut tout à coup au même moment.

Dans le cockpit, un T.C.A.S. inopérant a des implications évidentes : l’appareil était invisible pour l’électronique des autres avions et était lui-même aveugle. Pendant dix secondes, aucun des deux pilotes n'ouvrit la bouche.

Puis, Paladino : "Bon, ouvre l'œil et surveille le trafic. C'est ce que je vais faire, je vais le faire, je vais le faire. Pigé."

La descente fut un *one-man-show*. Cela dura à peu près vingt minutes. Alors que Paladino pilotait le jet, Lepore se débattait avec les cartes, essayant d'en extraire des renseignements sur l'aéroport qui les attendait. Il ne trouva pas grand-chose, sauf que S.B.C.C. est le code identifiant l'aéroport de Cachimbo.

Lepore : "Si seulement il y avait quelque chose que je connais." Il était frustré et sans doute embarrassé. Il avait cédé son commandement, et ne pouvait plus espérer le récupérer maintenant. Il continuait à participer, mais Paladino, de son côté, n'arrêtait pas de prendre en charge des tâches que Lepore aurait pu faire. Il y avait quelque chose de trop ambitieux dans ce comportement, comme si Paladino avait attendu de montrer son courage pendant des années et ne voulait pas se voir mettre des bâtons dans les roues à cette occasion. La mort l'inquiétait – comme tout le monde à bord. Mais il était tel un soldat promu sur le champ de bataille, en train de mener le combat de sa vie. Sur les bandes, on sent clairement son euphorie.

Un atterrissage dangereux les attendait. Il n'y avait aucun moyen de savoir comment se passeraient la sortie du train d'atterrissage et le freinage. Les efforts au manche étaient déjà importants et Paladino ne désirait pas se servir du compensateur pour les annuler. Quand il essaya de ralentir sous les

370 km/h, il eut plus de mal à maintenir un vol équilibré et dut reprendre de la vitesse. C'était mauvais signe. Ils descendirent en dessous des 10000 pieds. Henry Yandle, le responsable des ventes, vint dans le cockpit pour donner un coup de main. À haute altitude, un Boeing 747 de fret répondit à l'appel d'urgence et dialogua avec le contrôle du trafic aérien pour le compte du Legacy, essayant de récupérer des informations sur Cachimbo. Paladino sentit l'effort au manche s'accroître. Il envoya Yandle à l'arrière pour voir si l'aile tenait bon.

Lepore : "Il faudrait juste toucher le sol." Il voulait dire, quel que soit le type de piste qu'ils découvriraient, même s'ils n'en trouvaient aucune. Un atterrissage en forêt tuerait probablement les pilotes mais pourrait permettre à certains passagers de survivre. "J'ai horreur de dire ça."

Paladino répondit sur un ton saccadé, militaire : "Je comprends ça."

Cachimbo se trouvait à une trentaine de kilomètres. Paladino avait accéléré à 440 km/h et essayait de ralentir. La gestion de la vitesse était difficile, peut-être à cause de la queue endommagée. En dessous des 10000 pieds, l'air était celui de l'Amazonie, saturé par la fumée des brûlis que l'on réalisait pour raser la forêt. Paladino faisait son possible pour redresser l'appareil : "Je ne suis pas sûr de pouvoir ralentir l'appareil en l'état, pour être honnête. Je vais devoir atterrir assez vite."

Lepore : "Allons-y comme ça et on fera ce qu'on peut." À ce moment-là, il avait l'air d'aller mieux. Yandle revint avec la nouvelle que les avaries ne semblaient pas se propager.

Ils discernèrent l'aéroport, une éraflure dans le paysage, visible pour un œil entraîné. Au cours de leur manœuvre d'approche, ils se rendirent compte qu'il s'agissait d'une piste en macadam, apparemment assez longue, faisant un angle obtus avec leur direction de vol. La question de savoir pourquoi une telle piste existait en plein milieu de la jungle ne se posa pas. Mais il s'agissait d'un terrain militaire, construit par l'armée de l'air pour ses propres raisons et doté d'une tour de contrôle opérationnelle, malgré le peu d'usage qui en était fait.

Le Legacy en détresse survola à grande vitesse et à haute altitude Cachimbo alors que le 747 lui fournissait une fréquence pour contacter Manaus. Cela déboucha sur un échange infructueux entre Lepore et un contrôleur hors sujet, qui au moins finit par lui donner la fréquence pour la tour de contrôle de Cachimbo. Dans sa cabine de verre, régnant sur un terrain d'aviation en sommeil, avec aucun autre avion en vol, le contrôleur de la tour de Cachimbo partagea par la suite avec Lepore ses propres confusions. Au bout du compte, il autorisa l'appareil à atterrir, comme s'il avait eu son mot à dire sur ce sujet. Les pilotes allaient poser leur jet au sol de toute façon. Cela se révéla assez difficile à faire : un moment de pilotage qui mit à rude épreuve Lepore et Paladino, et sans doute l'appareil aussi. Le problème résidait dans l'incapacité de ce dernier à ralentir et à sa capacité limitée à virer sur la gauche, une situation à apprécier en fonction de la médiocre visibilité à l'arrière, compliquée encore par la litanie du contrôleur et le chœur d'alarmes déclenchées par la configuration évidemment inhabituelle de l'avion. Mais Paladino savait piloter et Lepore n'eut rien à faire. Pour finir, ils atterrirent à Cachimbo en toute sécurité, arrivant sur la piste à plus de 300 km/h, posant le train sans à-coup puis freinant sec pour mettre l'engin à l'arrêt. Dans la cabine, les passagers crièrent de joie et applaudirent le pilote.

Lepore : “Bon travail, bon travail, mince, c'est bon, on est bons.”

Paladino : “Putain, on est vivants ! Putain !” C'était un cri de victoire, une exclamation d'exubérance et de soulagement. Son rire était féroce. Celui de Lepore l'était moins : “Putain ! Bon travail, bon travail.”

Le contrôleur demanda au Legacy de se diriger vers la rampe d'accès de la voie de garage. Paladino tendit les manettes à Lepore : “Je suis désolé, mon pote, je ne voulais pas que ça se passe comme ça.” Puis ils se mirent à parler en même temps pendant quelques secondes. Lepore se détourna de la conversation en remerciant par radio le 747. Mais, alors qu'ils avançaient lentement sur la piste, Paladino reprit ses excuses : “Vraiment, je suis désolé.”

Lepore : “Hey, tu n'as pas à t'excuser.”

Paladino : “Je ne voulais pas...”

Lepore : “Non, ne...”

Paladino : “Je connais les vitesses, je sais tout ce qu'il faut savoir sur...”

Lepore : “Ne t'en fais pas, pour rien. Je ne suis pas...”

Paladino : “Je veux juste que tu saches, tu es le capitaine.”

Lepore : “Je n'ai pas... non... crois-moi, je suis la dernière personne à qui tu dois parler de ces trucs. Je veux dire, ça n'a pas d'importance pour moi. C'était parfaitement...”

Paladino : “Je ne voulais pas intervenir de cette façon. J’essayais juste de faire quelque chose.”

Lepore : “Je m’inquiète plus pour ma bougre…”

Paladino finit à sa place : “… de vie”

La conversation était maladroite. Mais un problème plus important commençait à se faire jour : la réalité d’une collision à 37 000 pieds. Cela préoccupait spécialement Lepore. Il n’arrêtait pas de revenir sur les conséquences de celle-ci. Quand Ralph Michielli, un des cadres d’ExcelAire, vint dans le cockpit, Lepore lui dit : “Tout baigne, Ralph ! Quel bordel !”

Michielli : “Nous avons heurté quelque chose ? Je veux dire, l’avion était à la bonne altitude…”

Paladino lui résuma la situation qui avait précédé l’impact. Il ne fit aucune mention du transpondeur ou du T.C.A.S. De manière assez précise, il dit : “Les autres nous ont oubliés. La fréquence d’avant nous avait complètement oubliés. Et j’ai commencé à leur poser des questions. ‘Ce n’est pas normal. Je n’ai parlé à personne depuis un bout de temps.’” Il fit l’équivalent d’un haussement d’épaule verbal : “On est en vie.”

Lepore : “Oui, mais l’autre avion me tracasse. Si nous avons heurté un autre avion. Je veux dire, qu’est-ce que ce pouvait être d’autre ?”

Paladino : “À 37 000 pieds ? C’était un sacré choc, quoi que cela ait pu être.”

Ce soir-là, ils apprirent, pendant le dîner qu’ils prenaient sur la base aérienne, qu’un Boeing avait disparu. On venait de lancer les recherches. Un fonctionnaire de Manaus parlant anglais appela la base pour un entretien préliminaire avec le capitaine du Legacy. Lepore prit l’appel. Les enquêteurs brésiliens me dirent que Paladino se tenait à ses côtés pendant qu'il répondait aux questions. L'appel fut enregistré par les autorités brésiliennes. Au téléphone, Lepore confirma que la collision avait eu lieu à 160 kilomètres de Cachimbo, quand l'avion était à 37 000 pieds.

Le fonctionnaire a demandé : "À 37 000 pieds ?"

Lepore : "Niveau de vol 370."

Le fonctionnaire : "OK ! Et le T.C.A.S. était en marche ?"

Lepore : "Non."

Le fonctionnaire : "Comment ? Pardon ?"

Lepore : "Il ne marchait pas."

Le fonctionnaire : "Pas de T.C.A.S. !"

Si Paladino était là, on peut seulement imaginer sa réaction. On peut discerner une voix qui répète que le T.C.A.S. était bien en marche. Formulant une seconde réponse à la question, Lepore dit qu'il était en marche.

Le fonctionnaire : "D'accord, en marche. Mais on n'a retrouvé aucune trace de signal."

Lepore : "Non, nous n'avons pas eu, aucune… pas d'alerte, non."

Pour le gouvernement brésilien, cette conversation représentait la première étape vers une procédure pénale à l'encontre de Lepore et Paladino, principalement pour le chef d'accusation de conduite imprudente. Malgré les déplorations des experts en sécurité, la pénalisation des accidents d'avion est une tendance à l'œuvre dans le monde entier. Elle mena Lepore et Paladino à être incarcérés au Brésil pendant deux mois, après quoi ils rentrèrent à New York. À bonne distance des autorités brésiliennes, ils continuent à se défendre tout en volant pour ExcelAire, mais uniquement dans l'espace aérien des États-Unis, au cas où le Brésil tenterait de leur mettre la main dessus à l'étranger. Les victimes du crash, les compagnies aériennes et les fabricants d'avions sont tous représentés par de gros cabinets d'avocats au cours des procédures civiles et, comme à chaque catastrophe aérienne, celles-ci dureront plusieurs années.

ExcelAire et les pilotes se sont installés dans une posture défensive, dont les grandes lignes sont sans doute les suivantes : les pilotes n'ont commis aucune faute ni acte illégal et, en dépit de toutes les preuves circonstanciées du contraire, le transpondeur et le T.C.A.S. du Legacy ont fonctionné correctement pendant toute la durée du vol. Selon cette ligne de défense, la faute repose entièrement sur le système du contrôle du trafic aérien brésilien. Une telle position demanderait à expliquer pourquoi le 737 n'est pas apparu sur le T.C.A.S. du Legacy et pourquoi, quand Paladino a interrogé Lepore juste après l'impact au sujet de cet équipement, le transpondeur du Legacy a soudain refait surface sur les écrans de contrôle. De bons avocats sauront probablement en donner les raisons.

En tout cas, le soir de l'accident, les pilotes ne soupçonnaient pas le cauchemar qui les attendait. Ils étaient soulagés d'être encore en vie. Peut-être qu'ils fêtèrent ça. Mais ils n'étaient pas insensibles au sort fait aux morts, comme cela a pu être affirmé par certaines familles de victimes. C'étaient des types convenables, des pilotes ordinaires, qui faisaient juste leur travail. Comme les gens au sol qui avaient entendu le bruit du crash, ils ne dormirent pas bien cette nuit-là.

LES OPÉRATIONS DE RÉCUPÉRATION

Plusieurs jours après, quand Megaron et sa bande de guerriers caiapos mirent à l'eau leurs barques d'aluminium dans la Jariña, ils n'emportèrent ni radio, ni G.P.S., ni rien d'électronique de ce genre-là. Ils avaient du carburant pour leurs moteurs hors-bord, des marmites, des poêles et quelques machettes, ainsi que des haches. Ils ne demandèrent la permission à personne. Ils ne suivirent pas le chemin qu'on leur avait imposé. Ils avaient choisi la Jariña parce que cette rivière coulait dans la bonne direction. C'étaient des navigateurs chevronnés. Ils comprenaient l'importance du bon sens.

La rivière les emmena vers l'est. Elle finit par les amener à proximité du lieu du crash. Ils comprirent qu'ils touchaient au but quand ils virent un hélicoptère de l'armée de l'air tournoyer dans le soleil couchant. Ils ne pensèrent pas que l'hélicoptère était un insecte de métal. Ils savaient qu'il arrivait avec des soldats et repartirait avec des morts. Il n'y avait pas lieu de rentrer le code du site ou d'appuyer sur un écran tactile, il n'était pas question de changer de façon de voir le monde. Ils sont simplement restés dans leurs bateaux jusqu'à ce que la rivière ne leur permît plus de s'approcher. Ils établirent un campement sur la rive et y passèrent la nuit. Au petit matin, ils commencèrent à se frayer un chemin vers le lieu du crash, distant d'environ trois kilomètres. La jungle était particulièrement dense à cet endroit mais les vingt-trois hommes armés de machettes y parvinrent dans l'après-midi. Ils avaient un peu traîné en route mais au bout du compte, le tracé du sentier était précis.

On pouvait sentir l'odeur du carburant, qui avait imprégné le sol et formé deux petits ruisselets qui s'écoulaient à travers la forêt. On pouvait aussi sentir l'odeur de la mort, ou plus précisément de la décomposition organique qui, avec la chaleur, était déjà bien avancée. Une centaine de soldats peut-être était au travail, élargissant la zone d'atterrissage pour les hélicoptères, rassemblant les restes des victimes et les plaçant dans des sacs. Ils avaient construit leur camp derrière un amas de débris formé par ce qui restait des ailes du Boeing, où l'on pouvait encore apercevoir les trains d'atterrissage, désespérément dressés. Le gros de la carcasse de l'appareil se trouvait un peu au nord, en un chaos épars de métal tordu, déchiqueté, de mécaniques en pièces, de flexibles hydrauliques coudés, de tuyaux, de harnais de câblage, d'écrans de visualisation, de sièges passagers et de tout ce qu'un avion peut transporter : une décharge triste faite de bagages, de sacs à main, de mallettes, de vêtements, de médicaments, de cosmétiques, de photographies, de trophées que des amateurs de pêche sportive avaient ramenés avec eux de Manaus, et des milliers de composants informatiques que le Boeing transportait dans sa cale de fret, et qui jonchaient maintenant la forêt jusque dans un ruisseau avoisinant. Les débris avaient creusé la terre au moment de l'impact et étaient mêlés d'arbres et de branchages. Il vaut mieux ne pas décrire l'état dans lequel se trouvaient les morts, sauf pour relever le caractère implacable du massacre et le fait qu'après avoir touché le sol, le vol Gol 1907 ne laissa presque aucun corps intact. Des poissons tigres Goliath, carnivores, avaient bravé les eaux empoisonnées pour se nourrir de chair tombée à l'eau. Voilà ce qui se passe quand on perd une aile en vol. Les caiapos étaient certes des guerriers, mais ils furent profondément marqués par ce qu'ils virent.

Ils firent ce qu'ils purent, surtout en jouant de la machette pour agrandir la zone d'atterrissage. Ils manquaient des compétences et de l'équipement nécessaires pour la tâche principale, le recueil et l'étiquetage des dépouilles humaines. Après quelques jours, l'armée leur demanda de quitter les lieux. Ils comprirent (ou me dirent plus tard avoir compris), mais plutôt que de s'en aller vraiment, ils se retirèrent dans leur campement au bord de la rivière, où ils construisirent de quoi s'abriter et s'installèrent pour une durée indéterminée. Selon eux, c'était leur forêt et ils en étaient les gardiens. Leur gardiennage ne correspondait pas à grand-chose selon les critères du christianisme. L'effort de récupération dura deux mois, pendant lesquels les soldats luttèrent pour retrouver et identifier chacun des occupants du Boeing, sondant les ruines dans des conditions difficiles, vêtus de pied en cap pour se protéger des maladies et de l'agressivité des abeilles. Pendant tout ce temps, les caiapos montaient la garde, faisant une visite quotidienne du site, mais en se maintenant à l'écart. Un après-midi, au campement de la rivière, trois colons firent leur apparition à bord d'un canoë taillé dans un tronc d'arbre, attirés par le désir universel de s'étourdir à la vision du désastre. Les caiapos protégèrent le site en les renvoyant chez eux. En revanche, ils ne firent rien contre un autre désir universellement partagé, qui poussa certains soldats à garder pour eux les montres, bijoux et autres objets de valeur qu'ils trouvèrent. Il est possible que les caiapos n'aient pas été au courant, ou bien que cela n'ait pas eu d'importance pour eux. Ce qui les avait menés ici concernait de toute façon plus les âmes que les possessions matérielles. Une fois l'armée partie, les caiapos dansèrent au milieu des restes du Boeing et, sous la guidance de leur chaman, entamèrent le long et doux cheminement pour entrer en contact avec les morts.

Quand j'ai rencontré les hommes qui ont fait ce travail, Megaron, le chaman et plusieurs autres, plus d'une année s'était écoulée. Ils étaient en colère car le Boeing était toujours dans leur forêt et, selon toute apparence, ne serait jamais déplacé. À l'ombre des arbres, là où la tribu tient conseil, je leur demandai pourquoi cela leur tenait à cœur. Ils me dirent qu'ils songeaient au dommage causé à l'environnement. C'était le message que j'étais censé faire passer. Toutefois, je leur répondis que la carcasse du Boeing était en grande partie inerte et que les opérations pour la déplacer ne feraient qu'aggraver les choses. Megaron n'était pas convaincu. Il voulait qu'une étude à propos de l'impact que cela aurait eu sur l'environnement soit sérieusement menée. Lui et le chaman m'ont semblé avoir eu l'idée d'un programme d'accès à l'emploi pour les membres de la tribu.

Nous discutâmes de la collision. Ils savaient que des pilotes américains étaient impliqués et ils pensèrent que je prendrais leur défense. Je leur répondis que se servir de l'accident pour soutenir des thèses nationalistes n'avait aucun sens. Il était évident que les responsabilités devaient être établies, certaines concernant des individus directement impliqués, d'autres des pratiques culturelles de l'aviation, et même au-delà. On peut en effet mettre en cause les généraux brésiliens qui insistent pour que le contrôle du trafic aérien soit militaire, et les ingénieurs qui rendent jusqu'au maniement des appareils photo numériques laborieux. On peut mettre en cause les bases fiscales corrompues qui permettent à des avions aussi peu fiables que le Legacy d'être assemblés, vendus et utilisés. On peut même mettre en cause le magazine *Business Jet Traveler* pour avoir voulu faire partie du vol. Mais la distribution de blâmes ne peut pas aller beaucoup plus loin. Pourtant, cet accident donne à réfléchir sur un paradoxe lié au progrès et à la modernité. J'ai demandé aux caiapos de considérer le fait que dans tout le ciel au-dessus de la forêt, il n'y avait que ces deux avions qui étaient en vol. C'était comme si, dans un espace grand comme tout le village de la tribu, et même jusqu'à la route, on tirait deux flèches l'une contre l'autre, et qu'elles s'étaient rencontrées. Quelles étaient les probabilités pour que cela se produise ? Par le passé, cela ne serait jamais arrivé. Même si on leur avait fait emprunter des couloirs aériens identiques, les flèches seraient passées l'une à côté de l'autre à cause des imprécisions inhérentes au fait de voler. Mais de meilleures plumes ont été inventées et sont devenues un équipement obligatoire de flèches conçues pour les grandes vitesses. Par la suite, la précision des nouvelles flèches fut exceptionnelle, ce qui autorise à en tirer un plus grand nombre dans le ciel, mais en s'en remettant toujours plus à des systèmes de contrôle de plus en plus intégrés. Le ciel est aussi vaste qu'il l'a toujours été, mais la marge d'erreur s'est rétrécie comme peau de chagrin. Et les systèmes de contrôle sont faillibles. C'est ce qui s'est passé au-dessus du territoire des caiapos. Le paradoxe tient à la précision électronique. Des erreurs ont été commises, le diable a joué son rôle et deux flèches se sont rencontrées.

The Devil at 37,000 Feet
a été traduit de l'anglais (États-Unis)
par Arnaud Pouillot.
Le texte a paru pour la première fois
dans *Vanity Fair*, en janvier 2009.

David Samuels

PINK PANTHERS

"On ne vole pas le Monténégro,
on vole *pour* le Monténégro." Insaisissables,
les Pink Panthers ont amassé en dix ans près
de cent dix millions d'euros de butin.
David Samuels mène l'enquête et remonte
à la source : les années quatre-vingt-dix,
la guerre et la dislocation de l'ex-Yougoslavie.
Entre la chronique judiciaire, le précis
d'économie et la nouvelle, une histoire de vol,
de diamants et de Balkans.
En creux : un éloge de la digression.

Le 19 mai 2003, un homme arpentait New Bond Street, à Londres. On lui aurait donné un peu moins de trente ans. Il marqua une pause devant la boutique mère de Graff (une célèbre maison de joaillerie), dont le slogan affirme fièrement que s'y vendent "les plus fabuleux bijoux du monde". Le passant, dont l'image saisie par les caméras de surveillance serait ensuite examinée par des enquêteurs sur trois continents différents, mesurait un mètre soixante-dix. Il avait la taille étroite et le haut de son corps évoquait celui d'un acrobate. Il n'adressa la parole à personne et n'entra pas dans la boutique pour y regarder les colliers et bagues en exposition. Au bout de cinq minutes, il s'éloigna de la vitrine et poursuivit son chemin.

Les clients de chez Graff s'appellent parfois Oprah Winfrey et Victoria Beckham, et affectionnent particulièrement ses diamants colorés, ainsi que ses pierres jaunes – qu'on a longtemps crues teintées jusqu'à ce que Graff lance avec succès une campagne *marketing* pour prouver le contraire – ou bleues, plus rares, dont la nuance vient des traces de borax qu'elles contiennent. L'homme visible sur les images de vidéosurveillance, Predrag Vujosevic, n'avait rien du client type de l'honorable établissement. Originaire de Bijela, un village de pêcheurs du Monténégro, il était soupçonné d'être un des dirigeants d'une bande de voleurs de diamants aussi insaisissables que spectaculairement inventifs. Sur cette partie de New Bond Street, située à quelques rues au nord de

Buckingham Palace, étaient installés de nombreux joailliers haut de gamme, comme Chopard ou Harry Winston. Peut-être Vujosevic avait-il simplement eu une grosse envie de diamants colorés, ou peut-être la sécurité du magasin lui avait-elle semblée un peu relâchée.

Récemment, comme je passais chez Graff, l'agent de sécurité qui m'accueillit ne me demanda pas si j'avais pris rendez-vous, et ne jeta pas le moindre coup d'œil à ma serviette en cuir : les contrôles trop manifestes mettent les clients mal à l'aise. Trois clientes, toutes russophones, se trouvaient déjà à l'intérieur – parfumé – du magasin. Un vendeur du nom de Martin me montra une série de solitaires en diamant, valant tous aux alentours de 100 000 dollars, qui auraient pu, selon lui, faire de judicieuses idées de cadeau pour ma femme. Employé de Graff depuis 1973, Martin était présent le jour suivant le repérage effectué par Vujosevic. Autour de midi, ce dernier, accompagné d'un complice, passa la porte et, moins de trois minutes plus tard, fila avec des diamants représentants une valeur de 30 millions de dollars : il s'agissait là du plus important casse de bijoux de l'histoire britannique. “Nous sommes ravis de pouvoir servir le monde entier, me dit sèchement Martin. Nous préférerions simplement que les gens paient pour posséder ce qu'ils aiment.”

Selon les rapports de la police britannique, Vujosevic, qui résidait alors à Paris, s'était installé à Londres deux semaines avant le braquage dans un petit hôtel de Bayswater, près de Hyde Park. Les formalités de son voyage avaient été réglées par Milan Jovetic, un habitant de Cetinje, l'ancienne capitale royale du Monténégro. Une semaine plus tard décollait de Zürich pour Londres un imposant Serbe du Kosovo, Nebojsa Denic, technicien de surface dans un hôpital suisse. Les trois hommes furent aperçus ensemble dans le quartier d'Isleworth, à l'ouest, où ils achetèrent une Vespa d'occasion, qui permettrait à Vujosevic de prendre la fuite.

Le jour du braquage, Denic, un parapluie à la main et vêtu d'un costume, pénétra dans la boutique Graff comme un client normal. Une perruque façon banane à la Elvis tenait en équilibre précaire sur son crâne, mais n'éveilla pas pour autant les soupçons des employés, qui crurent avoir affaire à une rock star cherchant à passer inaperçue, ou à un homme fortuné souffrant d'une maladie. Denic demanda à examiner une bague en diamant douze carats vendue au prix de 450 000 dollars. "Trop m'as-tu-vu, dit-il après l'avoir regardée de près. Vous n'auriez pas quelque chose de plus petit ?"

Denic brandit alors un Magnum 357 chromé et hurla : "Tout le monde à terre !" Vujosevic, tout juste entré dans la boutique, brisa plusieurs vitrines d'exposition à coups de marteau, sortit un sac et y glissa quarante-sept pièces de joaillerie en diamant. Les deux hommes coururent vers la sortie. Un agent de sécurité poursuivit Denic et tenta de lui arracher son pistolet : un coup partit par accident et la balle fit un ricochet sur un climatiseur avant d'érafler le nez d'une passante.

À son arrivée, Steve Alexander, un inspecteur de Scotland Yard, trouva Denic étendu à terre et tenu en respect. Il se souvient de l'avoir trouvé "très élégamment habillé, mais affublé d'une perruque ridicule : on aurait dit qu'un chat était posé sur sa tête".

Scotland Yard ouvrit une enquête. En l'espace de quelques jours, et souvent par le biais d'indicateurs, les inspecteurs londoniens établirent la complicité du fixeur monténégrin, Milan Jovetic. Lui et sa petite amie, Ana Stankovic, louaient un appartement à Bayswater, et leurs lignes téléphoniques furent mises sur écoute, pour finalement permettre l'obtention d'un mandat de perquisition. Pendant la fouille des lieux, un inspecteur trouva un pot de crème pour le visage dans la salle de bains. En plongeant et remuant son doigt dedans, il sentit quelque chose de dur. Il s'agissait d'un diamant bleu de chez Graff, d'une valeur de 750 000 dollars, que Stankovic espérait faire sertir sur sa bague de fiançailles. Lorsque cette découverte fut transmise à la presse, le *Daily Mail* et d'autres quotidiens londoniens surnommèrent aussitôt les voleurs les "Pink Panthers", en référence à la série de comédies du même nom dans lesquelles jouait Peter Sellers, et où une astuce similaire est employée.

En passant l'appartement au peigne fin, la police trouva également deux faux passeports italiens, sans noms ni photos. L'Italie est "l'endroit où l'on passe depuis le Monténégro quand on ne veut pas se faire repérer", m'a expliqué l'inspecteur Alexander. Plusieurs autres officiers de police européens me confirmeront que les Pink Panthers disposent de bases logistiques dans la péninsule latine. Et beaucoup me diront que les autorités italiennes n'ont généralement pas été très coopératives dans les enquêtes en cours.

Les relevés d'appels de Jovetic attirèrent l'attention de Scotland Yard sur un appartement parisien, identifié par la police française comme étant celui où vivait Vujosevic ; quand les enquêteurs s'y rendirent, l'homme n'y était plus. Alexander partit donc pour Paris afin d'y rencontrer les gens de la brigade de répression du banditisme. En comparant leurs notes respectives, Alexander et ses confrères parisiens remarquèrent qu'une vingtaine de braquages similaires à celui de chez Graff avaient été commis par des bandits élégants et dotés d'un fort accent d'Europe de l'Est. La police française possédait un certain nombre de preuves, dont des bandes de vidéosurveillance, indiquant que Vujosevic avait littéralement enchaîné les casses à travers l'Europe, dévalisant Castiglione à Paris, une boutique Graff à Amsterdam, Wempe à Francfort, ainsi que des joailliers de Genève et Barcelone.

Après des mois de recherches, la police l'interpella au volant de sa voiture alors qu'il venait de traverser la frontière italo-française, et trouva un pistolet chargé à son côté. L'inspecteur Alexander retourna à Paris pour interroger le suspect, qu'il décrivit comme “un type pas très grand, le genre qu'on ne remarque pas dans la rue”, et qualifia de “très poli, et très clair dans ses propos”. Vujosevic refusa néanmoins de parler du braquage Graff à Londres, et n'évoqua pas davantage la destination programmée des bijoux dérobés, et encore moins son passif criminel, son enfance au Monténégro, ni quoi que ce soit qui puisse aider la police. Après plusieurs mois passés à enquêter, les inspecteurs ne comprenaient toujours pas davantage qui avait commandité ces casses, ni où les diamants avaient bien pu se trouver.

Le braquage de Londres fut d'ailleurs bientôt suivi par des dizaines d'autres en Europe et en Asie, tous estampillés Pink Panthers. Le butin total de ces opérations s'élevait à près de 250 millions de dollars. En mars 2004, les Panthers prirent pour cible un joaillier de Tokyo. Deux Serbes portant des perruques entrèrent dans le magasin et neutralisèrent un employé à l'aide de gaz lacrymogène. Ils quittèrent l'établissement avec un collier serti d'un diamant de cent vingt-cinq carats. La même année, à Paris, les Panthers profitèrent d'une visite chez Chopart de l'épouse de Jean-Pierre Raffarin, alors Premier ministre, pour s'emparer de bijoux placés sous une vitrine laissée sans surveillance, représentant une valeur de 14 millions de dollars. En 2005, une équipe de Panthers en chemises à fleurs investit les locaux de Julian, une bijouterie de Saint-Tropez. Le braquage eut lieu en plein jour et ne prit que quelques minutes. Les voleurs coururent du magasin jusqu'au port, où ils prirent la fuite dans un hors-bord qui les attendait là.

Frustrés, les inspecteurs d'Interpol et Europol, tant londoniens et parisiens que bruxellois, genevois ou tokyoïtes, entreprirent alors de mettre en commun toutes les informations dont ils disposaient au sujet des Panthers. Données génétiques, empreintes digitales scannées, numéros de téléphones et autres éléments de preuves croisés dans les bases de données d'Interpol, et dans ses deux équivalents chez Europol, Mare Nostrum et Furtum. Depuis, les efforts ont commencé à payer, puisqu'une vingtaine de Panthers est aujourd'hui emprisonnée en Europe occidentale. Mais le gang continue néanmoins d'opérer – on le soupçonne notamment d'avoir récemment cambriolé la boutique Chaumet à Paris – et aucun de ses membres “dirigeants” n'a pour le moment accepté de collaborer avec la police. Sept ans après le casse chez Graff, la nature exacte de l'organisation des Pink Panthers et de leur structure opérationnelle demeure un mystère.

Au cours de l'année 2009, je me suis entretenu avec dix-sept enquêteurs, répartis sur dix pays, tous chargés de traquer les Panthers. La quasi-totalité d'entre eux admet qu'ils ignoraient où finissait le butin amassé par le gang. Pourtant, à mon retour de Londres, je suivis un tuyau et me rendis dans les bureaux new-yorkais du Gemological Institute of America, une organisation à but non lucratif installée à l'angle de la Cinquième Avenue et de la Quarante-septième Rue, soit en plein cœur du quartier des diamantaires. L'institut, qui fabrique des microscopes ainsi que d'autres instruments utilisés par les courtiers en diamants et les experts en gradation gemmologique, possède également des laboratoires à Johannesburg, Mumbai, Bangkok et plusieurs autres villes autour du globe, où ses experts évaluent la clarté, la couleur et la taille des pierres.

Dans une salle de réunion à l'étage, je fis la connaissance d'Ivy Cutler, une grande femme, à l'air exigeant et à la peau superbe. Elle portait des lunettes sans montures, un col roulé noir, et un gilet marine où était épinglée une petite broche à bout en diamant, qui symbolisait ses trente ans de service dans l'industrie diamantaire. Elle m'expliqua que la plupart des diamants vendus par des enseignes aussi connues que Cartier ou Graff étaient examinés par l'institut – seul Tifanny's fait expertiser ses diamants en interne. Une série d'experts observe chaque pierre afin d'en indiquer les qualités distinctives et de déterminer si sa couleur a été ou non altérée par un processus chimique. Un rapport d'expertise est ensuite intégré à une base de données. Sur le million de pierres annuellement examiné par l'institut, à peu près la moitié comporte un code de sécurité microscopique gravé, lequel permet à l'institut d'associer une pierre à son rapport d'expertise, et de la rendre ainsi plus difficile à voler. Cette semaine-là, Cutler me dit avoir déjà reçu quinze demandes de ce type de la part d'autorités légales situées aux quatre coins du monde – et nous n'étions que mercredi.

Cutler m'emmena ensuite dans une pièce aux fenêtres occultées par des stores. Quarante-huit gemmologues, assis dans des boxes, y examinaient des diamants au microscope. Les pierres, qui parviennent à leurs postes dans de petites boîtes en plastique transparent, sont ensuite placées sous l'œil à l'aide de pincettes. Les facultés requises pour leur travail sont largement comparables à celles exigées chez les techniciens en radiologie. Cutler m'expliqua que certaines pierres comportent des occlusions si fascinantes qu'à trop les fixer, on peut s'y perdre. "On dirait une fleur, on dirait un sapin de Noël, s'épancha-t-elle, les yeux brièvement embués. Seul un gemmologue, probablement, saurait apprécier cela."

J'interrogeai alors Cutler sur des diamants qu'elle avait observés quelques années plus tôt. "Je me rappelle ces pierres", me répondit-elle. Sa découverte avait eu lieu en milieu de matinée, au moment où ses collègues, moins obsédés qu'elle, faisaient une pause-café. Elle examinait un diamant jaune de quatre carats dont un détail lui rappela soudain quelque chose. Après avoir vérifié son code dans les registres de l'institut, elle trouva le joyau encore plus suspect : celui-ci faisait partie d'un lot de dix-sept pierres apportées par un client une semaine plus tôt.

Cutler conclut bientôt que ce lot provenait d'un vol. Elle ne me révéla pas l'identité du client, mais m'apprit que les diamants avaient voyagé d'Europe vers Israël, puis New York. L'acheteur, selon elle, s'était entendu avec le vendeur de manière informelle et privée, selon l'usage en vigueur dans le milieu des diamantaires. "Tout cela ne nous regarde absolument pas", me dit-elle lorsque je lui demandai des précisions sur l'accord passé entre les deux parties. Elle me révéla tout de même une chose : ces diamants jaunes, porteurs de microscopiques inscriptions de sécurité, faisaient partie de ceux dérobés par Predrag Vujosevic dans la boutique Graff de Londres.

André Notre-Dame est l'inspecteur le plus réputé d'Europe occidentale pour son expertise sur les Pink Panthers. Le nom de ce Belge ne figure dans aucun annuaire officiel ni sur le moindre organigramme de police. Je le rencontrai au printemps 2009 dans un café bruxellois, non loin de la Bourse. Ses cheveux étaient gris, sa moustache avait la forme d'un guidon, et son visage l'air d'être en pâte à modeler, ses traits comme déformés, tordus. Son ventre, en partie couvert par un coupe-vent en nylon, ressortait néanmoins par-dessus la ceinture de son jean délavé. Aux pieds, il portait les chaussures typiques des flics : noires, avec d'épaisses semelles en caoutchouc.

Notre-Dame estimait que les Panthers s'organisaient autour d'un noyau dur d'entre vingt et trente cambrioleurs chevronnés. L'assistance logistique leur était fournie par plusieurs dizaines d'aides opérant dans diverses villes européennes, dont Bruxelles. Les diamants volés pouvaient finir à Anvers, tandis que les montres de luxe passaient en Serbie ou en Russie, cachées à bord de voitures. "Une partie de l'argent termine en Serbie, affirma Notre-Dame, les bouts de sa moustache hérissés par un petit rire. Les autorités serbes aiment bien les investissements financiers", ajouta-t-il. Les recettes sont ensuite blanchies à Belgrade, où l'argent est réinjecté dans des cafés, des restaurants et des propriétés immobilières.

Après un sympathique repas, Notre-Dame sortit un cigare et nous longeâmes les Galeries royales Saint-Hubert, des arcades où sont installées huit bijouteries différentes. Depuis 2002, poursuivit-il, les Panthers avaient cambriolé cent cinquante-deux établissements de ce type. La plupart des braquages avaient suivi selon lui "le même *modus operandi*" : un homme en costume chic pénètre seul dans la boutique et dépose discrètement une cale en bois sous la porte de sécurité pour l'empêcher de se refermer, permettant ainsi à des complices d'entrer à leur tour – les joailleries tendent à n'admettre qu'une seule personne à la fois. Le premier homme est généralement armé, et les autres sont équipés de marteaux et de petites pioches pour briser les vitrines. Les voleurs dissimulent ensuite les bijoux et les montres dans des sacs à dos, puis prennent la fuite à bord de voitures volées. "Des voitures vieilles de dix ans", précisa Notre-Dame. Ces modèles anciens attirent moins l'attention et s'avèrent plus faciles à faire démarrer sans clé de contact. Les complices locaux des braqueurs leur fournissent armes et voitures, réservent leurs chambres d'hôtel et gèrent à peu près toute la logistique nécessaire au bon déroulement du casse.

Notre-Dame me dit qu'à l'occasion, les Panthers recourent à la technique dite du vol au bélier[1], qui consiste à littéralement défoncer une devanture à l'aide, par exemple, d'une voiture ou d'un Caddie rempli de blocs de béton. Lors d'un braquage commis à Dubaï, le 15 avril 2005, des braqueurs avaient fait appel à cette technique. Deux berlines Audi – une blanche et une noire – firent irruption dans le centre commercial de Wafi en pulvérisant une des portes d'entrée. L'Audi noire fit ensuite voler en éclats la vitrine d'une bijouterie. On peut voir des images de cette scène sur YouTube. Dans la vidéo, les voitures sont garées sur le carrelage du hall principal. Un des conducteurs klaxonne à deux reprises, et trois hommes masqués sortent en courant de la bijouterie, les bras chargés de leur butin ; sous le regard des clients postés aux balcons au-dessus d'eux, les voleurs se ruent dans leurs véhicules et foncent hors du champ de la caméra. L'établissement cambriolé a par la suite déclaré avoir été dérobé de biens représentant une valeur totale de 3,4 millions de dollars.

Les auteurs du braquage abandonnèrent ensuite leurs voitures avant d'y mettre le feu, dans l'espoir de détruire toute preuve pouvant les lier au crime, ce en quoi ils échouèrent, puisque les enquêteurs locaux prélevèrent, grâce aux voitures, quatorze échantillons A.D.N., qu'ils transmirent le 19 avril au siège d'Interpol, à Lyon. Deux des échantillons correspondaient à l'A.D.N. de deux hommes recherchés dans une affaire de casse au Liechtenstein.

Un troisième collait avec celui d'un autre homme soupçonné d'avoir cambriolé une bijouterie suisse.

Les deux Audi ayant été louées, la police trouva un numéro de téléphone sur le contrat de location, qui la fit remonter à une certaine Bojana Mitic, jeune femme de vingt-cinq ans aux cheveux blonds, originaire de Nis, une ville de Serbie. En croisant les appels passés ou reçus par Mitic avec les analyses d'A.D.N., les enquêteurs purent identifier un groupe de huit Panthers – six venus de Serbie, un du Monténégro, et un de Bosnie.

Le Bosnien était un homme âgé de trente ans du nom de Dusko Poznan, déjà recherché dans plusieurs autres affaires de casses. Interpol adressa un message d'alerte rouge à ses confrères du monde entier qui opéraient dans les quartiers de diamantaires ; la photo qui accompagnait l'avis montrait un beau brun au visage marqué par de lourds cernes. L'alerte spécifiait que Poznan, qui parlait couramment russe et anglais, était suspecté pour des affaires de hold-up commis en Suisse et au Liechtenstein.

Un matin d'octobre 2008, Poznan arriva à Monaco accompagné d'un jeune Serbe du nom de Borko Ilincic. Ils roulaient à bord d'une Audi A3 de location qu'ils garèrent afin de poursuivre leur route à pied. La principauté disposant de centaines de caméras de surveillance, il fut aisé de retracer leur parcours à travers la ville. À un moment, les deux hommes s'approchèrent de la très fréquentée place du Casino, suivant un chemin qui les fit passer devant plusieurs bijouteries. Les caméras capturèrent ainsi l'image du tandem devant l'un de ces magasins, Zegg & Cerlati. Puis ils traversèrent ensuite la place, en direction de Ciribelli, une boutique déjà cambriolée par les Panthers en 2007. Protégée de la rue par une arcade, et privée de sas de sécurité, elle avait alors dû apparaître comme une cible facile.

Alors que Poznan traversait la place, il fut percuté par une voiture qui le blessa à la cheville. Il accepta, non sans circonspection, de recevoir des soins, et fut envoyé en ambulance à l'hôpital de la Princesse-Grace, Ilincic à ses côtés. Quelques minutes après leur arrivée, un policier monégasque fit son apparition et les arrêta. Poznan fut extradé au Liechtenstein, où on l'accusait d'avoir commis un braquage en 2006. Ilincic, lui, attend toujours son procès en Suisse.

En mai 2009, je me rendis au siège de la police monégasque, discrètement installé sous les célèbres et hautes falaises de la principauté. J'y fis la connaissance d'André Muhlberger, le commissaire, un mélange de star hollywoodienne et de flic : peau intensément bronzée, larges épaules, dentition peu soignée. Il m'expliqua que plusieurs hommes avaient été impliqués dans le casse chez Ciribelli, et que deux relevés d'empreintes distincts avaient été effectués sur place. Les inspecteurs locaux avaient identifié lesdites empreintes comme celles de deux Serbes du réseau Panthers, Nicolai Ivanovic et Zoran Kostic. La veille de cette discussion, les deux bandits avaient été interpellés à Paris pour usage de faux passeports.

Durant l'hiver 2007, à la demande pressante de Monaco, Interpol créa un groupe de travail spécialement consacré aux Pink Panthers, qui s'est réuni jusqu'ici quatre fois, la dernière à Berne, en Suisse.

Bien qu'il reconnût pour le moment ignorer les réponses aux questions fondamentales concernant le réseau, Muhlberger affirma tout de même avoir un début de piste quant à la destination de leur butin : "Ils ne cachent évidemment pas tout au même endroit, ce serait trop facile. Il y a une région qui s'appelle le Kosovo. Je n'en dirai pas plus." Lors de leur réunion à Berne, il a été révélé qu'un Kosovar avait été récemment arrêté à New York.

Je demandai à Muhlberger de me faire à nouveau le récit de l'accident survenu sur la place du Casino – accident provoqué par un chauffard volatilisé, et qui comme par miracle permit de faire surgir un des principaux suspects du braquage de Dubaï. "Les deux suspects sont arrivés à Monaco vers 11 heures", raconta-t-il en se référant aux horaires indiqués par la vidéosurveillance. Sur la place, "il y avait pas mal de circulation, et ils ont traversé la rue. Une voiture dépassait une camionnette à faible vitesse, mais elle a au passage heurté la cheville d'un des deux hommes". Un policier gagna alors l'hôpital pour vérifier le taux d'alcoolémie des victimes et, arrivé sur place, reconnut immédiatement Poznan, dont il avait vu la photographie sur les affiches des suspects recherchés par Interpol. Seulement connu sous le prénom d'Alain, l'homme a depuis décrit son épiphanie de la chambre d'hôpital en ces mots : "Il ne m'a fallu qu'un quart de seconde pour me dire : 'Je *connais* cet homme.'"

La version de Muhlberger, selon laquelle un mystérieux automobiliste sorti de nulle part aurait renversé l'un des hommes les plus recherchés d'Europe, lequel aurait été reconnu et arrêté à peine arrivé à l'hôpital, paraît peu plausible. Une source policière m'a d'ailleurs confié que l'"accident" de Poznan pourrait bien ne pas vraiment en avoir été un. Muhlberger a jugé "ridicule" d'imaginer que la police monégasque ait pu recourir à des méthodes aussi brutales.

Quoi qu'il en soit, l'inspecteur travaille avec acharnement à déjouer toute activité des Panthers dans la région. En juin dernier, une des équipes a arrêté trois hommes portant des lunettes de soleil, dont le seul "délit" aurait été de stationner à bord d'une Audi noire garée sur un parking situé sous le casino de Monte-Carlo. Une fois leurs identités relevées, les policiers découvrirent qu'un des passagers était Vinko Osmakcic, un Serbe suspecté de vols de bijoux à Bâle, Honolulu et Las Vegas. Après avoir été retenu en garde à vue pour préméditation d'acte criminel, le trio fut expulsé de la principauté. Comme l'explique Muhlberger "à Monaco, on peut rien laisser passer".

Plus récemment, un enquêteur genevois du nom de Yan Glassey m'a raconté comment il avait capturé Milan Ljepoja, un vétéran des Panthers et un des organisateurs du braquage de Dubaï. En mai 2008, Glassey s'intéressait à des vols de montres de luxe réalisés par des Russes et Estoniens qui les revendaient ensuite à Saint-Pétersbourg. Les suspects étaient descendus dans un hôtel de Gex, une ville française proche de la frontière suisse, et le 29 mai, Glassey et trois collègues se retrouvèrent dans le hall de l'établissement afin d'y consulter le relevé des allées et venues des bandits. Pendant qu'il vérifiait le registre au guichet, Glassey leva un instant les yeux et aperçut un homme au visage familier. "Je me demandais s'il s'agissait d'une rencontre professionnelle ou non. Le type étant très costaud, je me disais que ce pouvait être un videur d'une boîte de nuit genevoise où je m'étais rendu. Je l'ai vu ensuite se diriger vers une porte, tourner la tête, et là j'ai crié : 'Oh merde !'"

Glassey avait interrogé Ljepoja deux ans plus tôt, après l'arrestation de ce dernier à la frontière franco-suisse. La police helvète prit les empreintes de l'interpellé, lesquelles le lièrent au casse d'une bijouterie au Liechtenstein. Après l'interrogatoire, Ljepoja fut extradé et emprisonné dans la principauté. Le 19 juillet, arguant d'une main cassée, il fut emmené en urgence à l'hôpital à bord d'une ambulance que plusieurs hommes attirèrent dans un traquenard. L'un de ces individus, expliqua Glassey, n'était autre que Dusko Poznan, du casse de Dubaï.

Quand les regards de Glassey et Ljepoja se croisèrent dans le hall de cet hôtel de Gex, le fugitif courut vers le parking, où il abandonna une valise qu'il portait. Le policier le poursuivit dans une rue menant à une école entourée d'une haute clôture, que le suspect grimpa non sans se blesser la jambe. Il traversa la cour d'école, son pantalon taché de sang, faisant fuir et hurler les bambins. Les collègues de Glassey lui envoyèrent par M.M.S. la photo de Ljepoja lors de sa précédente arrestation afin qu'il puisse formellement l'identifier. Celui-ci semblait s'être caché quelque part sur le terrain de l'école.

Les chiens policiers dépêchés sur les lieux finirent par le localiser, allongé sous des buissons. Glassey brandit son arme. Il se souvient encore de la réaction sereine du Serbe : "Il s'est levé, très sûr de lui, son pantalon déchiré, la jambe ensanglantée, et m'a juste dit : 'Beau boulot.'"

Le lendemain, en interrogeant Ljepoja, Glassey mentionna le fait qu'il l'avait reconnu dans l'hôtel, ce à quoi celui-ci lui répondit qu'il l'avait lui aussi reconnu. L'inspecteur fit une discrète allusion au cambriolage des Panthers à Dubaï, disant juste à son prisonnier que sa bande avait fait "du bon travail dans un endroit très chaud".

"Vous parlez de Dubaï?" lui répondit Ljepoja, et Glassey hocha la tête. "Tapez '*Dubai robbery*' sur YouTube", conclut fièrement le bandit avant d'être renvoyé en prison.

Selon Glassey, les Panthers ont démarré sous la forme d'un gang à Cetinje, au Monténégro, pour évoluer ensuite en un plus large collectif présent à travers tous les Balkans et spécialisé dans les braquages, le recel et la revente de marchandises, ainsi que le blanchiment d'argent. Les commandes, selon l'inspecteur suisse, émanent le plus souvent de riches pays européens: la France, l'Italie, la Suisse, la Russie.

Je discutai ensuite avec Glassey d'un sujet qu'avaient déjà évoqué les officiers de police judiciaire que je venais de rencontrer dans leurs bureaux de l'ouest parisien. Un des enquêteurs, Bruno Cadiou, m'avait laissé examiner un tableau, élaboré par un important service de police européen, qui détaillait une série vertigineuse de liens entre les membres des Panthers, leurs voitures et leurs numéros de téléphones portables. Par exemple, on pouvait y voir qu'un Serbe du nom de Dejan avait envoyé de l'argent à un autre homme, se faisant appeler Ranko Spahic, arrêté en 2005 pour son implication dans six vols à main armée commis en France. En retour, Spahic s'était servi d'un numéro de portable connecté, *via* un système complexe de lignes croisées, à un portable italien ayant émis plusieurs appels vers les lignes des participants au braquage de Tokyo en 2004. Dans un dossier annexe, je remarquai que le nom d'un certain Esko était lié à celui de Rifat Hadziahmetovic – le suspect monténégrin du casse de Dubaï. "Esko est le mari de la sœur de Rifat", expliqua Cadiou. Pointant une photo du doigt, il me dit : "C'est elle qui a caché dans son intimité les bijoux volés à Tokyo."

Glassey me confirma la pertinence du tableau en ce qu'il suggérait le rôle crucial de l'Italie comme centre opérationnel des Panthers. "Seulement, aucune information ne nous parvient de nos confrères italiens, se plaignit l'inspecteur. Peut-être ne s'intéressent-ils pas à leurs agissements." Ce n'est que très récemment que les autorités transalpines ont commencé à céder à la pression internationale : on les a vues assister aux réunions d'Interpol, et même arrêter un receleur en possession de marchandises dérobées par les Panthers. Cela n'empêche pas, du reste, les Panthers de continuer à utiliser le territoire italien comme une vaste base logistique. Glassey résume ainsi la situation : "Toutes les équipes des Panthers disposent de contacts à Milan, quand elles n'y ont pas tout simplement des pied-à-terre."

L'un des plus importants membres du réseau à avoir été arrêté jusqu'ici s'appelle Dragan Mikic, robuste garçon natif de Belgrade. Pendant les guerres de Bosnie et du Kosovo, Mikic a préféré verser dans l'activité criminelle plutôt que de combattre dans l'armée serbe. Il devint au fil des années un bandit bénéficiant de contacts cruciaux dans les sphères clandestines. En juin 2001, il braqua une bijouterie de Biarritz : ses complices et lui avaient préalablement peint un banc public en face du magasin, afin d'empêcher de potentiels témoins de s'y asseoir. Un mois plus tard, il était à la tête d'un groupe qui défonça à la voiture bélier (une Range Rover, en l'occurrence) la devanture du Van Cleef & Arpels de Cannes, et filait en emportant le butin dans des sacs de golf. Le véhicule laissé sur place révéla l'A.D.N. de Mikic. Le 31 janvier 2003, Mikic et deux autres Serbes cambriolèrent la bijouterie Doux de Courchevel, la station de ski. Armés de faux pistolets, ils quittèrent l'endroit avec des diamants pour une valeur de plus d'un demi-million de dollars.

Mikic fut arrêté le lendemain à Albertville, ville voisine, après avoir éveillé les soupçons d'un guichetier de gare en achetant un billet de train avec un billet de 500 euros. Les caméras de surveillance montrèrent qu'il avait laissé un sac volumineux sur le quai, contenant les bijoux volés, deux bombes de gaz lacrymogène et un passeport au nom de Milan Kilibarda. Mikic fut emmené en cellule. En le voyant, le procureur local Gilbert Lafaye fut impressionné par son imposante stature et son air menaçant. "Il avait un sourire sarcastique, souligna-t-il, tout en précisant que le suspect n'avait pas été très loquace. Ces types se fichent d'aller en prison, puisqu'ils savent très bien qu'ils vont s'évader."

Après une audience le 17 novembre 2003, Mikic sortit du tribunal lourdement escorté, et fut emmené vers une voiture blindée ; mais il se débrouilla alors pour fausser compagnie à ses gardes, courir hors du parking, traverser une route nationale et se diriger vers une école primaire. L'officier en charge de Mikic lui tira dans la jambe, et le Panther fut incarcéré dans une prison de haute sécurité à Villefranche-sur-Saône.

Un après-midi, deux hommes à bord d'un pick-up blanc, transportant trois échelles à l'arrière, s'arrêtèrent à l'extérieur de la prison. Ils descendirent du véhicule, l'un des deux hommes plaça une des échelles contre le mur d'enceinte du bâtiment, grimpa à son sommet et fit feu à la Kalachnikov sur la tour de garde. Le second homme lança la deuxième échelle ainsi qu'une paire de ciseaux coupe-fil de l'autre côté du mur, où attendait Mikic. Celui-ci se débarrassa des fils barbelés longeant le périmètre de la cour intérieure et gravit l'échelle, puis descendit la troisième échelle positionnée de l'autre côté et regagna ainsi sa liberté. On ne l'a pas revu depuis ce jour. Ses talents doivent être particulièrement prisés par le réseau Panthers : de tous les membres jusqu'ici envoyés derrière les barreaux en Europe occidentale, il est le seul à avoir bénéficié d'une aide aussi sophistiquée. En 2008, il fut condamné par contumace pour plusieurs braquages, dont celui de Courchevel, à quinze années de prison ferme.

Une autre enquête policière a par la suite révélé que lors de son séjour en prison, Mikic avait reçu plusieurs milliers de dollars *via* Western Union de la part de Milan Markovic, un Serbe résidant en Autriche. Sous un faux nom, Markovic avait acheté le téléphone portable utilisé par Mikic lors de la préparation du casse de Courchevel. Une semaine avant celui-ci, Mikic émit des appels depuis un Sofitel de la banlieue parisienne vers le portable de Markovic ainsi que vers un autre numéro à Belgrade. Les enquêteurs tentèrent sans succès d'établir un lien entre Markovic et une possible autorité hiérarchique basée dans la capitale serbe. Lafaye doute fort qu'il puisse un jour déterminer formellement qui a commandé le casse de Courchevel. La structure organisationnelle des Panthers s'apparente selon lui à "une véritable pieuvre".

L'un des adjoints de Mikic lors dudit braquage était un Serbe appelé Boban Stojkovic. Il purge actuellement une peine de dix ans pour sa participation. Michel Jugnet, un avocat d'Albertville qui représente Stojkovic, m'a informé que "ces gens ont été d'une façon ou d'une autre impliqués dans les conflits des Balkans". Ces voleurs, d'après lui, viennent tous de Belgrade et se connaissent depuis leur jeunesse. Depuis dix ans, Stojkovic a travaillé en association avec d'autres malfaiteurs issus de l'ex-Yougoslavie ; Jugnet estime le total de ses gains à moins de 100 000 dollars. Emmanuel Auvergne-Rey, un confrère de Jugnet, pense même que leur client agit par nécessité, et non par appât du gain. "De ce côté de l'Europe, nous autres avons suivi la guerre yougoslave de très loin, constate-t-il. Et quand tous ces gens sont arrivés chez nous, ils n'ont pas été les bienvenus."

Les bandes criminelles ont acquis le statut de puissance majeure au cours des guerres balkaniques des années quatre-vingt-dix, et les sanctions occidentales qui suivirent celles-ci ne firent que renforcer leur pouvoir en les laissant s'assurer la mainmise sur les marchés de l'essence et des cigarettes, entre autres denrées. Après l'élection de Slobodan Milosevic en 1989, la contrebande directement contrôlée par l'État serbe injecta des milliards de dollars sur les comptes bancaires des élites politiques. Comme me l'a confié Dejan Anastasijevic, un journaliste d'investigation pour l'hebdomadaire *Vreme* à Belgrade : "Non content d'avoir été un autocrate extrêmement brutal, Milosevic a totalement criminalisé l'État." La situation dégénéra tellement que vers la fin des années quatre-vingt-dix, le clan des Zemun, un des principaux responsables du trafic de drogue en Serbie, fusionna ni plus ni moins avec la J.S.O. – *Jedinica za Specijalne Operacije* –, une sorte d'unité d'élite chargée d'opérations spéciales qui possédait sa propre artillerie, ses véhicules armés et ses hélicoptères. Associée aux Zemun, la J.S.O. écoulait chaque mois une centaine de millions de dollars d'héroïne et d'autres stupéfiants fournis par les cartels bulgares, albanais et boliviens. Quand Milosevic fut destitué, en 2000, le climat de corruption qu'il avait instauré ne se dissipa pas le moins du monde. Parallèlement, une génération de jeunes gens ayant grandi sous un régime dirigé par des malfrats et des meurtriers partit chercher du travail à l'Ouest.

En 1974, un éditeur de Belgrade remporta un franc succès en publiant *Goryl*, un roman sordide et pas toujours très cohérent, inspiré de la vie du voyou serbe Stefan Markovic. Immigré à Paris, Markovic avait servi de garde du corps à Alain Delon, à l'époque où celui-ci jouait dans des films de gangsters tels que *Le Samouraï*, de Melville. En 1968, le cadavre de Markovic fut retrouvé dans une décharge de la banlieue parisienne. On inculpa alors François Marcantoni, un parrain corse et ami de Delon, qui passa onze mois derrière les barreaux mais fut finalement relâché, faute de preuves. L'acteur fut quant à lui interrogé mais jamais inculpé. *Goryl* est le livre de référence des criminels serbes passés à l'Ouest. Comme un membre de gang me l'a confié, "si un mafioso ne doit lire qu'un seul livre, ce sera celui-là".

L'histoire commence ainsi : un célèbre acteur français, Alain Dupré, demande à Stefan Ratarac (l'*alter ego* de Markovic) de tabasser un journaliste. Ratarac remplit son contrat, et se retrouve bientôt à vivre au rez-de-chaussée de la maison de la star, dont il satisfait tous les caprices. Ratarac est un être susceptible, qui peut se montrer agressif pour peu de chose. Dans une scène du livre, il malmène un chauffeur de taxi russe : "Pourquoi acceptez-vous de vivre cette existence pathétique ? Vous êtes russe ? Je connais une fille russe ici, à Paris, c'est un très bon coup. Elle est de votre famille ?"

Le narrateur écrit que "l'attitude de Ratarac prend source dans une forme inexplicable de mépris". Le garde du corps "méprisait les petites gens qui trimaient pour gagner leur pain quotidien [...]. Pourquoi chantaient-ils dans des chœurs d'églises et allumaient-ils des cierges ? Pourquoi ne préféraient-ils pas voler, cambrioler et baiser de riches dames parisiennes, tabasser et tuer des gens ?". Le fait de vivre dans l'ombre d'un riche Français n'en humilie pas moins Ratarac, qui cultive son ressentiment : il hait les pauvres d'incarner la faiblesse, et hait les riches de posséder ce que lui ne possède pas. L'acteur et ses amis participent ensuite à des orgies, dont une est filmée par Ratarac à leur insu, dans l'espoir de les faire chanter. La star vient alors le voir pour lui demander : "Pourquoi tu fais ça ? C'est stupide", ce à quoi Ratarac répond : "C'est stupide de vivre comme je vis.

Je porte vos chemises, et même vos sous-vêtements. C'est comme ça depuis des années."

Goryl canalise ainsi la rage que bon nombre de jeunes Serbes ont dû éprouver face à l'Union européenne quand celle-ci les narguait avec ses richesses tout en leur en proscrivant l'accès. L'Union européenne a échoué à faire cesser le carnage des Balkans, puis a mis en place des sanctions à l'égard de la Serbie récalcitrante et limité l'immigration de ses ressortissants. L'invisible mur édifié par l'Occident a permis aux élites serbes de rester riches, et de laisser dans la pauvreté le reste d'une population défaite.

Lors d'un récent séjour à Paris, je fis la connaissance d'un homme qui s'occupait de promouvoir la musique des Balkans ; son travail l'amenait à fréquenter de près un certain nombre de malfrats. Il accepta de me présenter à quelques-unes de ses connaissances. Je rencontrai ainsi deux Serbes dans un club qui s'étendait sur trois niveaux à Belleville, près de la rue de Ménilmontant. L'un d'entre eux, qui demanda à se faire appeler Eugène, mesurait plus d'un mètre quatre-vingts et portait une veste noire de motard. La nature de son travail, m'expliqua-t-il en anglais, lui avait permis d'assister à plusieurs opérations des Panthers, mais il répéta plusieurs fois qu'il n'avait jamais pris part à la moindre d'entre elles. Il confirma ce que supputaient la plupart des enquêteurs : il s'agissait d'un réseau au maillage relativement peu serré, qui bénéficiait d'assistance logistique à travers toute l'Europe, et en particulier, selon Eugène, en France, en Belgique, aux Pays-Bas, au Danemark ainsi qu'en Italie. "Ce sont des organisations assez réduites", m'expliqua-t-il. Il affirma aussi que beaucoup de membres étaient toxicomanes, et que certains avaient des femmes et des enfants. Il insista bien sur le fait qu'ils n'étaient pas à proprement parler des Serbes, mais plutôt les enfants d'un pays disparu. En écrasant sa cigarette, il conclut par ces mots : "Ils n'en ont rien à foutre."

Le second Serbe, qui se présenta sous le nom de Boris, était blond et timide, et sa tête s'enfonçait sans cesse dans le col de son coupe-vent. "J'ai assisté à une de leurs opérations, admit-il en avalant une lampée de cognac. Deux types sur des motos." Selon lui, les choses se passaient sans commandement centralisé. "Il n'y *a pas* de cerveau dans leurs affaires. Ils pensent ensemble, fonctionnent comme un tout."

Eugène intervint alors : "Ils détestent tout le monde. Ils détestent l'Allemagne, le Vatican, les États-Unis, leurs propres gouvernements. C'est juste une bande de toxicos pleins de haine. Vous recevez un coup de téléphone d'un type, qui vous en présente dix autres, et vous touchez votre argent." Plus petits et autonomes étaient les groupes, plus faibles étaient les risques qu'ils représentaient pour l'ensemble du réseau. "Certains des membres sont cousins, ajouta Eugène. Certains sont bons amis. Tous seront en prison dans cinq ou dix ans."

Quelques jours plus tard, on me demanda par téléphone de me rendre à un rendez-vous place Saint-Michel, dans le Quartier latin. À mon arrivée, Boris m'attendait. Nous patientâmes dix minutes, jusqu'à ce que sonne son portable. Il répondit, puis raccrocha et m'annonça qu'un ami souhaitait nous rencontrer, mais considérait cet endroit comme trop exposé. Il valait mieux nous retrouver dans une rue adjacente à l'Hôtel de Ville. Traversant la Seine à pied, nous pénétrâmes dans les rues étroites du Marais. Au bout de quelques minutes, Boris montra du doigt une Honda hors d'âge et me dit simplement : "C'est lui."

Je m'installai à l'arrière du véhicule, qui sentait la sueur et les vieux vêtements. L'homme au volant était un colosse mal rasé. Il se mit à conduire vers le nord-est de la ville, aux alentours du cimetière du Père-Lachaise. Mêlant anglais et français, il m'expliqua qu'il travaillait comme garde du corps pour des clients d'horizons variés – des chanteurs français, de riches Américains, des Serbes craignant pour leur sécurité. Nous atteignîmes un paisible bar serbe où nous nous installâmes pour la soirée. On m'informa que nous irions peut-être plus tard rendre visite à un vétéran du milieu des malfrats serbes à Paris. Et pendant que nous patientions, beaucoup d'alcool fut consommé.

À un moment donné, le garde du corps me dit que le nombre réel de Panthers ne dépassait pas soixante personnes, sans indiquer de quelle source il tenait des chiffres aussi précis. "Ils ne se connaissent pas, mais les choses sont organisées à un niveau supérieur", affirma-t-il. Je remarquai que tout le monde, dans le bar, semblait traiter mon interlocuteur comme quelqu'un d'important. Je lui demandai si Predrag Vujosevic, du braquage Graff à Londres, dirigeait le réseau. Il me répondit que le réseau n'avait pas de leader, tout en ajoutant qu'il y avait bien eu quelqu'un pour monter l'organisation après la guerre. Je m'excusai un instant pour soulager ma vessie, mise à rude épreuve, précisai-je, par tous ces verres ingurgités. À l'intérieur des toilettes, je griffonnai quelques notes sur un bout de papier. Quand je revins m'asseoir, l'ambiance avait changé. Le rendez-vous avec le boss avait été annulé. Si je souhaitais en savoir plus, m'indiqua le garde du corps, il faudrait que j'aille en Serbie.

Le soir, à Belgrade, l'éclairage public peine souvent à rester allumé. La ville est propre, mais pauvre, et ses rues sont presque entièrement dépourvues des panneaux d'affichage électronique ou d'autres signes de présence du capitalisme à l'ère numérique. Dans le centre-ville, l'ancien ministère de la Défense est en ruines – un des nombreux monticules de gravats laissés par les bombardements de l'Otan en 1999, que personne depuis n'a pris soin de nettoyer.

Je visitai la capitale serbe en août 2009, séjournant dans une chambre d'hôtel de l'époque yougoslave, qui sentait le gaz domestique et la vieille moquette. Un ancien inspecteur de police accepta de déjeuner un jour en ma compagnie dans un café du centre. Il arriva l'air hagard après une nuit passée en service en tant que chef de la sécurité d'un casino. Un travail honorable, me dit-il, surtout comparé à son ancien poste dans la police de Belgrade. Il avait fini par démissionner à force de voir ses supérieurs hiérarchiques régulièrement "classer" les dossiers criminels dont il s'occupait, et recevoir des sacs de billets de la part des membres de gangs. "C'était une vaste blague", résuma-t-il. Les officiers donnaient des listes de tarifs pour les "services" qu'ils pouvaient rendre. Et il n'était pas rare qu'on retrouve des cartes de visite de hauts responsables de la lutte contre les stupéfiants dans les portefeuilles de trafiquants arrêtés.

Au moment où le reste des Balkans endurait massacres et autres nettoyages ethniques dirigés par le gouvernement de Slobodan Milosevic, les Serbes ordinaires virent quant à eux leur société détruite par une campagne de manipulation économique. En 1992, le gouvernement s'arrogea *de facto* le monopole sur la vente de blé, de maïs, de farine, de sucre et d'huile de cuisson. Milosevic, qui avait jadis occupé le poste de directeur de la banque de Belgrade, mit en place plus ou moins directement un système qui entraîna, selon l'économiste serbe Mladjan Dinkic, "l'une des plus destructrices crises d'hyperinflation de l'histoire de l'humanité", afin de concentrer le pouvoir économique entre les mains de sa coterie de criminels.

En janvier 1994, au paroxysme de la guerre de Bosnie, la Serbie vivait déjà cette hyperinflation depuis vingt-quatre mois. Le taux mensuel d'inflation était de 313 563 558 %. En comparaison, la tristement célèbre hyperinflation subie par la République de Weimar, qui permit l'ascension d'Hitler au pouvoir, ne dura "que" seize mois, et n'atteignit que le chiffre relativement modeste de 32 400 %. Cette hyperinflation massive contribua à asseoir le pouvoir de Milosevic sur une population qui se trouva dans l'incapacité d'acquérir les denrées élémentaires sans recourir au marché noir, lequel était contrôlé par des malfrats, et dirigé par l'État.

La faim engendrée par ce phénomène poussa les Serbes ordinaires à puiser des devises étrangères dans leurs bas de laine et sur des comptes annexes. Au même moment, Milosevic mit en place un système bancaire parallèle, alimenté par des billets sans valeur, imprimés sur des presses étatiques. Dans la rue, ces billets s'échangeaient aussitôt contre des marks, des dollars, et autres cours légaux, par le biais d'agents de change ambulants, qui transféraient ensuite leurs recettes vers des institutions d'épargne privées, mais aussi vers six banques nationales. De nombreux revendeurs de devises travaillaient directement pour l'État, au sein d'un vaste réseau de banditisme organisé par le gouvernement serbe lui-même. Contrairement à ce que l'on aurait pu imaginer, ces réserves d'argent étranger accumulées par l'État ne servirent à financer ni l'entreprise de nettoyage ethnique en Bosnie, ni la puissance militaire en place au Kosovo. Elles prirent plutôt la direction des pays étrangers, comme l'admit Zlatan Perucic, directeur de la banque de Belgrade sous Milosevic. Chaque semaine, des mallettes et des sacs de toile remplis de monnaies étrangères partaient de Belgrade à destination de Chypre, de la Grèce ou d'Israël. Avant la tombée des sanctions occidentales, l'État expédia ainsi des dizaines de millions de marks emballés et convoyés par valises diplomatiques marquées de la mention "Ne pas ouvrir". Une fois les premières sanctions effectives, il fit passer le cash en douce à la frontière avec la Roumanie, d'où il s'envolait vers Chypre.

Leur État ainsi transformé en entreprise criminelle, beaucoup de Serbes se convertirent eux-mêmes à l'activité criminelle – à contrecœur ou non. Lorsque je l'interrogeai sur les Panthers, l'ancien inspecteur me répondit que "leurs centres de recrutement se trouvaient ici, en Serbie". Et lorsque j'évoquai l'idée que bon nombre de leurs membres avaient plutôt l'air de Serbes moyens que de bandits chevronnés, il fit allusion en riant à Djordje Rasovic, le cerveau du braquage de Tokyo en 2004 : loin d'être un homme fortuné, Rasovic gagnait sa vie "en cultivant des mûres à Arilje".

Plus tard dans la journée, j'eus rendez-vous avec Milos Vasic, un ancien policier de Belgrade lui aussi, mais à une époque plus lointaine, entre 1967 et 1969 : "C'était une ville si paisible à l'époque", me dit-il. Après deux ans de service, il décida de devenir reporter et participa à la fondation du journal Vreme. Il a souvent écrit, et écrit encore au sujet du crime organisé. Les guerres menées par Milosevic, m'expliqua-t-il, contribuèrent grandement à la criminalisation de la Serbie. "Dans mon commissariat, sur cinquante flics, quinze ont été tués en Croatie et en Bosnie, me dit-il alors que nous buvions une bière à la terrasse d'un café. Vous deviez aller combattre trois mois, sans quoi vous étiez viré." Et les détenus des prisons étaient parallèlement libérés pour être emmenés au front : s'ils survivaient, ils ne retournaient pas derrière les barreaux.

Vasic avait passé des années à réunir des éléments sur la corruption du régime de Milosevic. Il m'apprit qu'en mars 2001, peu après la chute du régime, on découvrit, dans un coffre loué par des fonctionnaires municipaux à une banque de Belgrade, plus de 660 kilos d'héroïne pure à 93 %, représentant une valeur d'environ 100 millions de dollars en vente au détail. "Pour quelle raison des gens laisseraient-ils une telle quantité de drogue croupir ainsi pendant des années ?" me demanda-t-il avant de répondre de lui-même : "Parce que cela leur servait tout simplement de compte en banque."

Le trafic de cigarettes s'avérait encore plus lucratif, selon Vasic. En 1993, soumis à des taxes indirectes, le tabac était devenu si onéreux que le marché légal disparut purement et simplement. Le marché noir offrait aux consommateurs une alternative à bien meilleur marché, mais il demeurait encore plus profitable pour les revendeurs. Vasic me décrivit le procédé : un dealer serbe allait acheter des cigarettes en gros en Europe occidentale, pour quelques centimes le paquet. Puis “il chargeait de ses marchandises un avion russe ou ukrainien légalement affrété vers Rotterdam”, d’où elles étaient ensuite expédiées vers le Monténégro. Là, on tamponnait les paquets de faux certificats de taxes, afin qu’ils aient l’air de produits légaux. Ils étaient ensuite revendus environ trois dollars pièce, et l’énorme marge empochée par le gouvernement et ses amis gangsters.

Les gouvernements occidentaux ont agi en complices de la corruption serbe. Il est de notoriété publique que les troupes allemandes et autres soldats de paix en place aux frontières serbes ont souvent fermé les yeux sur la contrebande, quand ils n’en tiraient pas tout bonnement profit. J’ai récemment été en contact avec un ancien membre de la Royal British Marine qui avait servi dans les Balkans. Ce marine passait souvent par Nis, et m’a dit que ses supérieurs lui remettaient fréquemment des milliers de dollars afin qu’il obtienne des renseignements utiles de la part des locaux. Ville industrielle en déclin, Nis jouait alors un rôle stratégique crucial de par sa proximité avec la principale voie de contrebande, celle qui connectait la Serbie à l’Europe de l’Ouest d’un côté, et à l’Asie mineure de l’autre.

Le marine, qui avait également participé à plusieurs opérations de maintien de la paix en Bosnie, m'expliqua aussi qu'il avait accompagné des officiers de l'Otan lors de réunions avec des hauts fonctionnaires serbes, à Nis comme dans d'autres villes. Les instances dirigeantes de l'Otan avaient selon lui l'habitude d'échanger des informations concernant l'état des forces sécessionnistes à l'intérieur du Kosovo contre leur engagement à laisser passer des convois de fuel et d'autres marchandises dont l'importation outrepassait théoriquement les limitations imposées par les autorités occidentales. Certaines de ces requêtes restaient strictement formelles, quand d'autres, selon le marine, impliquaient des rémunérations en cash à un niveau hiérarchique bien inférieur.

En poste à Nis, le marine britannique fréquentait souvent des recrues de l'armée serbe ainsi que des paramilitaires. "On allait tirer ensemble, on parlait tactique. Les Serbes, me dit-il, occupaient une tour d'habitation abandonnée de la ville pour y former les snipers." Il les conseillait à l'occasion. Beaucoup d'entre eux ne lui avaient pas semblé agir comme des soldats ordinaires. "Ils vous faisaient les poches pour blaguer, et vous rendaient votre portefeuille", se rappela-t-il en riant. Milos Oparnica, le directeur d'Interpol en Belgique, a par la suite qualifié le récit du marine d'"aberration hollywoodienne". L'homme quitta finalement les Royal Marines et trouva un emploi de garde du corps dans un hôtel de luxe à Paris. Un soir qu'il était sorti boire un verre, il tomba sur les Serbes avec qui il avait échangé histoires de combat et conseils tactiques à Nis. Ces derniers lui expliquèrent qu'ils versaient maintenant dans les braquages de bijouteries. Ils lui avaient paru très sérieux – et sobres, même – et il fut frappé par leur changement d'apparence et de comportement. "Quand je les avais connus en uniforme, ils agissaient comme des criminels. Devenus des criminels, ils agissaient en soldats." Il leur laissa son numéro de téléphone et convint de rester en contact avec eux. Quelques années plus tard, il reçut un appel des Serbes alors qu'il avait déménagé à Londres. Ils sortirent à nouveau boire des verres. "Et juste après, il y a eu le braquage chez Graff", précisa-t-il. Deux des hommes impliqués dans l'opération le contactèrent et séjournèrent chez lui avant de fuir le pays. En remerciement de son hospitalité, ils lui remirent une broche de diamant, qu'il alla ensuite proposer à un joaillier de Brighton *via* un intermédiaire. Le joaillier lui en donna "un beau paquet de fric". L'intermédiaire a confirmé que la transaction avait bien eu lieu. Le commerçant, lui, n'a pas souhaité répondre à mes questions.

Pour mieux comprendre comment de jeunes hommes venus du sud de la Serbie ont pu se retrouver à rôder dans les quartiers chic de Tokyo et Dubaï, je décidai alors de me rendre à Nis. D'après Milos Oparnica, d'Interpol, trois groupes principaux du réseau Panthers sont issus de Serbie. La faction de Nis était apparemment la plus téméraire des trois, puisque bon nombre de membres de sa première génération sont actuellement emprisonnés en Europe occidentale.

J'arrivai à Nis en milieu de matinée. L'autoroute y menant était vide, et longée de magasins vendant des motos et des suppléments alimentaires. La ville semblait bien différente de Belgrade, de ses façades austro-hongroises et de sa criminalité soigneusement ordonnée. Nis avait quelque chose de plus sauvage, et sa population apparaissait clairement plus mixte en termes ethniques : on y croisait des Albanais, des Macédoniens, des Manouches. Son plus célèbre monument était la Tour aux crânes, bâtie par les Turcs en 1809 avec de la chaux vive, du sable et les crânes de 952 combattants serbes. Sur les trottoirs accidentés, des filles généreusement maquillées vacillaient sur leurs talons hauts, suivies de près par des petits amis aux airs peu engageants.

Sur l'autre rive du fleuve Nisava se trouvaient les tours d'habitation abandonnées où le marine m'avait dit s'être entraîné aux côtés des snipers serbes. Hauts de quinze étages, les bâtiments ressemblaient à des meules de béton souillées de graffitis et slogans à teneur footballistique ou nationaliste. Dans la rue, des groupes d'hommes jeunes buvaient des bières. L'un d'entre eux, un Serbe, portait un T-shirt où était imprimé, en caractères d'un argenté criard, le mot "*Wanted*" entouré de deux pistolets. Une Audi flambant neuve était garée non loin. Les Audi sont plébiscitées par les gangsters serbes, comme en témoigne leur présence dans la vidéo du braquage de Dubaï.

La ville semblait vidée d'hommes entre vingt-cinq et quarante-cinq ans. En dehors des concessionnaires de motos, les lieux les plus animés étaient les salles de machines à sous. Je n'en comptai pas moins de quatre dans un rayon de trente mètres autour du bureau du maire, lequel se situait dans une belle bâtisse en pierre quelque peu décrépie, près du fleuve.

L'œil vif, âgé de trente-six ans et originaire de Nis même, le maire s'appelait Milos Simonovic. La ville occupait autrefois une position centrale dans l'industrie d'équipement et l'électronique yougoslave, employant jusqu'à 30 000 ingénieurs et techniciens qualifiés. "Nous travaillions avec Philips, Siemens, I.B.M., avec toutes les grandes sociétés mondiales du secteur, me rappela-t-il. Nous avions même fabriqué un des premiers ordinateurs de salon. J'ai oublié son nom, mais c'était deux ans avant le Commodore 64."

Aujourd'hui, sur une population de 300 000 habitants, 33 000 actifs sont chômeurs à Nis. Le seul point d'ancrage de l'économie locale se résume à une usine de cigarettes. Le trafic de drogue marche également très bien. "Les autorités et les criminels ont trouvé ici un bon endroit pour collaborer", me lança Simonovic. De nombreux jeunes citoyens de la ville, qui ont vu leurs parents perdre leur emploi et ont grandi dans un climat de corruption à grande échelle, ont embrassé le projet d'émigrer en Europe de l'Ouest pour y devenir bandits. Simonovic me déclara que pour eux, "la criminalité est une bonne chose, parce que cela permet d'aller dans l'Union européenne et d'y faire de l'argent. Ils reviennent ensuite et ils s'achètent des voitures, des immeubles, que sais-je encore. C'est pour eux une très, très bonne chose".

Zoran Zivkovic, quarante-neuf ans, était maire de Nis sous Milosevic, et dirigeait également le mouvement d'opposition qui finit par renverser le régime. Après l'assassinat du successeur de Milosevic, Zoran Djindjic, Zivkovic fut nommé Premier ministre et lança l'opération sabre, qui visait à décapiter la mafia serbe et à rompre tous les liens qu'elle continuait d'entretenir avec l'État. Près de 4 000 suspects furent inculpés d'activités criminelles, des dizaines de milliers d'armes saisies, ainsi que des centaines de kilos d'explosifs. Je rencontrai Zivkovic, aujourd'hui devenu homme d'affaires, dans son bureau moderne et impeccable, où sont exposées des bouteilles de son vignoble. Il portait un blazer marine qui, associé à sa peau burinée, le faisait moins ressembler à un politicien qu'à un propriétaire de yacht du bassin méditerranéen, qui se serait retrouvé on ne sait trop comment au beau milieu de la Serbie.

"Par définition, le crime organisé est lié à l'État, m'annonça-t-il d'un ton emphatique mais charmant. Pendant des années, poursuivit-il, les clans de criminels serbes payaient leurs propres officiers de police, leurs propres avocats, leurs propres juges, mais aussi des médecins, des journalistes ou des conseillers financiers." Il évoqua entre autres un médecin de Belgrade : "Si quelqu'un se faisait tirer dessus par un gang mais qu'il en sortait vivant, le boulot de ce médecin consistait à lui injecter un poison quand il arrivait à l'hôpital." Zivkovic admit volontiers que très peu des individus arrêtés lors de l'opération Sabre étaient restés emprisonnés. Il estimait que des forces implacables et persistantes, agissant au sein même de l'*establishment* serbe, "étaient déterminées à maintenir le pays dans cet isolement propre aux Balkans, car c'est ainsi que la Serbie leur convient, et seulement ainsi".

D'autres forces policières à Nis me fournirent de nouveaux éléments au sujet des Panthers. Les faits avaient de quoi fasciner : j'appris entre autres que Milan Ljepoja, le Panther arrêté dans la cour d'école de Gex, était revenu ici – il y était né – après le casse de Dubaï, et qu'il y avait dépensé une partie de son argent. Il avait acheté plusieurs boutiques adjacentes dans le quartier historique de la ville, pour transformer les lieux en une boîte de nuit qui ouvrit ses portes avant son arrestation de 2008. Il fit également couler de l'encre pour avoir organisé chez lui ce qu'un enquêteur a décrit comme des “orgies”.

Les inspecteurs de police de Nis me parlèrent aussi d'un ami de Ljepoja, qui possédait un magasin de téléphones portables dans un centre commercial souterrain. Quelques mois avant le braquage de Dubaï, cet ami emménagea dans l'émirat pour y ouvrir un autre magasin de portables. La police locale releva cette curieuse coïncidence : en examinant les registres commerciaux, elle détermina que furent transférés vers la boutique en question d'importantes sommes d'argent, juste après le casse. Selon les enquêteurs, l'ami de Ljepoja croupit aujourd'hui en cellule à Dubaï.

Le siège de la police de Nis se situait au bout d'une rue longée d'arbres où se promenaient de jeunes hommes généralement vêtus du même uniforme officieux : lunettes de soleil Porsche, T-shirts blancs et bas de survêtement noirs. L'un d'entre eux laissait dépasser à sa taille la crosse d'un pistolet Makarov – l'arme de poing standard des pays de l'ex-bloc soviétique –, sans que cela n'ait semblé déranger quiconque.

Lorsque j'arrivai sur place, le chef de la police, Zoran Stojanovic, m'attendait dans son bureau, où il m'avait préparé une pile de photos. Le visage large et noueux, il portait un costume gris, à l'ancienne mode socialiste. Il refusa d'abord de me parler des Pink Panthers, et me servit à la place une sorte de petite conférence sur la destruction de la région par les bombardements de l'Otan, et les souffrances endurées par le peuple serbe sous l'agression des Albanais du Kosovo ou celle d'autres ennemis.

"Des bombes à fragmentation explosaient en plein cœur de la ville, raconta-t-il. Quand on regarde les photos aujourd'hui, on constate l'horreur." Il me tendit un album contenant des photos mortuaires. "Ne regardez ça que si vous avez l'estomac solide", me prévint-il. Les clichés montraient des cadavres ensanglantés, distordus et criblés d'éclats d'obus. Je vis également un couple de personnes âgées, Zivorad et Vera Ilic, qui étaient mortes le 7 mai 1999 suite à l'explosion d'une autre bombe à fragmentation, leurs corps atrocement mutilés. Le ton qui animait la voix du chef de la police alors qu'il me décrivait ces tragédies me rappelait ce que j'avais déjà pu ressentir lors de la guerre de Bosnie : l'attention portée au statut de victime du peuple serbe s'intègre à une cosmologie obstinément ethnocentrique, mais qui reste le produit d'une souffrance authentique.

On nous servit du café et du jus d'orange. "Lors de toutes ces tragédies, toutes ces souffrances, toutes ces guerres, lors de toute notre histoire, une chose est certaine : la Serbie n'a jamais attaqué personne, a déclaré Stojanovic. Nous nous sommes défendus contre l'Empire ottoman, comme nous nous sommes défendus contre l'Empire austro-hongrois, puis contre la tyrannie hitlérienne, puis contre les bandes séparatistes du Kosovo."

Et maintenant que j'avais regardé les photos et prêté attention à son discours, le commissaire se montra soudain prompt à aborder la question des criminels venus de sa ville. Seulement, m'annonça-t-il, notre conversation n'allait pas durer très longtemps, puisqu'il n'y avait à vrai dire aucun criminel à Nis. Quand je l'interrogeai sur les jeunes hommes croisés dehors, des clés d'Audi neuves à la main, il me répondit qu'il ne s'agissait que de simples entrepreneurs. "Les jeunes gens que vous avez vus s'occupent entre autres d'électronique, de consulting, de choses de ce genre", expliqua-t-il. Je lui demandai si les entrepreneurs de Nis portaient souvent des Makarov à la ceinture, et il secoua alors la tête d'un air affable. "Les types en survêtement avec les lunettes de soleil ne font pas dans l'électronique, admit-il en ajoutant : l'activité agricole marche aussi très bien dans la région." Je m'enquis alors de savoir si le transport d'héroïne faisait partie de cette activité agricole. Réponse laconique : "Disons simplement que les gens d'ici ont appris à vite s'adapter aux conditions difficiles."

Stojanovic finit tout de même par admettre que certains citoyens de sa ville s'étaient installés en Europe pour y travailler en tant que braqueurs ; que là-bas, ils avaient noué de nouveaux contacts dans les milieux clandestins, et significativement amélioré leur niveau de vie. Une partie de ces criminels étaient revenus à Nis, où on les avait vus richement vêtus, au volant de grosses cylindrées. "Il est tout à fait possible que ces gens aient pu se lier à différentes personnes évoluant dans la joaillerie en Europe de l'Ouest", reconnut-il. Mais même s'ils avaient pu enfreindre la loi à l'Ouest, à Nis, ces jeunes Serbes s'étaient contentés de dépenser leur argent et de passer du bon temps. Ils tenaient lieu de modèles pour le reste de la jeunesse, d'une certaine façon. "Nous avons un adage, ici : 'La grande vie, c'est bien, mais court.'"

Stojanovic feuilleta ensuite le registre de police où figuraient les hommes identifiés par Interpol comme des membres des Panthers. "Vous voyez l'un de ces caïds qui a l'air de tant vous impressionner en Occident ? Eh bien, sachez que lorsqu'il vivait ici, il ne commettait que des délits mineurs : il s'en prenait aux voitures – et je ne parle pas de voler des voitures, je parle de *voler des choses dans des voitures*." Quand je lui demandai s'il faisait allusion à Milan Ljepoja, il me fit signe que oui. "En Europe, vous le considérez comme un gros ponte. Quand il touche une belle somme, il vient la dépenser à Nis, il vient se montrer. On ne peut rien intenter contre lui, car ici il ne fait rien d'illégal." Il me lâcha tout de même qu'il recevait en moyenne chaque jour une dizaine de demandes d'information sur des citoyens de Nis de la part d'Interpol.

Puis Stojanovic changea brutalement de sujet : "Savez-vous pourquoi Leskovac est la seule ville de Serbie sans aucun Juif ?" me demanda-t-il. Il avait vraisemblablement maintes fois raconté cette histoire auparavant, et prit un ton théâtral ; sa pomme d'Adam bougeait au-dessus du col de sa chemise.

"Il y a bien longtemps, un Juif et sa famille sont arrivés à Leskovac dans le but de s'y installer. Le Juif était pauvre et n'avait rien à manger, aussi alla-t-il voir un paysan pour lui demander s'il pouvait lui donner un œuf. Il le lui rendrait. Le Serbe donna sans problème au Juif autant d'œufs qu'il le désirait, mais il pensa avant cela à les poser sur une balance et à noter leur poids exact. Quand le Juif vit que le Serbe avait ainsi pesé tous les œufs, et qu'il devrait donc les lui rendre au gramme près, il se dit que cet endroit n'était pas fait pour lui et sa famille, et qu'ils feraient mieux de s'en aller."

Le commissaire me regarda avec intensité, comme pour voir si son histoire faisait son effet sur moi. Fronçant ses sourcils broussailleux, il éclaircit alors son histoire : "Si, à cette époque, un Serbe sans éducation pouvait penser d'une façon si élaborée, il n'y a alors rien d'étonnant à ce qu'aujourd'hui, d'autres Serbes sans éducation puissent se servir de leur cerveau de façon tout aussi surprenante."

Il y a sept ans, deux Serbes originaires de Nis acquirent une notoriété internationale après avoir dérobé dans une boutique de Tokyo le fameux collier dit Comtesse de Vendôme, serti de cent seize diamants. Le vol eut lieu le 5 mars 2004 et reste le plus important cambriolage de toute l'histoire japonaise.

Aucun des deux hommes, connus sous les noms de Djordje Rasovic et Aleksandar Radulovic, ne parlait japonais ni n'avait visité le Japon auparavant. La bijouterie, appelée "Le supreme diamant couture de Maki", se situait dans le quartier de Ginza et des rumeurs de difficultés financières circulaient au sujet de la société à qui elle appartenait. Pendant que les deux bandits s'affairaient, une femme, elle aussi native de Nis, Snezana Panajotovic, était postée pour faire le guet dans un café juste en face. À ses côtés se tenait Dorothy Fasola, une Écossaise déjà condamnée pour avoir volé de l'or en Italie. Rasovic et Radulovic prirent ensuite la fuite en moto, et s'envolèrent le lendemain pour Paris par un vol Air France ; les deux femmes quittèrent le pays peu de temps après.

Après le casse, la police de Tokyo reconstitua son déroulement en faisant appel à plus d'une centaine d'enquêteurs. Le dossier qui résume ces investigations fourmille de détails aussi infimes qu'éclairants, de ceux qui font les grands romans policiers. Bien que les services nippons m'en aient refusé l'accès, ils en ont néanmoins remis quelques copies à disposition des participants à la réunion de travail autour des Panthers, qui eut lieu à Monaco en 2009. Les inspecteurs y ayant assisté m'ont tous affirmé qu'il s'agissait là d'un chef-d'œuvre de science policière. Certains m'en ont même montré des passages traduits, que j'ai pu prendre en notes. Aussi impressionnant soit-il, le dossier japonais soulève autant de questions qu'il en résout : comment travaillent les Panthers, qui sont-ils, et qui les protège ?

Les braqueurs arrivèrent au Japon vers la fin du mois de février 2004. Leurs passeports étaient en règle. Dorothy Fasola arriva la première, réserva des chambres d'hôtel pour ses complices et acheta quatre téléphones portables : deux de couleur dorée, pour Radulovic et Rasovic, un rouge clair pour Panajotovic, et un bleu pour elle. La facture détaillée de Fasola montra qu'elle parla à Rasovic moins de trois heures avant le casse – l'Écossaise nie cependant toujours son implication dans l'affaire.

Djordje Rasovic, sous l'identité d'un ingénieur tchèque, entra sur le territoire japonais en atterrissant à l'aéroport d'Osaka. Snezana Panajotovic arriva quant à elle directement par Tokyo, également avec un passeport tchèque. Aleksandar Radulovic lui aussi débarqua dans la capitale nippone en utilisant des papiers croates, et descendit à l'Odyaku Hotel Century Southern Tower. Une équipe de la police scientifique trouva par la suite ses empreintes digitales sur un mini-flacon de shampoing Wella.

Radulovic visita la boutique Maki pour la première fois le 24 février. S'exprimant en anglais avec un fort accent, il demanda à un employé de l'emmener au troisième étage, où était exposé sous verre le Comtesse de Vendôme, seulement protégé par un système d'alarme électrique. Il manifesta son enthousiasme et insista pour prendre le collier en photo. Il revint au magasin quelques jours plus tard, accompagné de Panajotovic. Se faisant passer pour un couple d'amoureux, le duo acheta un autre collier, ainsi qu'une cuillère d'argent.

Le 5 mars, à 11 h 45, Radulovic et Rasovic pénétrèrent chez Maki. Radulovic, affublé d'une perruque brun clair et de lunettes noires, portait un manteau beige et une paire de gants en cuir marron, et son sac arborait le logo Cartier. Alors qu'il montait au deuxième étage, Radulovic sortit un appareil photo et prit des clichés de l'employé, un certain Ryu Takagi, tout en répétant sans cesse : "Parfait ! Super !"

Puis, une fois arrivé près de la vitrine qui abritait le collier, Radulovic sortit un bout de papier – la caméra de surveillance indiquait alors 11 h 46. Takagi baissa la tête pour lire ce que son client était en train d'écrire. Le braqueur lui colla alors son poing dans la figure et lui pulvérisa du gaz lacrymogène dans les yeux. "Il s'est mis à me pousser vers les toilettes, sans arrêter de me frapper à la tête, témoignera Takagi. Il a ensuite fermé la porte, et je l'ai entendu briser la vitrine. Quand j'ai pu reprendre mes esprits et me passer de l'eau sur les yeux, j'ai appelé la police de mon portable." Le Comtesse de Vendôme s'était alors déjà envolé, et 33 millions de dollars manquaient soudain dans les caisses du joaillier – ou plutôt dans celles de son assureur, Nipponkoa.

Aleksandar Radulovic est aujourd'hui détenu dans une prison serbe après avoir été arrêté à Copenhague pour tentative de vol. La police danoise l'ayant identifié comme étant l'un des Panthers recherchés pour le casse de Tokyo, il fut extradé à Belgrade pour être jugé. Lors de son procès, le bandit affirma que le braquage avait été commandité par le propriétaire de la boutique, qui voulait toucher l'argent versé par l'assureur ; le collier aurait été selon lui rendu au gérant dans une décharge située non loin d'une poissonnerie, en échange d'un sac contenant 100 000 dollars. Radulovic compara le collier au travail d'un Dalí ou d'un Chagall, et se demanda pourquoi il n'était protégé que par une simple vitrine en verre. Ni les autorités japonaises, ni les tribunaux serbes ne donnèrent le moindre crédit à sa version des événements, mais il a été rapporté que la société Maki avait été déclarée en faillite ; ses dirigeants n'ont jamais répondu à mes demandes. Aleksandar Zaric, l'avocat de Radulovic, m'a dit qu'il pensait que le Comtesse de Vendôme avait été par la suite desserti, ses gemmes retaillées puis revendues par des négociants en Europe et en Israël.

De son téléphone bleu, Dorothy Fasola appela fréquemment l'Italie lors de son séjour à Tokyo. Radulovic et elle joignirent aussi un interlocuteur à Colombo, au Sri Lanka, un lieu où ni elle ni lui n'avait jusqu'ici de liens connus. Des sources policières m'apprirent qu'un Serbe du Monténégro du nom de Zdravko Radonjic se trouvait à Colombo au moment où les appels furent passés depuis Tokyo – une coïncidence notable, observèrent-ils, dans la mesure où Radonjic avait déjà été impliqué dans des braquages de bijouteries au Japon.

Deux ans après le casse de Tokyo, Radonjic fut arrêté à l'aéroport de Belgrade, portant sur lui un faux passeport et un aller simple pour Beyrouth. Milos Oparnica, d'Interpol, m'informa que Radonjic avait assuré la coordination d'une dizaine de braquages au Japon, et que des éléments prouvaient ses liens avec le trafic de cocaïne sud-américaine vers l'Europe occidentale. Pendant son incarcération, il resta en contact avec le monde extérieur. Selon un quotidien serbe, un gardien de prison avait été accusé en 2009 de lui avoir fourni deux téléphones portables en échange d'un pot-de-vin de 1 000 dollars. Le braqueur, lui, a été récemment libéré.

Lidija Radulovic est grande, son nez recourbé et ses cheveux longs et bruns. Je déjeunai avec elle à Belgrade. Âgée de quarante-neuf ans, elle portait un pantalon moulant et un pull noir coupé au-dessus du nombril, et dégageait le sex appeal d'une petite amie de rock star. Elle avait rencontré Aleksandar Radulovic, du casse de Tokyo, lors d'une fête à Belgrade, treize ans auparavant. Elle s'était mise à sortir avec lui, et l'épousa rapidement. Il était devenu gangster dès les premières années de leur histoire. "Il cambriolait la plupart du temps avec le même groupe, me dit-elle en m'offrant une cigarette. Il faisait ça pour l'argent et pour l'adrénaline, et cela nous permettait de poursuivre la vie légère que nous menions à Belgrade. La priorité, c'était toujours de pouvoir s'amuser."

Radulovic avait une sœur à Munich, et Lidija et lui aimaient voyager à l'étranger : Anvers, les îles grecques. Aleksandar était en France lorsqu'il reçut un appel lui proposant de participer au casse de Tokyo. L'auteur du coup de fil, prétendit-il, était de la bijouterie elle-même. Lors du procès, Lidija trouva étonnante la précision des récits faits par les témoins japonais : ils se rappelaient des détails improbables, comme la couleur des lacets de son mari. Les enquêteurs, affirma-t-elle, avaient refusé de livrer certaines informations élémentaires, telle que la somme versée par la compagnie d'assurances au joaillier. Elle avança que dans cette affaire, un crime mineur avait servi à couvrir un crime beaucoup plus important.

Lidija souligna que son mari était très intelligent, bien qu'il n'ait pas suivi d'études. "Je crois qu'il a lu tous les livres disponibles à la bibliothèque de la fac de philo, en particulier les auteurs serbes du Moyen Âge, me dit-elle. Il lit de bons livres, il lit des prix Nobel."

J'avais cherché à parler à Radulovic, mais il s'avéra difficile de lui rendre visite du fait de son comportement peu discipliné en tant que détenu : il avait tenté de prendre la fuite alors qu'on le transportait de l'aéroport de Belgrade à sa prison. Il répondit néanmoins à des questions personnelles par l'intermédiaire de Lidija. Il avait appris le métier de braqueur en quittant la Serbie pour l'Allemagne à la fin des années quatre-vingt-dix. "J'y ai rencontré pas mal de gens, expliqua-t-il. Parmi eux s'en trouvaient certains qui avaient déjà fait ce genre de boulots. L'attrait de ce mode de vie, ajouta-t-il, tenait à l'argent et l'adrénaline. Quand on est jeune, on recherche l'adrénaline." Il décrivit les Panthers comme une organisation flexible qui fournit des informations sur des cibles, contre un pourcentage sur les prises, et qui attend des braqueurs qu'ils s'occupent eux-mêmes de la surveillance sur place. "Celui qui agit sur place doit toujours faire lui-même le repérage de sa cible, dit-il. Au Japon, j'ai effectué les repérages : je suis allé dans la bijouterie, j'ai vu cette vitrine." S'il avait bien rencontré Rasovic, son complice, par l'intermédiaire de connaissances communes avant de partir commettre le casse au Japon, il n'était pour autant par spécialement proche de lui.

Radulovic affirma aussi être un lecteur boulimique. Il adorait les bandes dessinées, "les livres de psychologie, d'histoire, les biographies, notamment les vies de saints, mais aussi de la vulgarisation scientifique. Ça va de l'Antiquité et de l'alchimie jusqu'à la science-fiction !". Il admit admirer tout particulièrement *L'Archipel du Goulag*. Le fait de se retrouver derrière les barreaux lui avait donné le temps de méditer, et il regrettait désormais ses crimes. Selon lui, les médias avaient fait "une énorme erreur en faisant de [leur] histoire une sorte de film, quelque chose d'attirant, auquel on peut facilement s'identifier, alors qu'il n'y a rien d'héroïque dans tout ça ! [Il a] fait certains choix, [il a ses] raisons, mais [il] trouve cela inacceptable de laisser des gamins prendre [leur] histoire comme modèle".

Milutin Dacovic, que ses amis appellent Daca, est un ancien criminel. On peut aujourd'hui le croiser dans l'arrière-salle d'un restaurant italien dont il est propriétaire à Belgrade, et qu'il a fait construire grâce aux gains accumulés lors de sa carrière dans le banditisme en Italie. À cette époque, il était le fidèle compagnon du légendaire gangster serbe Ljuba. Avec Daca, celui-ci a ouvert la voie de l'Italie aux criminels issus des Balkans.

Devant son restaurant, situé au pied d'une tour de béton, Daca avait dessiné un petit jardin de style *italianate*, qu'il avait baptisé Piazza d'Italia. À l'intérieur, l'établissement ressemblait à une vieille taverne romaine pour touristes : bar couvert de miroirs, et décoration composée d'un bric-à-brac relatif à la saga du *Parrain*. Né et élevé à Belgrade, Daca aimait sa ville, et notamment ses traditions ancestrales. Lorsqu'il entendit l'accent serbe de mon interprète, il lui dit : “Vous n'avez pas l'accent de quelqu'un qui aurait appris à parler serbe dans le Belgrade d'aujourd'hui, où les jeunes avalent des lettres, mettent les accents au mauvais endroit et s'expriment généralement comme des singes.” Il portait un jean et un pull italien en cachemire crème, boutonné jusqu'au cou. Pendant notre conversation, il plongea à plusieurs reprises la main dans son pantalon vers son entrejambe, comme oublieux de la présence d'une femme à ses côtés. De tous les Serbes que j'ai rencontrés, il était le seul à s'exprimer avec une telle richesse d'inflexions, de grimaces et de gestes d'inspiration romaine.

Daca me dit ensuite que l'idée de passer en Europe de l'Ouest lui était initialement venue à force d'entendre les histoires qui circulaient à Belgrade au sujet de son héros de jeunesse : Stefan Markovic, le garde du corps dont la vie a inspiré le roman *Goryl*. Il quitta d'abord la Serbie pour travailler avec ce dernier à Paris, et me confirma en passant beaucoup des anecdotes présentes dans le livre. La mort de

Markovic, nuança-t-il néanmoins, avait été encore plus sordide que sa version fictionnelle. Il se souvint avoir interrogé des membres du milieu corse après la disparition de son ami. “On l’a jeté là où se trouve sa place, aux ordures”, lui répondirent-ils. Daca n’éprouvait aujourd’hui plus la moindre affection pour Markovic et les gens qui l’entouraient : “Ils avaient du ketchup à la place du cerveau.” Et pour illustrer sa pensée, il pressa un peu de ketchup dans sa paume gauche, et le lécha. Sur le dos de sa main était tatouée une rose. Son corps lui-même était couvert de tatouages.

Camarade généreux et intelligent, Daca n’avait sans doute eu aucun mal à associer ses méninges et son charisme à la puissance physique de Ljuba pour déployer un véritable empire en Italie et y attirer d’autres criminels des Balkans. Son groupe passa de cinq à plus d’une centaine de membres, selon ses estimations – tous venus de Belgrade. Quand je lui demandai combien d’entre eux vivaient encore, il en dénombra quatre ou cinq, au plus, avant de me mimer successivement une injection d’héroïne, un rail de cocaïne et la détente pressée d’un pistolet.

Certains membres des Panthers passent de temps à autre dîner dans son restaurant. “Je les soutiens de tout mon cœur, reconnut-il, et je n’ai aucune envie de leur causer des problèmes.” Ses propos fourmillaient d’argot du milieu : les diamants étaient du “petit verre”, une nouvelle recrue un “lézard”, un bandit doué de ses mains un “violoniste”. Quelques-uns de ces termes laissaient entrevoir l’ancienneté et la profondeur de l’enracinement culturel du crime organisé dans les Balkans. Celui qu’on charge de faire diversion auprès d’un agent de sécurité était appelé un *zavodnik*, soit un séducteur ; les gros bras étaient surnommés les *magare*, les ânes. Le responsable de la logistique se faisait appeler le *jatak*, un terme qui fait au départ référence aux Serbes qui cachaient chez eux des rebelles au pouvoir ottoman. Le joaillier véreux, acquéreur de pierres volées, était quant à lui un *sisa*, une mésange.

Un après-midi, un bel homme de haute taille, qui portait un T-shirt moulant noir et un pantalon de grande marque, arriva au Piazza d'Italia pour parler à Daca. Il me dit vivre au Danemark, et travailler en Suisse, en France et aux Pays-Bas. La conversation entre les deux hommes semblait sans nul doute codée, mais il m'apparut évident qu'il y était question de l'Italie. L'homme précisa ensuite qu'il n'existait aucune organisation centralisée du banditisme à Belgrade. "Je roule pour moi seul", insista-t-il.

Daca hocha la tête avant de souligner que si une organisation existait bel et bien, elle restait très informelle. Il m'expliqua que malgré le fait qu'aucun membre ne connût l'ensemble des autres membres, qui se cooptaient les uns les autres, il n'en demeurait pas moins qu'une sorte de hiérarchie centrale décidait tout de même de l'organisation des opérations, et de qui, des commanditaires ou des exécutants, prenait les frais en charge.

Les groupes de Panthers, poursuivit Daca, sont basés hors de la Serbie : Italie, France, Belgique, Pays-Bas, Danemark, Suisse ; je savais déjà cela. Les braqueurs retournaient souvent chez eux en Serbie ou au Monténégro, où ils devaient attendre leurs futurs "ordres de mission". Leurs employeurs pouvaient souvent les dénoncer aux autorités, dans le souci de renouveler la main-d'œuvre ou de maintenir le niveau de surveillance policière à un degré acceptable pour eux. Parmi les "cadres" du réseau des Panthers, on comptait selon Daca un certain nombre d'anciens soldats serbes aujourd'hui installés en Scandinavie. Mais le trafic de diamants lui-même était principalement géré par des criminels vivant en Italie, en Israël, en Russie et aux Pays-Bas.

Daca n'avait jamais été impliqué dans les crimes imputés aux Panthers, mais il m'expliqua pourquoi il soutenait tout de même leur travail : "Ils amènent de l'argent dans ce pays, contrairement à nos soi-disant élites politiques. Quelles que soient les sommes qu'ils empochent grâce à leurs actes – et qui ne représentent d'ailleurs que de très faibles pourcentages des gains réels –, ils les ramènent ici."

Ljubica Vujosevic vit dans une tour d'habitation décatie de Bijela, un village de pêcheurs au Monténégro. Le bâtiment se situe non loin d'un chantier naval rongé par la rouille, qui nourrissait, chichement mais avec stabilité, les hommes de la région sous le régime de Josip Broz Tito, le dictateur communiste qui dirigeait alors la Yougoslavie. Quand je rendis visite à Ljubica, une ampoule grillée pendait au plafond du couloir obscur qui menait à sa porte.

Ljubica est la mère de Predrag Vujosevic, le membre des Panthers sorti de chez Graff, à Londres, les bras chargés d'un sac rempli de diamants. Âgée d'une petite cinquantaine d'années, elle a subi des opérations aux deux hanches et au foie. Ses yeux sont bleu azur, et son visage jadis très beau est aujourd'hui creusé de profondes rides. Son habillement suggérait qu'elle avait dû se faire belle pour ma venue, mettant un joli chemisier vert argile à manches courtes et un collier en or, puis qu'elle y avait renoncé, et simplement complété sa tenue par un bas de survêtement gris et une paire de pantoufles.

Je restai assis à la table de sa cuisine pendant qu'elle passa les deux heures de notre entrevue debout à piétiner devant une bibliothèque où étaient posés ses porte-bonheur – un cheval sculpté en fil de fer doré, une bouteille de vin pétillant et trois singes peints mimant l'adage commun aux mères et aux bandits : "Rien vu, rien entendu, rien dit." "La croix que je porte autour du cou, c'est lui qui me l'a donnée, m'annonça Ljubica, m'indiquant de la tête un portrait de son fils posé sur un poste de télévision massif. Il la tenait d'un autre prisonnier, et m'a dit qu'il fallait que je la garde jusqu'à sa sortie."

Ljubica avait bien pris conscience qu'après le braquage chez Graff, la presse londonienne avait présenté son fils, qu'elle appelait affectueusement Pedja, comme le leader du réseau des Panthers. "Ils font comme si c'était lui le plus fort", me dit-elle d'un air songeur. Son intérieur ne semblait pourtant pas du tout être celui d'une femme à qui l'on aurait versé de considérables sommes d'argent.

"S'il en est arrivé là, c'est qu'il a connu beaucoup de problèmes avant tout ça", m'expliqua-t-elle alors. Enfant, Vujosevic vivait dans les collines avec sa famille ; le premier magasin était à une heure de marche. L'enfant adorait jouer au football, mais passait ses journées à faire de la musculation et de l'exercice, notant scrupuleusement les poids soulevés et les kilomètres courus. Il nettoyait ses chaussures de sport, repassait ses T-shirts et faisait le ménage sous son lit sans que personne ne le lui ait demandé.

Puis il commença à passer ses soirées ailleurs, généralement à Cetinje. Ljubica et son mari, qui travaillait sur le chantier naval, tentaient de le dissuader de quitter le village, mais il leur répondait qu'il voulait gagner sa vie lui-même, avoir des revenus dignes de ce nom. “Et à la fin il a gagné quoi? demanda sa mère, une expression soudain amère sur le visage. Il a gagné neuf ans de prison.” Vujosevic partit de la maison pour de bon à l'âge de vingt-cinq ans, après s'être endormi au volant de sa voiture au petit matin et avoir percuté un autre véhicule, en tuant le conducteur. Il fuit en Italie à la veille de son procès, et ses parents n'eurent aucune nouvelle pendant six mois. “Ça va, leur dit-il quand il finit par les appeler. Je commence à mieux sentir l'endroit où je vis. Les choses sont en train de s'améliorer.” Ses coups de téléphone provenaient tantôt d'Italie, tantôt de France, restaient toujours très courts et semblaient toujours passés depuis des lieux publics. Il envoyait à l'occasion quelques cartes postales – “Je me porte bien, je suis en bonne santé. Je vous embrasse, Pedja.”

Sa mère me montra encore le portrait posé sur le poste de télévision en me disant qu'il s'agissait d'un cliché pris à Paris. On y voyait un jeune homme blond, la mine sévère, en pull rouge, l'air d'un athlète de l'ère soviétique. Quand il fut arrêté à la frontière franco-italienne en 2005, ses parents apprirent la nouvelle par les parents de sa petite amie. Vujosevic fut jugé à Paris pour ces crimes commis en France. Au tribunal, il affirma avoir reçu des ordres de personnes placées au-dessus de lui, sans jamais livrer leurs noms.

Le mari de Ljubica souhaita alors aller voir leur fils en prison, mais il eut des soucis cardiaques, et mourut. Ce n'est qu'à ce moment-là que le jeune homme écrivit pour la première fois une vraie lettre à sa mère, en lui demandant de la lire sur la tombe de son père. Il lui disait, entre autres : "Puisses-tu reposer en paix. Désolé de ne pas avoir pu venir. Je suis trop loin. Gloire éternelle à toi. Ton fils, qui t'aime tant." Il n'était donc pas vrai, conclut Ljubica, que son fils était un être dénué de sentiments.

L'année précédente, la mère était allée voir son fils ; celui-ci refusait alors de manger, et se montrait dangereusement maigre. Depuis cette visite, ajouta-t-elle, elle lui avait parlé au moins une fois tous les deux mois, pendant quinze minutes à chaque fois. "Je lui mens toujours en lui disant que je vais bien, avoua-t-elle. Je veux juste le voir encore une fois, et alors je pourrai mourir." Vujosevic était censé la joindre d'ici un quart d'heure.

Mais le téléphone ne sonna pas. Passé un moment, je me levai pour m'en aller. Elle me promit de demander à son fils, lors de son prochain coup de fil, les noms des gens qui avaient réceptionné les diamants.

Le Monténégro est un pays de 600 000 habitants, aussi beau qu'hostile. Partageant des frontières avec la Serbie, l'Albanie, la Croatie et la Bosnie-Herzégovine, la situation géographique du pays en fait une des plaques tournantes des nombreux trafics qui sévissent dans les Balkans. Le long de ses côtes, de hautes montagnes plongent directement dans l'Adriatique, comme des rideaux de théâtre. Le climat y étant quasi tropical, on peut voir kiwis et citrons pousser aux arbres au bord des routes.

Le paysage ressemble à une sorte de reconstitution cinématographique du Midi, à la différence près que les plages y sont bien plus étroites, et pavées de ciment.

Pendant que je roulais vers Podgorica, la capitale, en longeant le littoral, l'autoradio se mit à émettre un atroce bourdonnement : il s'agissait du son d'un instrument traditionnel local connu sous le nom de gusle. Les chansons folkloriques qui y ont recours louent généralement la virilité, la droiture et la bravoure des Serbes ayant combattu les Turcs, mais certaines compositions plus récentes sont dédiées à Radovan Karadzic et à d'autres criminels de guerre serbes, et louent l'héroïsme dont ils ont fait preuve pendant et après les guerres de Bosnie. Les Monténégrins aiment à rappeler qu'aucun autre pays n'a jamais pu les conquérir, mais ils semblent oublier le fait que leurs sols rocailleux ne méritent pas tellement de mobiliser une armée. Ces dernières années, leur terre a pourtant gagné en valeur : de riches Russes se mettent progressivement à y acheter des maisons de vacances.

Au Monténégro, le banditisme pourrait bien être encore plus profondément ancré qu'en Serbie. Selon un rapport diffusé en 2005 par la D.I.A., l'unité antimafia de la police fédérale italienne, l'hospitalité monténégrine accordée au grand banditisme s'avère telle que la petite nation pourrait être comparée au légendaire paradis des pirates de Tortuga. Toujours selon les services transalpins, le plus avide pirate du pays s'appellerait Milo Djuganovic ; l'homme a passé dix-huit des dix-neuf dernières années tantôt au poste de président de la République, tantôt à celui de Premier ministre.

Le procureur de Bari – ville italienne située juste en face de Bar, un port monténégrin –, Giuseppe Scelsi, accuse dans le rapport le politicien d'avoir "promu, dirigé, organisé et participé à des associations de type mafieux" et transformé son État en "paradis du commerce illicite".

Le texte italien regorge de preuves sordides, y compris des extraits de conversations enregistrées pendant près de deux ans entre Djuganovic et sa maîtresse. Le ton est accablant. "Il savait parfaitement tout ce qui se passait au Monténégro, puisqu'il y prenait part et en tirait directement profit. Il était personnellement au courant des considérables sommes d'argent, en devises fortes, que générait le trafic de cigarettes mis en place par le crime organisé italien. Son appât du gain l'a tellement dépourvu de principes moraux qu'il en est venu à se confondre avec les criminels auxquels il s'associait. Il a fait assurer la protection de fugitifs recherchés en Italie, au mépris des normes judiciaires les plus élémentaires. Et il a agi en employant les services de sécurité mêmes de l'appareil d'État." Des activités de Djuganovic ont émané des bénéfices plus qu'impressionnants. Entre 1994 et 2002, annonce le rapport, les contrebandiers ont transporté sur leurs hors-bord une moyenne d'un milliard de cigarettes par mois, des ports monténégrins jusqu'à la côte orientale italienne. Une fois parvenues là-bas, les marchandises se voyaient revendues par les syndicats mafieux, et les profits blanchis par des sociétés écrans aux comptes enregistrés en Suisse, au Liechtenstein ou à Chypre.

En 2006, un ancien haut diplomate monténégrin, Ratko Knezevic, a rédigé un texte détaillant les différents types de contrebande que connaissait son pays, sous la forme d'une thèse à la London Business School. Si l'on en croit son analyse, dès la fin des années quatre-vingt-dix, "le gouvernement monténégrin empochait jusqu'à 700 millions de dollars par an par le seul biais du trafic de cigarettes". En 2009, Knezevic confirma les détails dévoilés dans sa thèse dans une interview au quotidien *Vijesti*. "C'était un secret de Polichinelle, affirma-t-il, et en tant qu'ancien conseiller de M. Djuganovic et directeur de la mission monténégrine aux États-Unis, j'étais particulièrement au courant." Dans ces mêmes pages, il évoqua également au moins sept meurtres en lien avec la contrebande. Le gouvernement monténégrin a refusé de commenter l'article ; quant à Djuganovic, il a qualifié Knezevic de "mythomane pathologique à tendance narcissique".

Entrant dans Podgorica, je passai devant une série d'affiches anticorruption, aux accents un peu orwelliens, faites par le gouvernement. L'un des panneaux montrait un homme au visage pixellisé, accompagné d'un slogan pas tout à fait rassurant : "Dénoncez la corruption : le reste, on s'en charge." Dans les rues de l'effervescente capitale roulaient les derniers modèles de berlines de luxe ou de S.U.V. Mercedes. Les hommes avaient les bras tatoués, les femmes, elles, étaient absurdement grandes. La vie nocturne battait son plein : les boîtes restaient ouvertes jusqu'à 4 heures du matin, et on y étalait sa richesse sans pour autant avoir l'air occupés par un quelconque emploi – seuls les serveurs et les vieilles marchandes de melons à l'extérieur semblaient contraints à travailler.

Un soir, je me rendis au siège de la police de Podgorica. Le parking désert restait gardé par deux agents visiblement las ; un officier d'Interpol en service de nuit avait accepté de me rencontrer seul, sans personne d'autre sur les lieux, après une semaine de sollicitations de ma part. Il m'amena dans un bureau à moitié vide quoique équipé d'un fax, me pria de l'excuser avant de revenir avec du jus d'orange sirupeux.

Le ronronnement de l'appareil interrompait notre conversation toutes les cinq minutes. La transmission effectuée, l'officier retirait à chaque fois la feuille de l'appareil et la retournait aussitôt sur sa table de travail pour que je ne puisse en distinguer le contenu. Je devinai cependant, en transparence, qu'il s'agissait de photocopies de passeports venus de toute l'Europe. Je l'interrogeai alors sur Vladimir Lekic, un Panther de trente-quatre ans doté d'une solide réputation, qu'on avait récemment arrêté dans sa ville natale de Cetinje et inculpé d'un vol de montres représentant une valeur totale de 1,4 million de dollars, dans une bijouterie de Francfort en 2003. Je demandai pourquoi il avait fallu si longtemps pour le coincer, ce à quoi il répliqua que "si l'Allemagne avait envoyé plus tôt les preuves qu'elle détenait, [ils l'auraient] eu bien avant", tout en ajoutant que l'activité de Lekic, selon la base de données sur les Panthers, comptait parmi les moins intenses du réseau.

Il y avait quelque chose de curieux à arrêter soudain un Panther en semi-retraite pour un crime vieux de plus de six ans. Mais je me rappelai ce que m'avaient dit des représentants du ministère de l'Intérieur monténégrin que j'avais rencontrés peu de temps auparavant. Les fonctionnaires m'avaient montré le questionnaire auquel devait répondre leur gouvernement pour intégrer l'Union européenne – 2000 questions imprimées sur papier et rangées dans un dossier noir. Aussi, quand je suggérai à l'officier d'Interpol que l'on pouvait relier l'interpellation de Lekic à cette candidature monténégrine, il ne put que me donner raison. “Cette admission est très importante pour nous.”

Après quelques jours à Podgorica, je pris la direction des montagnes, vers Cetinje. Des routes à une voie serpentaient à travers un paysage de rochers blancs et de verdure qui me rappelait les collines de Judée. Les insectes faisaient tellement de bruit qu'en sortant de la voiture j'eus l'impression de capter une fréquence radio émanant d'une autre planète.

Cetinje est située dans une vallée, entre l'Adriatique et de vertes montagnes. Fondée au XVe siècle, la ville est le centre historique du Monténégro. C'est aussi le lieu d'origine de près de la moitié des Panthers qui ont été arrêtées en Europe. Le passé et le présent du Monténégro s'y rencontrent. En face de la mairie, une bâtisse du XIXe siècle abîmée par les intempéries, se trouve un magasin moderne, Mega Market. Il appartient à Cedo Jovetic, le père de Milan Jovetic, cerveau du braquage de la joaillerie Graff. Je trouvai Cedo chez lui, près du magasin. Cet homme bourru, dans les soixante-dix ans, n'avait aucune envie de discuter des Panthers ni de l'endroit où se cachait son fils, et encore moins avec un reporter étranger. “Je ne vous permettrai pas de me poser des questions sur ma vie personnelle ou sur ma famille”, me dit-il.

Je me dirigeai vers la mairie de la plus célèbre ville de voleurs des Balkans. Elle était gardée par un aigle à deux têtes, portant un lion sur son bouclier. Je gravis l'escalier central et marchai le long d'un couloir. Milovan Jankovic, le maire, se trouvait dans son bureau. La soixantaine, il portait une chemise bleue et une veste noire. Un grand nez, des oreilles d'éléphant et de gros cernes lui donnaient un air de Lyndon Johnson des Balkans. Avant de devenir maire, il avait été anesthésiste, et secrétaire général de la Croix-Rouge en Serbie et au Monténégro.

Il m'offrit un cognac matinal et me sourit d'un air approbateur en me regardant boire. Au temps de Tito, me dit-il, il y avait une usine à Cetinje qui construisait des frigos et des machines à laver, une autre qui fabriquait des chaussures élégantes pour l'export. L'entreprise pharmaceutique Galenika, basée à Belgrade, avait aussi une usine ici. "Mais pendant la guerre presque toutes ont fermé, ajouta-t-il. Il n'y avait plus de travail." La ville a un taux de chômage de 17 % pour les jeunes, et la plupart d'entre eux veulent devenir chauffeurs ou gardes du corps. "Le problème, c'est qu'il n'y a pas de gens éduqués, regretta-t-il. On en avait, il y a longtemps. Maintenant plus personne ne veut faire quoi que ce soit qui requière de penser."

Je lui dis qu'Emmanuel Leclaire, sous-directeur du service de lutte contre le crime organisé pour Interpol, m'avait conseillé de visiter Cetinje et lui demandai s'il savait pourquoi. "Franchement, je ne peux pas vraiment en parler." Il changea d'avis après deux cognacs et me raconta une anecdote datant d'une visite du couturier italien Gianni Versace à Cetinje. Ce dernier avait remarqué des gens qui portaient des vêtements Versace volés, ainsi que des contrefaçons. “Laissez-les porter ça, aurait-il dit. C’est une bonne publicité.”

Ici, voler l’Occident fait partie de la culture locale. C’est presque un acte patriotique. “Chez nous, on chante cette chanson sur un homme qui vole des vêtements, me dit le maire. Elle dit : on ne vole pas le Monténégro, on vole *pour* le Monténégro.” Parmi les Panthers originaires de Cetinje, nombreux sont ceux qui ont quitté le pays à la vingtaine, ou avant, parce qu’ils ne trouvaient pas de travail. À Belgrade ou ailleurs, me dit le maire, “ils sont restés en relation, parce qu’ils venaient du même endroit”.

Ce soir-là, j’écrivis un e-mail à Leclaire, en lui demandant pourquoi l’enquête d’Interpol sur les Panthers s’était concentrée sur les personnes issues de pays pauvres des Balkans en ignorant largement leurs associés européens, qui profitaient d’un trafic extrêmement lucratif de diamants et de montres volés. La réponse de Leclaire arriva une heure plus tard. Il écrivait qu’il trouvait ma question “choquante” et affirma qu’Interpol ne fondait aucunement ses poursuites sur la nationalité des personnes mises en cause. Je restai sceptique, dans la mesure où je savais bien que le groupe qui travaille sur les Panthers à Interpol s’attaque précisément aux voleurs de bijoux résidant encore en ex-Yougoslavie.

Peu après, je fis appel dans un pays voisin à des agents de renseignements, experts des vols commis le long de la côte adriatique. La criminalité d’Europe de l’Est et celle d’Europe de l’Ouest, me dit l’un des agents, se trouvaient désormais entremêlées.

“Avec un hors-bord, on fait passer de l’héroïne en Italie en quarante minutes, m’expliqua-t-il. Ce trafic de drogue vers l’Italie n’a pu être organisé qu’en nouant de solides liens avec les hommes politiques et la police.”

Un deuxième agent me dit qu’on avait retrouvé peu de temps auparavant des bijoux et des montres volés dans la ville albanaise de Lac. Les criminels coopéraient étroitement à travers les Balkans, ajouta-t-il. Et les Monténégrins travaillant en Europe de l’Ouest pouvaient compter sur l’assistance et la protection des mafieux italiens.

Car les criminels italiens ont investi d’importantes sommes d’argent au Monténégro et dans d’autres pays des Balkans. On raconte même qu’à une époque, une douzaine de mafieux italiens recherchés par la police vivaient au Monténégro sans se cacher, situation qui finit par paraître intolérable aux yeux du gouvernement italien lui-même. Les gangs des Balkans n’ont pas officiellement fusionné avec les mafiosi, mais “d’après nos informations, me dit le deuxième agent, ces deux groupes coopèrent et interagissent”. En d’autres termes, les gangs des Balkans donnent un pourcentage de leurs gains à la mafia en échange d’aide logistique et de protection contre la police et les juges. “C’est une relation fondée sur l’idée de partenariat.”

Devant mon hôtel à Podgorica, une Mercedes noire s’était arrêtée. Le chauffeur, un homme d’âge mûr, bien bâti, commençait à être chauve. Il sortit de la voiture, traversa la rue et commanda une bière au café d’en face. Quand il eut fini, il sortit ses cigarettes et commença à fumer. Il était toujours là trois heures plus tard. Cela faisait plusieurs après-midi que je le voyais faire strictement la même chose.

La veille, un traducteur local était venu dans ma chambre d'hôtel et m'avait proposé d'aller boire une bière. Sa requête m'avait paru étrange. Nous nous étions vus plus tôt ce jour-là et nous avions réglé ce que nous devions régler. Alors que nous étions attablés à un café voisin, il m'avait révélé quelque chose d'important : l'hôtel où je me trouvais avait appartenu à un célèbre gangster. Les téléphones étaient sur écoute et il y avait des micros planqués un peu partout.

Mon portable sonna soudain et je sortis de la chambre pour répondre. L'appel venait de l'intermédiaire d'un membre des Panthers que j'essayais de rencontrer depuis des jours et des jours. Il me donna des indications précises. Il me demanda de ne pas apporter de dictaphone et de laisser mon téléphone à l'hôtel. On me laisserait à un endroit bien défini, au bord d'une route de montagne menant à la ville touristique de Budva. Mon chauffeur s'arrêterait pour m'attendre dans une ville voisine. Je devrais porter des vêtements confortables vu qu'on me demanderait d'enlever ma chemise, mon pantalon et mes chaussures. Après m'avoir fouillé, on m'emmènerait dans un restaurant où le membre des Panthers se sentait en sécurité. À la fin de la rencontre je pourrais utiliser un téléphone pour appeler mon chauffeur.

Alors qu'on me conduisait à la route de montagne, je m'envoyai un e-mail à moi-même, qui mentionnait qui je rencontrais et où j'allais. Sur la route, un signe indiquait l'endroit où je devais attendre. “Je peux attendre en bas de la route”, me dit mon chauffeur.

Je lui répondis qu'il valait mieux suivre les instructions à la lettre. S'il n'avait pas de nouvelles de moi deux heures plus tard, il allait devoir s'inquiéter.

Le rendez-vous se déroula comme prévu. Je me retrouvai assis tout seul dans un restaurant dont le nom signifiait "l'eau dans le rocher". La soupe était excellente. Je levai les yeux et Novak – c'est le nom qu'il se donnait – se trouvait à ma gauche. Il était musclé, avec des cheveux courts et bouclés, et portait un T-shirt blanc. Il me confirma son lieu et sa date de naissance (Cetinje, en 1967). Il me dit qu'il me montrerait du "verre blanc" une autre fois. Je ne compris d'abord pas, puis je me souvins que le "verre" désigne les diamants en argot de gangsters. Il venait de rentrer d'Europe, me dit-il, découvrant des dents immaculées. En plus de l'anglais et du serbo-croate, il parlait aussi russe, italien, français, allemand et tchèque. La maîtrise des langues était utile dans son travail, mais la qualité la plus essentielle restait la discrétion. "C'est ce qui vous garde en vie, me dit-il. À l'étranger, on met des costumes." Il se tut un instant. "Mais ici, on se tient tranquilles. On conduit des voitures louées."

Je lui posai des questions sur des braquages qu'il avait faits dans le sud de la France. Il se mit à rire. "J'ai grandi en conduisant sur ces routes, dit-il. Je peux conduire à 160 km/h la nuit dans les montagnes, sans jamais avoir peur. J'aime bien le sud de la France !"

C'était Predrag Vujosevic, me dit-il, qui avait donné au groupe ses premières missions. Sa première mission chez les Panthers consista à faire le chauffeur après le braquage d'une bijouterie parisienne. Il se perfectionna avec son équipe, jusqu'à devenir une référence pour les donneurs d'ordres de Belgrade. Sans entrer dans les détails, il sous-entendit qu'il existait un système centralisé choisissant les cibles et assignant les missions aux équipes. Il y avait quatre groupes principaux de Panthers, qui s'étaient créés à partir d'un seul groupe de voleurs de diamants du Monténégro. La moitié du groupe de Belgrade était composé de voleurs de Cetinje qui avaient déménagé en Serbie. Le groupe de Nis, dit-il, "faisait des boulots en Grèce et en Turquie". Les Serbes, d'après lui, voulaient tout trop vite et essayaient de faire des boulots trop ambitieux, d'où leur tendance à se faire arrêter. Lui se montrait plus prudent. Il s'arrêta de parler pour boire une gorgée de bière tchèque, tenant le verre à l'aide d'une serviette. Quand il eut terminé sa boisson, il essuya le rebord du verre avec la même serviette, d'un geste visiblement automatique.

Je lui demandai comment son groupe de Panthers s'était créé. "Nous avons grandi ensemble, répondit-il. On vient tous de familles normales. Nos parents sont des gens ordinaires. Ils n'ont pas ce genre de vie." Les voleurs de son groupe étaient allés en Italie ensemble. Ils avaient vu comment les gens vivaient là-bas. "Certains d'entre nous sont devenus fous. Ils ont essayé de tout avoir tout de suite." Ceux qui se sont montrés trop gourmands ont été envoyés en prison pour longtemps, ou pire, me dit-il. D'autres ont été incarcérés deux ou trois ans en Italie. Il me dit que le gang avait commencé à voler à l'époque où l'O.N.U. faisait peser des sanctions sur le Monténégro. Certains membres étaient liés aux services de renseignements serbes, qui assuraient leur protection.

Pour les premières missions, ils bénéficièrent des tuyaux d'un mannequin, originaire des Balkans, qui vivait à Anvers et connaissait des marchands de diamants juifs là-bas. Son groupe générait aussi ses propres informations. "Nous avons nos observateurs, glissa-t-il, en sifflotant un air gai. Nous avons un type dont le boulot est de voyager et de rassembler des tuyaux." Les yachts faisaient de bonnes cibles. Les Russes expatriés dans des villes européennes avaient généralement de bonnes raisons d'avoir émigré, et se montraient donc généralement peu disposés à dénoncer un vol à la police. L'autorité centrale employait un informaticien qui scannait les certificats d'immatriculation de nombreux bateaux et avions. Ils faisaient aussi travailler un technicien qui mettait au point des appareils permettant de passer outre les systèmes d'alarmes. "Son père est un des ingénieurs les plus célèbres de Serbie ! se vanta-t-il. Il fait des choses pour nous."

Après un braquage, les bijoux passaient entre les mains d'un membre de l'équipe, qui se rendait seul à un rendez-vous le plus souvent fixé près d'une autoroute. L'acheteur inspectait les diamants. Parfois, il venait même avec un camion équipé d'un laboratoire mobile. Novak suggéra que beaucoup de bijoux étaient retaillés à Anvers, puis envoyés en Israël où ils entraient sur le marché des diamants légitimes comme de "nouvelles pierres". Mais la plupart des bijoux restaient en Europe, dit-il, en ajoutant que la contrebande était souvent expédiée en hors-bord. "Tu peux en affréter un contre deux Rolex", dit-il. Après avoir traversé l'Adriatique, le bateau croisait un pêcheur du côté italien, à plusieurs kilomètres de la côte.

Je lui demandai de me parler de Zeljko Obradovic, qui vivait à proximité et qu'on tenait pour responsable d'une série de braquages des Panthers en France, et d'un gros coup à Bahreïn. Nombre de sources avaient indiqué qu'Obradovic était le voleur légendaire qui avait fondé les Panthers après la guerre. Était-il vraiment si important ? Pouvait-il m'aider à le rencontrer ? Novak secoua la tête.

Restant assis, il essuya son verre avec sa serviette, puis les accoudoirs de sa chaise. Il se leva en gardant la serviette à la main, la plia en deux puis la mit dans sa poche, comme un magicien à la fin de son numéro. Quand j'essayai de me lever pour lui serrer la main, il m'appuya doucement sur l'épaule, pour que je reste assis. "J'espère vous revoir bientôt", me dit-il. Quand je reviendrais au Monténégro, il me montrerait du "verre blanc" et, peut-être, un Cézanne.

Il se dirigea vers la porte du restaurant et mon regard se tourna vers deux garçons sur le point d'installer un groupe de trois personnes. Quand mes yeux cherchèrent Novak, il avait disparu. Il n'y avait qu'un voleur expérimenté pour réussir cela : apparaître de façon aussi soudaine, puis disparaître avec sa serviette. Voler des diamants est un crime grave, mais, en payant l'addition, il me sembla difficile de ne pas éprouver de la sympathie pour ces hommes désespérés et inventifs. Les Pink Panthers se vengeaient d'un monde qui leur avait tout volé.

Pink Panthers
a été traduit de l'anglais (États-Unis)
par Étienne Menu.
Le texte a paru pour la première fois
dans le *New Yorker*, le 12 avril 2010.

Ronen Bergman

OPÉRATION DUBAÏ

En janvier 2010, une unité d' élite du Mossad se vit confier une périlleuse mission : procéder à l' élimination d' une figure majeure du Hamas. L'opération programmée à Dubaï, en territoire hostile, devait rester secrète et réclamait une préparation exemplaire. La mission réussit, cependant le Mossad fut rapidement montré du doigt et ses agents démasqués. Une vidéo rapportant leurs moindres faits et gestes fut même mise en ligne, scellant l'humiliation d'Israël. Retour sur les raisons d'un fiasco.

LUNDI 18 JANVIER 2010, AU MATIN

À 6 h 45, les premiers membres d'un commando d'élite israélien atterrissent à l'aéroport international de Dubaï et se déploient dans toute la ville en attendant de recevoir de nouvelles instructions. Au cours des dix-neuf heures qui vont suivre, le reste de l'équipe – au moins vingt-sept personnes – va débarquer d'avions en provenance de Zurich, Rome, Paris et Francfort. Ils sont venus assassiner un homme dénommé Mahmoud al-Mabhouh, un chef du Hamas connu du Mossad – les services de renseignements israéliens – sous le nom de code "Écran Plasma".

La plupart des agents présents appartiennent à une division ultrasecrète du Mossad baptisée Césarée, une organisation autonome chargée de missions éminemment dangereuses et décisives : assassinats, sabotages, infiltrations d'installations de haute sécurité. Appelés "combattants" de Césarée, ses membres constituent l'élite du Mossad. Rarement en contact avec les autres agents, ils se tiennent à l'écart de la division centrale située au nord de Tel-Aviv et sont soumis à un entraînement intensif dans des lieux auxquels personne d'autre n'a accès. Interdiction leur est faite d'utiliser leur vrai nom, y compris dans le cadre de conversations privées, et leur famille – à l'exception de leur épouse – et leurs amis les plus proches ne sont pas au courant de leur activité. Comme me l'a récemment confié un combattant de longue date de Césarée : “Si le Mossad est le temple de la communauté du renseignement israélien, alors Césarée en est le saint des saints.”

Au cours de son enquête sur cette affaire, *GQ* a appris que Césarée avait déjà tenté une première fois d'assassiner Al-Mabhouh. Deux mois auparavant, au cours d'un précédent voyage à Dubaï, en novembre 2009, cette même équipe tenta de l'empoisonner. On ignore comment la toxine lui fut précisément administrée la première fois, bien qu'on soupçonne l'équipe de l'avoir soit diluée dans un verre, soit répandue sur l'un des meubles de sa chambre d'hôtel. Al-Mabhouh tomba mystérieusement malade mais finit par se rétablir, sans avoir jamais su qu'il avait été empoisonné par des agents israéliens. Cette fois-ci, rien ne serait laissé au hasard ; il avait préalablement été établi que les membres de l'équipe ne quitteraient Dubaï qu'après avoir vu de leurs propres yeux le cadavre d'Écran Plasma.

À la suite de l'enlèvement et de l'exécution de deux soldats israéliens près du désert du Néguev, au sud d'Israël, qu'il mena avec un complice du nom de Mohammed Nasser, Al-Mabhouh figurait depuis 1989 sur la liste établie par le Mossad des personnes à abattre. Dans une interview accordée à la chaîne Al-Jazira, Al-Mabhouh détailla l'un de ces meurtres. “On s'est déguisés en religieux juifs, avec une kippa sur la tête, comme les rabbins”, dit-il. Il poursuivit son récit en racontant comment il avait pris en stop Avi Sasportas, le premier soldat, à un croisement appelé Hodayah, puis comment il lui avait offert de le déposer en route. “J’étais au volant et la porte derrière moi était condamnée. On s’en était occupés un peu plus tôt. Je lui ai dit en hébreu : ‘Monte de l’autre côté, la porte est cassée.’ Il a fait le tour et s’est assis à l’arrière. On avait mis au point un signal avec Abou Sahib [Nasser]. On avait décidé qu’au moment propice, je ferais un signe de la main, parce que je voyais ce qu’il se passait devant et derrière nous sur la route. Donc, environ trois kilomètres après le croisement, j’ai donné le signal à Abou Sahib. Il lui a tiré dessus avec son pistolet Beretta. Je l’ai entendu respirer bruyamment avant de mourir. Il a pris deux balles au visage et une à la poitrine et la première l’a tué. Inspirer, expirer et puis, voilà, terminé.” Al-Mabhouh n’avait, avoua-t-il, qu’un regret : avoir été au volant à ce moment-là, laissant donc Nasser tirer dans la tête du soldat.

Dans ces deux meurtres, les assassins profanèrent le corps des soldats en se prenant en photo, le pied ostensiblement posé sur leur dépouille, avant de les enterrer dans le fossé le long de la route. (Le corps du second soldat ne fut découvert que sept ans plus tard, à l’aide d’un plan dessiné de mémoire par Al-Mabhouh et Nasser après le meurtre. Grâce à un accord négocié par l’Autorité palestinienne, Nasser finit par confier ce dessin à Israël et, en échange, vit son nom retiré de la liste des personnes les plus recherchées par l’État.)

Éliminer Al-Mabhouh s’imposait néanmoins de plus en plus avec le temps, non seulement par désir de venger la mort des deux soldats mais aussi à cause du rôle qu’il jouait depuis longtemps au sein des activités militantes du Hamas – financement et planification d’attentats suicide en Israël, trafic important de roquettes et d'armements sophistiqués à destination de Gaza ; des armes qui causaient des dégâts considérables depuis le début de la seconde Intifada en 2000. Au fil des ans, Al-Mabhouh avait noué des liens de plus en plus étroits avec la Force Al-Qods (une branche des Gardiens de la révolution islamique en Iran), principal soutien aux activités terroristes du Hamas. Dans l'esprit de Meir Dagan, le chef du Mossad, éliminer Al-Mabhouh valait largement le risque d'envoyer une si nombreuse équipe en pays hostile, même si la pertinence de ce choix serait sévèrement remise en question par la suite.

En 1997, le Mossad tenta d'assassiner Khaled Mechaal, leader politique du Hamas, en vaporisant un produit chimique dans son oreille alors qu'il marchait dans la rue, à Amman, en Jordanie. La mission échoua – et les deux membres du Mossad furent capturés – car Mechaal se retourna pour saluer sa fille au moment même où les assassins l'aspergeaient de poison. Pour obtenir la libération de ses agents, Israël dut fournir l'antidote et également libérer de prison cheikh Ahmed Yassin, leader spirituel et fondateur du Hamas. Dans un aveu humiliant pour l'agence, le Premier ministre Benjamin Netanyahu fut contraint d'admettre que le complot orchestré par le Mossad s'était soldé par un échec cuisant. Au cours des années suivantes, le moral au sein de l'agence s'effondra, tout comme sa réputation d'invincibilité et d'excellence.

Puis, en 2002, le Premier ministre Ariel Sharon désigna Dagan, un ancien haut responsable militaire réputé pour l'efficacité de ses méthodes expéditives, pour redorer le blason de l'agence en prenant la direction du Mossad "avec le couteau entre les dents", selon son expression. Dans des réunions à huis clos, Sharon dit : "Le savoir-faire unique de Dagan réside dans sa capacité à séparer la tête du corps d'un Arabe." Celui-ci annonça d'emblée que le Mossad mettrait en œuvre tous les moyens pour contrer ce qu'il jugeait être les deux principaux dangers auxquels Israël était confronté : le programme nucléaire iranien et les activités terroristes du Hezbollah, du Hamas et du *djihad* islamique palestinien, groupes financés par l'Iran.

Le nombre et la fréquence des opérations secrètes augmentèrent considérablement. Il y eut plusieurs actes de sabotage à l'encontre du programme nucléaire iranien : deux avions s'écrasèrent mystérieusement, des incendies se déclenchèrent dans deux importants laboratoires, des centrifugeuses furent endommagées, deux scientifiques disparurent et un troisième fut tué. Une mystérieuse explosion eut également lieu dans une centrale syrienne d'assemblage de missiles *scuds* à ogive chimique et on attribue au Mossad la découverte d'un réacteur nucléaire en Syrie, construit avec l'aide de la Corée du Nord et dont l'existence avait été dissimulée par les autorités syriennes durant près de cinq ans. (Les États-Unis s'étant montrés réticents à le faire, cette installation nucléaire fut par la suite détruite par les forces de l'air israéliennes, en septembre 2007.)

Sous la direction de Dagan, le Mossad perpétra également un grand nombre d'assassinats délicats à cibler. Le plus marquant d'entre eux fut l'élimination à Damas d'Imad Moughnieh, le chef militaire du Hezbollah. Entre autres actes terroristes, Moughnieh était tenu pour responsable des attentats à la bombe contre l'ambassade des États-Unis et contre la caserne des marines à Beyrouth en 1983, de ceux perpétrés à Buenos Aires en 1992 contre l'ambassade israélienne, puis en 1994 contre un centre culturel juif. En février 2008, un engin explosif placé dans l'appuie-tête du siège conducteur de sa voiture de location lui fit exploser la tête. On attribue également au Mossad de Dagan la mort du général Mohammed Suleiman, bras droit du président syrien Bashar al-Assad, tête dirigeante du programme nucléaire du pays et chargé de la coopération militaire avec l'Iran, le Hamas et le Hezbollah. Suleiman fut tué en août 2008 dans la ville syrienne de Tartous par un tir de sniper alors qu'il se trouvait sur son balcon après être allé nager, comme chaque jour. (Selon d'autres rapports, il fut touché par un tir de sniper alors qu'il nageait dans la mer en compagnie de ses gardes du corps.)

Grâce à ces succès, Dagan fut reconduit plusieurs fois au poste de directeur du Mossad et récemment encore, par Benjamin Netanyahu, en octobre 2009. Cela fait aujourd'hui de lui l'un de ceux qui occupèrent le plus longtemps cette fonction dans l'histoire d'Israël. Connu pour ses méthodes de gestion agressives et pour la rudesse de son langage, Dagan est un homme à l'idéologie rigide qui, selon plusieurs membres de l'organisation, montre la porte à quiconque s'aventure à émettre une opinion différente de la sienne. Comme me le confia un vétéran du Mossad : “Il est extrêmement difficile de faire entendre son opinion en sa présence, à moins qu'elle aille dans son sens. Il est incapable de supporter la critique ou même un avis différent du sien. Quiconque ne va pas dans son sens semble presque être considéré comme son ennemi.” On raconte aussi que

Dagan a plusieurs fois déclaré qu'il ne voyait personne au sein de l'agence assez digne de le remplacer.

Plusieurs agents du Mossad ayant assisté à des réunions dans le bureau de Dagan décrivent le rituel qu'il pratique lors de la préparation d'une équipe à une mission dangereuse. Au cours de la réunion, Dagan pointe du doigt une grande photographie accrochée au mur de son bureau montrant un homme juif, le visage barbu, enveloppé dans un châle de prière, à genoux au sol, les bras levés. L'homme ferme les poings et son regard perçant est braqué droit devant lui. À ses côtés, debout, se tiennent deux officiers s.s. allemands, l'un avec une matraque à la main, l'autre un pistolet. “Cet homme, explique Dagan, était mon grand-père et s'appelait Dov Ehrlich.” Puis il raconte que, peu de temps après la prise de cette photo, le 5 octobre 1942, les nazis ont exécuté son grand-père et sa famille, ainsi que des centaines d'autres Juifs dans le village de Lukow, en Pologne.

“Regardez cette photo, dit Dagan aux combattants de Césarée. C'est cela qui doit nous guider et nous conduire à agir au nom de l'État d'Israël. J'observe cette photo et je jure de mobiliser toute mon énergie pour faire en sorte que rien de tel ne se reproduise jamais.”

MARDI 19 JANVIER 2010, AVANT L'AUBE

Les agents chargés de cette mission et travaillant sous les *alias* de Gail Folliard, Kevin Daveron et Peter Elvinger arrivent à Dubaï. Ils se rendent aussitôt dans différents hôtels, où Folliard et Daveron règlent leur chambre en espèces, alors que la plupart des autres membres de l'équipe utilisent des cartes bancaires prépayées provenant de l'entreprise Payoneer – détail qui aura son importance lors de l'enquête à venir. En comptant la tentative avortée d'empoisonnement d'Al-Mabhouh en novembre 2009, il s'agit du cinquième voyage effectué par cette équipe à Dubaï au cours des neuf derniers mois. Les autres séjours avaient permis de placer leur cible sous surveillance et de s'assurer que l'homme qu'ils prévoyaient de tuer était bien Mahmoud al-Mabhouh. Il ne s'agissait pas là d'une mince affaire. En effet, en juillet 1973, un commando d'élite de Césarée chargé d'éliminer le chef de l'organisation terroriste palestinienne Septembre noir – le groupe responsable de la mort des onze membres de l'équipe israélienne aux Jeux Olympiques de Munich – avait tué, par erreur, un serveur marocain à Lillehammer, en Norvège. Arrêtés, les meurtriers avaient été emprisonnés pendant plusieurs années et le gouvernement israélien avait dû verser d'importants dédommagements à la famille de la victime. Cette mission bâclée entacha fortement la réputation du Mossad – et d'Israël – et, depuis, l'agence a mis en place des mécanismes complexes afin de s'assurer de ne jamais réitérer la même erreur.

En surveillant les courriels d'Al-Mabhouh et ses recherches sur Internet grâce à un cheval de Troie implanté dans son ordinateur (et probablement grâce à un indicateur qui l'a trahi, bien que le Hamas démente cette idée), les espions israéliens ont appris son arrivée à Dubaï plus tard dans la journée. À 10 h 30, Elvinger arpente le centre commercial de la ville, où il est bientôt rejoint par les cinq autres membres de l'équipe. Environ une heure plus tard, le groupe se disperse. Avant l'arrivée d'Al-Mabhouh, il ne leur reste plus qu'à revoir leurs plans et à envisager différents scénarios possibles, en attendant de voir où les allées et venues de leur cible vont les mener. Selon les dires d'un vétéran des opérations de terrain menées par Césarée : "Dans ce genre d'assassinat, lorsque la cible n'est pas à son domicile et ne suit pas sa routine quotidienne, c'est elle qui dicte aux tueurs où et quand elle sera assassinée."

En ce qui concerne le Mossad, il existe deux sortes de pays dans le monde. Les "pays de base", se trouvant essentiellement en Occident et dans lesquels cette agence, comme la plupart, peut opérer avec une certaine facilité. Dans ces pays, les moyens de s'enfuir sont multiples pour les espions (les ambassades israéliennes restant le refuge de dernier recours). Si un agent du Mossad se fait prendre dans un "pays de base", une solution discrète est généralement trouvée avec l'aide efficace des services locaux – option appelée "coussin moelleux", dans le jargon des espions israéliens. Les "pays cibles" sont, quant à eux, des États ennemis dans lesquels mener une opération secrète s'avère bien plus dangereux. Il n'existe là-bas aucune échappatoire facile (et pas d'ambassade amie où aller se réfugier) et être appréhendé dans ces pays conduirait très certainement à subir des tortures physiques, à passer un long séjour en prison ou, potentiellement, à être exécuté. Étant donné qu'Al-Mabhouh est basé en Syrie, que les pays où il se rend régulièrement sont l'Iran, le Soudan et la Chine, le choix de Dubaï, même s'il s'agit indéniablement d'un "pays cible", semble cohérent pour mener à bien une telle mission.

APRÈS-MIDI

L'avion d'Al-Mabhouh est censé atterrir à Dubaï à quinze heures. À 13 h 30, Kevin Daveron sort de son hôtel et prend la direction du point de ralliement de l'équipe, le hall d'un autre hôtel où aucun d'eux ne séjourne et qui a préalablement été sélectionné pour sa situation pratique. En chemin, il entre dans un troisième hôtel et se rend directement aux toilettes. Quand il en ressort, il n'est plus chauve mais dorénavant doté d'une chevelure bien fournie et de lunettes. La caméra de sécurité placée à l'entrée des toilettes mixtes enregistre tout cela en temps réel. Si un vigile attentif avait remarqué cette scène, la mission aurait très bien pu prendre une autre tournure, se solder par l'arrestation en pays hostile des membres de l'équipe et la cible aurait eu la vie sauve.

Gail Folliard quitte également son hôtel. En route pour la réunion, elle entre dans les mêmes toilettes que Daveron, puis en ressort après s'être elle aussi coiffée d'une perruque. Bizarrement, parmi les personnes présentes à la réunion, seuls Folliard et Daveron ont modifié leur apparence. Les agents étant en permanence sous l'œil des caméras de surveillance disséminées dans toute la ville, les "nouveaux" Daveron et Folliard courent le risque que le rapprochement soit fait avec leur "ancien" visage, *via* l'identité de ceux rencontrés au cours de la journée. Le genre d'erreur difficilement compréhensible de la part d'agents d'élite du Mossad.

À partir de 14 h 30, des équipes de surveillance sont postées à l'entrée de chaque hôtel où Al-Mabhouh a séjourné lors de ses précédents voyages à Dubaï. Une équipe l'attend également à l'aéroport, prête à le suivre jusqu'à la ville.

Al-Mabhouh voyage, lui aussi, sous une fausse identité. Sont indiqués sur son passeport palestinien (l'Autorité palestinienne délivre des papiers non reconnus par la plupart des pays mais qui permettent de se rendre à Dubaï) le nom de Mahmoud Abdul Ra'ouf Mohammed et la profession de "commerçant".

À 15 h 25, deux hommes, debout dans le hall clinquant de l'hôtel Al-Bustan Rotana, en tenue de tennis et raquette à la main, signalent à l'unité de commandement que leur cible est arrivée et s'enregistre à présent à l'accueil. Cette information est transmise à toutes les équipes en place dans les autres hôtels et chacun reprend alors la direction du point de ralliement. À l'hôtel Al-Bustan, Al-Mabhouh emprunte l'ascenseur jusqu'à sa chambre et les deux agents du Mossad, raquette toujours en main, montent avec lui. L'un d'eux le suit à bonne distance dans le couloir afin d'obtenir confirmation du numéro – 230 – de sa chambre et de repérer la configuration générale de l'étage.

Peu après seize heures, l'équipe aux commandes, à l'exception d'Elvinger, prend la direction de l'hôtel Al-Bustan. Elvinger se rend, quant à lui, en voiture à un autre hôtel et passe deux appels depuis le *business center*. Le premier à l'accueil du Al-Bustan, afin de réserver une chambre pour la nuit. Il demande la chambre 237, celle que l'équipe de surveillance a signalée comme étant face à la chambre 230. Le second à une compagnie aérienne pour réserver une place sur un vol en partance le soir même pour Zurich, *via* le Qatar.

Depuis le hall du Al-Bustan, l'équipe de surveillance annonce que la cible est en train de quitter l'hôtel et qu'elle se dirige vers le centre commercial à proximité, celui-là même où Elvinger a retrouvé, un peu plus tôt, les membres de l'équipe. C'est à partir de là que le récit des événements rapporté dans l'enquête de police s'obscurcit, chose rare pour ce genre de document. Jusque-là, les autorités ont pu établir une chronologie précise et détaillée. Grâce au visionnage minutieux de centaines d'heures d'enregistrements provenant des caméras de vidéosurveillance, ils ont méticuleusement reconstitué les mouvements des nombreux acteurs impliqués dans le déroulement de l'affaire. Mais lorsque Al-Mabhouh arrive au centre commercial, soudain, le flot d'informations se tarit. Qu'a-t-il fait au cours des quatre heures suivantes, qui s'avéreront être les dernières de sa vie ? Où s'est-il rendu ? Avec qui a-t-il rendez-vous ? Le rapport officiel n'expose même pas les grandes lignes de l'emploi du temps correspondant aux heures manquantes.

Selon des sources provenant des services de renseignements israéliens, Al-Mabhouh retrouva un banquier qui facilitait plusieurs transactions internationales de vente d'armes, puis ses contacts habituels au sein des Gardiens de la révolution islamique, qui s'étaient, eux, rendus sur place afin de coordonner l'acheminement de deux importantes livraisons d'armements au Hamas le mois suivant. La police de Dubaï avait en effet plutôt intérêt à taire cette partie-là de l'histoire, à supposer qu'elle était effectivement au courant. Les autorités, désireuses de dépeindre l'émirat comme un centre d'affaires international blanc comme neige, auraient été bien embarrassées de devoir fournir des détails sur les fréquentations d'Al-Mabhouh. Cela aurait recentré l'attention sur l'identité de celui que les Israéliens étaient venus exécuter de sang-froid. Al-Mabhouh avait, en effet, beaucoup de sang sur les mains et certains auraient pu poser des questions gênantes sur les raisons de sa présence à Dubaï. Des questions que les médias oublièrent, en grande partie, de soulever dans l'agitation suscitée par son assassinat.

FIN D'APRÈS-MIDI

À 16 h 27, Peter Elvinger entre dans le hall du Al-Bustan, une petite valise à la main. Il se dirige vers l'endroit où Kevin Daveron est assis, dépose la valise à côté de lui, puis s'enregistre à la réception et récupère la clé de la chambre qu'il a réservée par téléphone un peu plus tôt dans l'après-midi. Il retourne ensuite voir Daveron, lui tend la clé de la chambre 237 et sort de l'hôtel en laissant sa valise derrière lui. Le rôle d'Elvinger dans l'opération s'arrête là. À 19 h 30, il sera à l'aéroport, prêt à quitter le pays.

Durant les quelques heures suivantes – et ce jusqu'à la fin de l'opération – Daveron et Folliard sont aux commandes. À 16 h 45, Daveron traverse le hall la valise à la main, puis emprunte l'ascenseur jusqu'au deuxième étage. Quelques minutes plus tard, Folliard arrive à l'hôtel et va droit à la chambre 237.

À 17h36, un autre agent arrive dans le hall, portant une casquette de base-ball ; quelques minutes plus tard, il sort de l'ascenseur au deuxième étage, une perruque sur la tête. Il se rend à la 237. Vers 18h30, quatre autres hommes pénètrent dans l'hôtel et se rendent deux par deux dans la chambre. Deux d'entre eux transportent des sacs et tous les quatre dissimulent partiellement leur visage sous la visière d'une casquette de base-ball. Ce sont eux qui vont perpétrer l'assassinat.

SOIRÉE

Peu avant 18h45, une équipe de surveillance vient prendre la relève de celle postée dans le hall. Après quatre heures assis là, raquettes à la main, les faux joueurs de tennis finissent par quitter la scène. À vingt heures, le groupe de sept personnes se trouvant à l'intérieur de la chambre 237 se met en branle. Daveron et Folliard font le guet dans le couloir pendant qu'un autre agent reprogramme le système électronique de la serrure permettant d'accéder à la chambre 230. Il s'agit de truquer le mécanisme afin que les tueurs puissent pénétrer à l'intérieur de la chambre avec une clé électronique ne provenant pas de l'hôtel, tout en s'assurant de ne pas désactiver celle d'Al-Mabhouh.

Quelques questions relatives à l'emploi du temps méritent d'être soulevées ici. Pourquoi les assassins passèrent-ils une heure et demie à attendre dans la chambre 237 avant de pénétrer dans celle d'Al-Mabhouh ? Et pourquoi arrivèrent-ils à l'hôtel à 18h30, deux heures après le départ d'Al-Mabhouh pour le centre commercial et l'obtention par Daveron de la clé de la 237 ? Ce délai prolongé suggère deux choses. Premièrement, que l'équipe connaissait précisément l'emploi du temps d'Al-Mabhouh, au point de savoir pour combien de temps il s'absenterait de l'hôtel (on suppose qu'ils voulaient retarder au maximum leur entrée dans la chambre d'Al-Mabhouh afin de réduire les risques de tomber sur quelqu'un – une femme de chambre, par exemple – qui serait entré à l'improviste). Deuxièmement, cela suggère une grande confiance dans la capacité de l'agent à trafiquer la serrure électronique de la chambre d'Al-Mabhouh. Vu la vitesse avec laquelle il exécuta cette tâche, cette partie de l'opération semble avoir été très bien préparée. Et comme l'équipe ignorait dans quel hôtel Al-Mabhouh descendrait, on suppose donc qu'en préparant cette mission, le crocheteur s'entraîna sur tous les types de serrure installés dans les principaux hôtels de Dubaï.

À ce moment délicat, alors que l'équipe commence à forcer la serrure de la chambre d'Al-Mabhouh, un client de l'hôtel sort de l'ascenseur au deuxième étage, entravant leur travail quelques instants. Les bandes des caméras de surveillance montrent Daveron se précipitant à la rencontre de l'homme, bloquant son champ de vision puis l'engageant dans une conversation anodine. Lorsque le client s'éloigne enfin, l'équipe a clairement réussi à ouvrir la porte. Daveron et Folliard repartent vers la chambre 237 et les assassins s'en vont attendre leur cible dans la 230.

À 20 h 24, Al-Mabhouh rentre à l'hôtel, se rend directement dans sa chambre, croise Daveron dans l'ascenseur et Folliard dans le couloir. Il n'a aucune raison d'être sur ses gardes, sa clé fonctionne normalement et la porte ne présente aucune trace d'effraction. Une fois qu'il est à l'intérieur, Daveron et Folliard se postent à l'entrée.

Vingt minutes plus tard, le travail est achevé. Les assassins ressortent de la chambre 230 et parviennent, allez savoir comment, à la maintenir verrouillée de l'intérieur par la chaîne. L'équipe se réunit brièvement dans la chambre 237, sans doute pour récupérer leurs affaires et envoyer un compte rendu au centre de commandement situé à l'extérieur de Dubaï; puis ils s'apprêtent à sortir. Les assassins sont les premiers à quitter les lieux. Quelques minutes plus tard, Folliard leur emboîte le pas, bras dessus bras dessous avec un autre agent, puis Daveron sort en dernier. Au cours des quatre heures suivantes, presque tous les membres de l'équipe quittent Dubaï.

Que se passa-t-il dans la chambre 230 durant ces vingt minutes? Comment Mahmoud al-Mabhouh est-il mort? Impossible de le savoir. Comme lors de la précédente tentative d'assassinat deux mois plus tôt, le Mossad souhaitait que la mort d'Al-Mabhouh parût naturelle. C'était un élément crucial, car cela offrait aux agents un laps de temps précieux pour quitter l'émirat avant que l'alarme ne fût donnée. Un meurtre "bruyant" aurait déclenché une vaste chasse à l'homme incluant la fermeture de l'aéroport international de Dubaï et les agents se seraient ainsi retrouvés pris au piège à l'intérieur du pays. Sans moyen de se cacher ou de s'échapper, ils auraient très certainement été appréhendés. Et, une fois les agents aux mains de la police de Dubaï, les autorités auraient fait face à des pressions considérables pour leur appliquer les sanctions maximales prévues par la loi, à savoir la peine de mort, du moins pour ceux directement impliqués dans le meurtre. Ni le Mossad ni Israël n'auraient pu faire grand-chose pour leurs agents.

Selon le rapport de police officiel, les assassins injectèrent un poison à Al-Mabhouh avant de l'étouffer avec un oreiller. Saïd Hamiri, médecin au laboratoire médico-légal de Dubaï, expliqua que les experts de la police scientifique avaient remarqué un filet de sang sur l'oreiller d'Al-Mabhouh, des ecchymoses sur son nez, sur son visage et sur son cou, ainsi qu'un point d'injection sur sa hanche droite. Venant s'ajouter aux traces de lutte dans la chambre – la tête de lit endommagée, par exemple –, ces détails semblaient indiquer que la victime était morte d'étouffement. Mais personne n'eut l'occasion de vérifier la véracité de ces conclusions. (Le chef de la police de Dubaï n'a pas donné suite à plusieurs demandes d'interview de la part de *GQ*.)

Sachant à quel point il était crucial que la mort d'Al-Mabhouh paraisse naturelle afin d'assurer la réussite de la mission, il semble peu probable que les combattants de Césarée aient pu planifier de l'étouffer dans sa chambre. Si la victime s'est en effet débattue – et la chronologie des événements soulève de sérieux doutes quant aux détails fournis dans le rapport de police –, la question est de savoir si la lutte s'est produite avant que le poison ait été administré, ou pendant qu'il faisait effet. Le suxaméthonium, la substance soi-disant utilisée ici, provoque, prise à forte dose, une paralysie totale des muscles et, une fois que l'appareil respiratoire cesse de fonctionner, elle conduit à l'asphyxie, puis à la mort. Pourtant, selon les toxicologues auxquels je me suis adressé, cette substance laisse des traces dans le corps, détectables bien après le décès, et il est difficile de croire que le Mossad l'ait ignoré. Si ce détail était connu, sans que cela amène à un changement de produit, cela en dit sans doute long sur le type d'enquête qui, pensait l'agence, aurait été menée après la découverte du corps, ou sur le fait même qu'une enquête aurait été ouverte.

Il y a pourtant de bonnes raisons de croire qu'à ce jour, la police de Dubaï ignore toujours précisément les causes du décès d'Al-Mabhouh. Les preuves relevées lors de l'expertise médico-légale sont sans doute insuffisantes pour que les enquêteurs puissent prouver qu'il fut assassiné. Après tout, ce ne sont pas les résultats de l'autopsie – peu probants selon des sources proches de la police de Dubaï – qui déclenchèrent l'enquête mais les éléments figurant sur les bandes des caméras de vidéosurveillance.

Lorsqu'une femme de chambre découvrit le corps d'Al-Mabhouh vers 13 h 30 le lendemain, environ dix-sept heures après son assassinat, il n'y avait, de prime abord, aucune raison de suspecter quoi que ce soit de louche. Comme il avait utilisé un faux passeport, la police n'avait, au départ, aucune idée de qui il s'agissait réellement. C'est seulement quand le Q.G. du Hamas à Damas ne reçut pas de nouvelles d'Al-Mabhouh que ses collègues commencèrent à s'inquiéter, puis décidèrent d'envoyer un de leurs hommes à la morgue municipale de Dubaï, où celui-ci fut choqué de découvrir le corps de son chef.

Ce ne fut qu'une semaine environ après le décès d'Al-Mabhouh que les dirigeants du Hamas à Damas contactèrent le lieutenant général Dhahi Khalfan Tamim, chef de la police de Dubaï, pour l'informer que, selon eux, le Mossad était responsable de la mort d'Al-Mabhouh. D'après des sources provenant des services de renseignements européens, Tamim aurait d'abord laissé éclater sa colère au téléphone, insultant des représentants importants du Hamas pour s'être servis de Dubaï comme d'un champ de bataille de l'espionnage et du terrorisme. "Vous, vos comptes en banque, vos armes, vos putains de faux passeports, dégagez tout ça de mon pays", aurait-il hurlé. Mais, une fois calmé, il aurait parcouru les images enregistrées par les caméras de surveillance de l'hôtel placées à l'entrée de la chambre 230 et ce visionnage aurait su le convaincre de la nécessité d'ouvrir immédiatement une enquête.

Il est probable que les autorités aient d'abord conclu qu'Al-Mabhouh avait été assassiné avant de revoir et d'ajuster les résultats des analyses, afin d'éviter d'admettre publiquement que, malgré leurs systèmes de sécurité à la pointe de la technologie quadrillant tout le pays, ils étaient bien incapables d'indiquer avec certitude les causes de sa mort. Le 15 février, au cours d'une conférence de presse, Tamim annonça qu'Al-Mabhouh avait été tué par un commando d'élite et que, selon les résultats de l'expertise médico-légale, il était mort étouffé. Des tests en laboratoire, dit-il, étaient toujours menés. Près de deux semaines plus tard, le 28 février, il annonça la découverte de la cause exacte du décès. Cependant, le fait que le corps d'Al-Mabhouh fût rapatrié en Syrie le 28 janvier, puis inhumé le 29 après de grandioses funérailles, remet en cause ces découvertes.

Pour autant, le reste de l'enquête menée par Tamim révéla un travail méticuleux et efficace, chose à laquelle personne, et surtout pas le Mossad, ne s'était attendu. Selon une source proche de l'enquête, du jour où Tamim conclut qu'Al-Mabhouh n'était pas mort de causes naturelles, il ordonna à son équipe de se plonger dans les gigantesques bases de données de Dubaï afin d'identifier tous ceux qui étaient arrivés dans l'émirat peu de temps avant l'assassinat et en étaient repartis peu après. Cette liste fut ensuite mise en regard avec celle comportant les noms de ceux qui s'étaient rendus à Dubaï en février, en mars, en juin et en novembre, toutes les périodes passées pendant lesquelles Al-Mabhouh y avait séjourné. La troisième liste alors obtenue fut confrontée aux registres des hôtels, puis aux images filmées par leurs caméras de surveillance au moment où ces personnes arrivaient à l'accueil, ce qui permit de mettre un visage sur chaque nom. Tamim compara ensuite ces identifications visuelles aux images filmées à l'hôtel Al-Bustan le jour du décès d'Al-Mabhouh, ce qui le conduisit à obtenir le nom des assassins. Enfin, l'examen des bases de données des transactions financières lui permit d'identifier le reste de l'équipe – des personnalités que le monde entier découvrit lorsque les autorités de Dubaï les mirent en ligne sur Internet.

Tamim fit preuve d'une habileté naturelle avec les médias. Il tint des conférences de presse parfaitement orchestrées, divulguant ses informations avec parcimonie, afin que les gens – surtout dans le monde arabe – reviennent chercher toujours plus d'informations. Il réclama publiquement l'arrestation du Premier ministre israélien Benjamin Netanyahu et celle de Meir Dagan, demandant à ce dernier de "se comporter comme un homme" et d'assumer ses responsabilités dans cet assassinat. Plus réaliste, peut-être, il requit des mandats d'arrêt internationaux à l'encontre de tous les membres du commando, ce qui engendra un embarras diplomatique considérable pour Israël. Lorsqu'un journaliste lui demanda quelle avait été la plus grosse erreur commise par les agents, Tamim répondit que la présence de deux hommes assis pendant des heures dans le hall d'un hôtel, habillés comme des joueurs de tennis et portant à la main des raquettes sans housse paraissait si étrange qu'elle avait immédiatement éveillé les soupçons.

Les ridicules tentatives déployées par les agents du Mossad pour changer leur apparence avaient certes fourni de bonnes images aux télévisions. Mais les erreurs de débutants commises par toute l'équipe révélaient surtout l'extraordinaire arrogance qui avait présidé à la mise en place et à l'exécution de cette opération.

Bien que Dubaï soit un environnement hostile – un État arabe éloigné et lié à l'Iran –, plusieurs détails de cette mission suggèrent que le Mossad a agi comme s'il opérait dans un "pays de base". L'utilisation des cartes bancaires prépayées de Payoneer en est un exemple probant. Celles-ci ne sont généralement employées qu'à l'intérieur des États-Unis et même si Payoneer distribue des produits valables dans le monde entier, ces cartes sont relativement peu fréquentes. Le fait que plusieurs membres de l'équipe aient eu recours à ce type de cartes inhabituelles et provenant toutes de la même entreprise – à la tête de laquelle on trouve Yuval Tal, un vétéran d'un commando d'élite des Forces de défense d'Israël – fournit à la police de Dubaï un dénominateur commun qui leur permit d'établir le lien entre tous.

Il s'avère également qu'afin d'éviter d'appeler directement sur les portables de chacun, les agents passaient par un standard téléphonique privé installé en Autriche. Chaque agent essayant de joindre un de ses collègues – fût-il à l'hôtel en bas de la rue ou au poste de commandement en Israël – composait un de ces quelques numéros autrichiens et l'appel était ensuite redirigé vers sa destination. Mais, étant donné qu'en moins de deux jours, des dizaines d'appels avaient été passés ou reçus depuis ces numéros, il suffit qu'un seul agent fut démasqué pour que les autorités puissent avoir accès à la liste d'appels de son portable et que tous ceux qui avaient été en lien avec ces mêmes numéros soient susceptibles d'être identifiés.

Pis encore. L'une des plus graves erreurs commises par ceux qui planifièrent l'opération – certainement la plus grande source d'embarras pour le Mossad et pour Israël – a trait à l'usage de fausses identités étrangères.

Quand on en vient aux fausses identités et aux faux passeports, se pose un problème que seul le Mossad rencontre, contrairement à la plupart des services de renseignements occidentaux. Lorsque la C.I.A. ou le S.I.S. au Royaume-Uni (mieux connu sous le nom M.I.6) envoient un agent sur le terrain, ils peuvent, en général, lui fournir un passeport américain ou britannique en cours de validité, comportant l'*alias* dont il va se servir. Mais un agent israélien ne peut avoir recours à un passeport de son pays puisque les principales cibles de son espionnage se trouvent dans des États qui n'entretiennent pas de relations diplomatiques avec Israël. Ainsi, le Mossad a toujours eu sérieusement besoin de papiers d'identité étrangers et, traditionnellement, a toujours résolu ce problème en forgeant des faux selon ses besoins. Bien évidemment, cela se passe sans l'accord des pays concernés.

Lorsque le Mossad est démasqué, comme cela se produit de temps à autre, un scandale diplomatique majeur éclate. Durant l'été 1986, un messager des services de renseignements israéliens oublia, dans une cabine téléphonique en Allemagne de l'Ouest, un sac contenant de faux passeports britanniques. Le gouvernement britannique fut scandalisé et les relations entre leur service de renseignements et celui des Israéliens furent rompues pour longtemps. Ils ne renouèrent ces liens qu'au milieu des années quatre-vingt-dix, suite à un mémorandum signé par le Mossad et par le S.I.S. établissant la nécessité d'obtenir le consentement de chacun avant d'opérer sur leur territoire et stipulant l'obligation de ne pas nuire à leurs intérêts propres. Cependant, historiquement parlant, forger des faux passeports était une pratique relativement simple, qui restait généralement secrète. Rafi Eitan, aujourd'hui âgé d'environ quatre-vingts ans, était, à une époque, l'un des principaux espions du Mossad. Il est connu pour avoir été, en 1960, à la tête de l'équipe qui captura le criminel de guerre nazi Adolf Eichmann en Argentine. “Dans le temps, il était si facile pour nous d'adopter de nouvelles identités et d'inventer des histoires pour nous couvrir, me confia Eitan.

Il n'y avait ni Internet ni ordinateur, c'est-à-dire pratiquement aucun moyen de vérifier qui vous étiez ou ce que vous faisiez. On se disait souvent qu'il était même possible de forger un faux passeport provenant d'un pays fictif!"

Pour cette mission, tous les membres de l'équipe, sauf un, voyagèrent avec de faux passeports. Le seul passeport officiel appartenait à Michael Bodenheimer, un membre de l'équipe supposé être un ressortissant allemand. Après la divulgation publique par les autorités dubaïotes des noms et nationalités sous lesquels les agents avaient voyagé, la police fédérale allemande ouvrit une enquête sur la provenance du passeport de Bodenheimer. Ils ne tardèrent pas à découvrir (comme le relata le magazine allemand *Der Spiegel*) qu'un passeport allemand valide avait été délivré en juin 2009 à un agent du Mossad – du nom de Michael Bodenheimer – qui revendiquait la nationalité allemande par son "père". Le "père", également israélien, avait déclaré être, peu de temps auparavant, Hans Bodenheimer, né en Allemagne et survivant de la Shoah, puis s'était immédiatement vu accorder la nationalité, tel que prévu par la Constitution allemande dans ces cas-là. Un survivant de la Shoah du nom de Hans Bodenheimer existait bel et bien mais il ne s'agissait pas de l'homme qui avait demandé sa naturalisation.

La découverte de la véritable identité des agents illustrait surtout le problème, apparemment insurmontable de nos jours, posé par les systèmes de contre-espionnage du XXIe siècle. Les fausses identités et les couvertures ne font pas bon ménage avec les caméras de surveillance habilement placées, avec les contrôles d'identité effectifs et avec les logiciels, qui peuvent quasi instantanément localiser les appels et les transactions financières.

Pourquoi le Mossad laissa-t-il les choses dériver à ce point à Dubaï ? En un mot, la réponse est "leadership". Dagan ayant remodelé le Mossad à son image et chassant quiconque était disposé à remettre en question ses décisions, personne à l'agence n'aurait osé lui dire que l'opération Dubaï était mal conçue et mal planifiée. Ils crurent simplement que, dans le monde du renseignement, le menu fretin tel que les services de renseignements de Dubaï ne mettrait pas en péril les combattants de Césarée. Comme un ancien des renseignements allemands me le confia : "Le problème avec les Israéliens a toujours été le même : ils sous-estiment tout le monde, que ce soit les Arabes, les Iraniens ou le Hamas. Ce sont eux les plus malins et ils pensent pouvoir duper tout le monde, tout le temps. Un peu plus de respect pour le camp adverse – même si l'on croit qu'il s'agit d'un abruti d'Arabe ou d'un Allemand dénué d'imagination – et un peu plus de modestie nous auraient évité à tous cet imbroglio bien embarrassant."

Le fiasco de Dubaï causa de sérieux dommages à Israël, au Mossad et à ses relations avec les autres services de renseignements occidentaux. Cela conduisit à des révélations sans précédent sur le personnel du Mossad et sur ses méthodes, bien plus qu'à la suite des précédentes opérations ratées. Un certain nombre d'États, pensant que leurs passeports avaient été falsifiés ou utilisés de façon abusive, expulsèrent des représentants de l'agence. La réponse britannique fut particulièrement violente. Et la coopération de longue date en matière de sécurité et de renseignements entre Israël et l'Allemagne essuya un coup particulièrement dévastateur. Au début du mois de juin, l'homme à la tête de la division Césarée – celui qui avait un jour été considéré comme le principal candidat à la succession de Dagan – démissionna. Quant à l'avenir de Dagan, celui-ci avait espéré, avant l'opération Dubaï, que la liquidation d'Al-Mabhouh lui assurerait sa reconduction à la tête de l'agence. Mais cela n'eut pas les résultats escomptés. À l'heure de la rédaction de cet article, on suppose qu'il ne sera pas maintenu à son poste. Par conséquent, le Mossad "avec un couteau entre les dents" entre très certainement dans une période de confusion et de remise en question.

"Il ne fait aucun doute que Dagan a récupéré une organisation au bord du coma et l'a remise sur pieds, me confia un vétéran du Mossad. Il a augmenté son budget, a remporté de beaux succès et, surtout, a redonné sa fierté à l'agence. Le problème est que l'augmentation majeure du volume des activités a conduit à transiger sur les protocoles de sécurité. Et ses succès ont engendré un orgueil démesuré. Tout cela a provoqué la débâcle de Dubaï. Et aujourd'hui, dans un certain nombre de domaines, son successeur va se trouver face à un Mossad en bien plus mauvais état que ne l'avait trouvé Dagan en 2002."

The Dubaï Job
a été traduit de l'anglais (États-Unis)
par Laura Brimo Evin.
Le texte a paru pour la première fois
dans *GQ U.S.* en janvier 2011.

Chris Jones

LA DÉSERTION DES ANIMAUX DU ZOO

Octobre 2011, Zanesville,
une petite ville de l'Ohio, baigne dans
une atmosphère lourde et humide.
Alors qu'apparaissent les premières ombres
de la nuit, Sam Kopchak observe, circonspect,
l'inquiétant ballet des chevaux dans le pré
d'à côté. À n'en pas douter, un incident
a eu lieu dans la ferme de Terry Thompson,
son voisin, tout juste sorti de prison.
Très vite, les secours sont dépêchés sur place.
La situation semble hors de contrôle :
une horde d'animaux sauvages erre,
en toute liberté.

Les chevaux furent les premiers au courant. Terry Thompson en possédait des dizaines dans sa ferme située en bordure ouest de Zanesville, une ville déclinante établie sur le cours d'une rivière et siège du comté de Muskingum. La majorité de ce qui vit à Zanesville est né à Zanesville, ou tout au moins dans le comté. Thompson était l'un des rares importateurs. Il savait, au premier coup d'œil, repérer les laissés-pour-compte. Ses chevaux n'étaient pas de jolis animaux, à ceci près que c'était des chevaux: des alezans en bout de course, des gris tachés de boue, un pie presque beau baptisé Joe. Il y avait même un âne et un poney de mine petit et gros dans le lot. Pour l'heure, ils se trouvent tous dans la prairie, formant un groupe plus compact que d'habitude, galopant en un large cercle. Ils donnent presque l'impression de rouler, la troupe se meut d'abord lentement puis reprend du poil de la bête, gagne de la vitesse; on dirait une volée de moineaux, les flancs d'un ouragan.

Un voisin, instituteur de soixante-quatre ans à la retraite du nom de Sam Kopchak, voit tout d'abord les chevaux de Thompson tourner à vive allure en rond dans leur pré vallonné, juste de l'autre côté de la clôture de barbelés qui court entre leurs deux propriétés. Kopchak remonte la pente au creux de laquelle se trouve la petite maison blanche qu'il partage avec sa mère de quatre-vingt-quatre ans, Dolores, pour aller chercher son cheval, un pinto baptisé Red, dans le petit pré du fond. Il est cinq heures moins le quart, cinq heures moins vingt, deux heures avant la tombée de la nuit, et Kopchak veut rentrer Red à l'écurie pour la nuit. C'est un tout jeune propriétaire de chevaux et Red est sa seule bête – cette fin d'après-midi du mardi 18 octobre 2011 ne marque que leur neuvième jour de vie commune – mais il en connaît assez sur les chevaux pour savoir qu'ils n'ont pas pour habitude de galoper en cercle, par dizaines, en une ronde incessante. Un gros orage souffle, mais Zanesville en a déjà connu et les chevaux ne se sont jamais pour autant pourchassés ainsi les uns les autres, labourant la terre.

Kopchak est distrait du spectacle des chevaux lorsque l'herbe bouge non loin. Il aperçoit alors un chat, un chat tigré plutôt sauvage baptisé Klinger, qui vient tout à coup de bondir hors des arbres. Klinger n'a pas fait d'apparition depuis des mois et Kopchak le hèle, dans l'idée de lui donner quelque chose à manger. Au lieu de quoi, Klinger déguerpit et disparaît à nouveau dans les buissons. Red se met alors à avoir peur lui aussi : il décampe dans la direction opposée, vers le coin le plus éloigné du pré, à environ cent cinquante mètres de l'écurie et aussi près que possible des chevaux fous furieux de Thompson, mais il ne franchit pas la clôture.

Arrivé là, Red se met à arpenter son paddock. Kopchak rentre dans l'écurie et prend un seau en plastique vert qu'il remplit d'eau, au cas où il aurait besoin d'éloigner Red du remue-ménage. À mi-chemin de la longue pente qui le sépare de son cheval, Kopchak voit une forme noire différente des autres, différente de tous ces chevaux pris de panique. D'abord, il ne voit qu'un dos voûté par-delà la crête de la colline. Mais ensuite, le reste apparaît et Kopchak découvre alors ce que les chevaux savent déjà. Il voit ce qui est sans l'ombre d'un doute un ours, un ours en train de chasser.

Il sait que Thompson ne s'occupe pas seulement de chevaux. Tout le monde le sait à Zanesville. La ferme est une légende locale, le royaume sauvage de Monsieur T., un lieu presque mythique où, sur la foi de certains, on peut parfois voir apparaître des girafes dans les prés. Un lieu d'où, un jour, des chameaux se sont échappés, fonçant vers l'autoroute I-70, galopant le long de la clôture nord de l'exploitation de Thompson qui s'étend sur trente-six hectares. Tout le monde sait aussi que Thompson possède également des animaux plus dangereux : des lions et des pumas, des grizzlys et des ours noirs, des léopards, des tigres et des loups. Nombre d'entre eux ont été achetés aux enchères au fil des années. D'autres sont des "rescapés" dont les précédents propriétaires ne pouvaient plus s'occuper. Certains ont peut-être été élevés à la ferme en toute illégalité. Ils sont regroupés dans des dizaines d'enclos extérieurs, alignés de chaque côté du long et large chemin desservant la maison, à bonne distance de Kopchak Road. (Sam et Dolores appartiennent à une famille établie depuis longtemps dans la région.) Du point culminant de son pré, Sam Kopchak peut voir jusqu'aux enclos et, quand la lumière est bonne, percevoir du mouvement aux alentours. La nuit, il entend même les lions rugir à travers les bois. Il arrive que des paysans voisins donnent des cheptels entiers de bétail mort pour les nourrir. On a vu Thompson ramasser des carcasses de cerfs sur le bord de la route et les ramener jusqu'aux enclos, ou bien remplir son camion blanc des morceaux de volaille dont les abattoirs des environs ne voulaient pas.

Kopchak garde un œil sur l'ours, lequel continue de courir à travers les prés. Quand il aura réussi à rentrer Red à l'écurie, il appellera Thompson, comme il l'a fait à de nombreuses reprises auparavant, d'ordinaire pour qu'il vienne chercher son poney de mine qui, régulièrement, enfonce la clôture. L'ours constitue un spectacle inhabituel, mais ce n'est pas en soi un sujet de préoccupation particulier pour Kopchak. Un jour, il a croisé Thompson sur cette route conduisant avec un ourson sur la poitrine. Thompson s'est arrêté, a baissé sa vitre et demandé à Kopchak s'il voulait caresser l'ours ; quand Kopchak a blêmi, Thompson s'est vexé. “Les gens ne comprennent pas les animaux”, a-t-il dit et Kopchak n'a jamais su si Thompson parlait de lui ou des gens en général.

Il aborde maintenant Red, en tendant vers lui son seau d'eau et en l'appelant doucement. Red s'approche pour se désaltérer et Kopchak lui passe une longe. Il pose le seau et commence à ramener son cheval à l'écurie. Kopchak a parcouru peut-être vingt ou trente mètres avec Red qui trottine un peu, qui tire sur sa longe, quand il sent tout à coup un frisson le parcourir. “Je ne saurais pas comment l'expliquer, dit-il aujourd'hui, sauf à dire que j'ai eu la sensation d'être observé.” Il jette un regard derrière lui, vers la horde de chevaux de Thompson ; l'ours les pousse vers le nord, en direction de l'autoroute. Puis Kopchak voit le lion.

C'est un lion d'Afrique, avec une magnifique crinière dorée. “Il était tout bonnement énorme”, rapporte Kopchak. Le lion se tient à sa gauche, à une distance qui se calcule en centimètres plutôt qu'en mètres, appuyé contre la mince clôture de barbelés. Il est couché dans l'herbe, seule sa tête géante est dressée et il a vraisemblablement observé Kopchak descendre la colline. Le lion a les yeux braqués sur lui. Kopchak laisse échapper un souffle et fixe son regard sur l'écurie, qui se trouve encore à une centaine de mètres de là. Il prend alors deux décisions : ne pas courir et ne pas abandonner Red. Il va marcher, avec autant de calme et d'assurance que possible pour un instituteur retraité de soixante-quatre ans tenu en joue par un lion, tout le long du chemin qui mène à l'écurie.

Kopchak ne se retourne qu'une fois et le lion lui rend son regard. Il s'est par ailleurs dressé sur ses pattes. La clôture comporte sept lignes de fil barbelé tendues entre des piquets de bois ; le dos du lion longe la seconde en partant du haut. Kopchak continue de descendre la colline. Chaque foulée dans la boue lui semble plus lente que la précédente. Enfin, il ouvre les grosses portes coulissantes de l'écurie et entre avec Red dans son sillage ; il ferme les portes dans un bruit métallique et sent ses épaules s'affaisser un peu. Il rentre Red dans son box et cherche son téléphone portable dans sa poche. Il n'y a pas beaucoup de réseau. Il se tient dans le coin de l'écurie le plus proche de la maison et appelle sa mère. Il lui dit qu'il est dans l'écurie, qu'il y a un ours et un lion en liberté et qu'il faut qu'elle reste dans la maison. Il faut aussi qu'elle passe un coup de téléphone.

D'abord, Dolores Kopchak appelle Terry Thompson, en pensant qu'il sera le plus à même d'intervenir rapidement. Elle tombe sur le répondeur. Puis elle appelle les urgences.

Au sous-sol de la prison du comté située dans le centre-ville de Zanesville, deux femmes sont assises, des écouteurs sur les oreilles et leurs écrans d'ordinateurs devant elles. Des lumières fluorescentes clignotent ; il y a des taches d'humidité brunes au plafond. À 5 heures pile, un de leurs téléphones sonne.

"Les urgences.

— Oui, c'est madame Kopchak sur Kopchak Road. Nous habitons à côté de chez Terry Thompson et il y a un ours et un lion en liberté.

— Il y a un ours et un lion en liberté.

— Oui, c'est bien ça, juste derrière chez nous.

— Quel est votre nom ?

— Kopchak.

— Quel est votre prénom, madame ?

— Dolores.

— Et c'est derrière chez vous ?

— Excusez-moi ?

— C'est derrière chez vous ?"

La question reste sans réponse.

"C'est derrière chez vous ?

— Oui, là-haut... ils ont pris les chevaux de Terry en chasse."

Par la suite, après que Zanesville fut rendu célèbre et que l'enregistrement de cet appel aux urgences fut diffusé et écouté de par le monde, on fit grand cas du calme qui émanait des voix de Dolores Kopchak et de la standardiste.

La standardiste reste calme parce que c'est une professionnelle des urgences et que les appels liés à Terry Thompson sont monnaie courante. Cet incident marquerait la trente-sixième visite du bureau du shérif du comté de Muskingum à la ferme de Thompson.

Dolores Kopchak reste calme parce que même les vieilles dames frêles trouvent parfois du courage quand la situation l'exige. Sa seule erreur cet après-midi-là est de ne dire à personne que son fils Sam est enfermé dans l'écurie.

Le sergent Steve Blake est quant à lui assis sur le siège avant de sa voiture de patrouille et boit la première gorgée d'un café à emporter tout chaud. C'est un homme trapu de cinquante-neuf ans aux cheveux gris coupés très court. Dans son uniforme noir, il est tout à fait en phase avec l'image de l'officier qui a consacré toute sa vie à la police et avec celle du superviseur de l'équipe de deuxième partie de journée du bureau du shérif du comté de Muskingum, une patrouille forte de six hommes. En civil, lorsqu'il met une chemise écossaise et des bretelles, il a davantage l'air d'un homme du cru aimable et gentil. Il arrive que les jeunes se moquent de lui parce qu'il agit et parle lentement, avec un accent des Appalaches prononcé. Mais ils savent aussi que l'ancienneté de Blake n'est pas due au hasard.

Blake est donc garé près du centre-ville de Zanesville à siroter son café quand sa radio se met à grésiller vers 17 heures, deux heures après une énième prise de service ordinaire. "Je ne me suis pas imaginé un seul instant que ce serait l'un des pires appels de ma vie." Il allume d'une chiquenaude son gyrophare et sa sirène. Vers 17 h 10, il est à l'entrée du chemin qui mène chez Thompson, là où la clôture se réduit à une barrière d'entrée, encore fermée et en place. Le shérif adjoint, Jonathan Merry, un jeune homme de vingt-cinq ans au visage avenant, arrive une ou deux minutes à peine après lui. Du bout du chemin où ils se trouvent, ils voient l'ours, qui tourne désormais à proximité de la barrière. Le lion se trouve plus haut sur leur droite. Blake dit à Merry d'aller chez les Kopchak, la deuxième maison un peu plus bas sur la route, pour recueillir le témoignage de Dolores Kopchak. Elle pourrait peut-être les aider à se forger une image plus nette de ce à quoi ils sont confrontés et il est important d'y voir clair dans une situation comme celle-là. Il dit aussi à Merry que si l'ours ou le lion forcent la clôture, il faut faire feu.

De la petite fenêtre de la porte de sa sellerie, planqué dans un coin de l'écurie, Sam Kopchak a vue jusqu'en bas du chemin. Il voit les deux agents se parler et se dit: à deux, ils ne vont jamais s'en sortir.

Blake a l'intention de monter jusque chez Thompson en voiture pour le secouer. Il a demandé au standard des urgences de l'appeler mais ils sont tombés sur le même répondeur que Dolores Kopchak. Avant d'y aller, Blake joint son capitaine, Jeff LeCocq, pour lui indiquer qu'il y a une nouvelle fois des animaux en liberté sur les terres de Thompson. "Je savais qu'il s'agissait d'un incident plus grave que ceux qu'on avait connus par le passé, raconte Blake, mais à ce moment-là, je croyais encore que la situation pouvait être maîtrisée." LeCocq considère que cela vaut la peine d'appeler le shérif, un homme de quarante-trois ans bien charpenté du nom de Matt Lutz. Tant LeCocq que Lutz ont alors fini leur journée et ils doivent renfiler leur uniforme avant de se rendre à la ferme. Il est 17h15. Lutz se trouve à environ vingt minutes de là. Pour LeCocq, il faut plutôt compter trente minutes.

Merry toque à la porte des Kopchak et Dolores lui ouvre. Il sort son calepin mais avant qu'il ait pu finir sa première question – “Madame, d’après ce que j’ai compris, vous avez vu un ours et un lion...” –, il voit un loup gris détaler en plein milieu de Kopchak Road. S’éloignant de l’autoroute, le loup se dirige vers le sud, en direction du groupe de maisons et de mobile homes qui parsèment les collines avoisinantes. Merry laisse tomber son calepin sur les marches du perron et court vers son véhicule de patrouille, dans le coffre duquel se trouve son fusil d’assaut Smith & Wesson. Blake voit la voiture de Merry démarrer en trombe et entend Merry crier au loup sur sa radio. À nouveau, Blake donne l’ordre de tirer.

Le loup dévale la route sur plusieurs centaines de mètres avant de prendre à droite vers l’ouest et de remonter un chemin de gravier. Merry sort son fusil et le prend en chasse, à pied. Le loup s’échappe et se trouve bientôt à soixante-dix ou quatre-vingts mètres de lui, cavalant désormais tout en haut d’une prairie. À un moment, Merry perd complètement le loup de vue avant de l’apercevoir à nouveau caracolant dans l’herbage. Il épaule son fusil, vise le loup à la lunette, tâche d’empêcher sa poitrine de se soulever et appuie sur la détente. Il voit le loup tomber et court dans sa direction pour s’assurer qu’il est mort. Sous le loup, l’herbe est fauchée.

Merry retourne à sa voiture en courant et jette le fusil sur le siège passager. Il regagne la route principale et fonce vers le nord.

Fred Polk, dont la ferme longe le côté sud de l’exploitation de Thompson, a vu les lumières et entendu les sirènes. Accompagné d’un de ses ouvriers agricoles, il a devancé Merry à l’entrée du chemin. Ensemble, ils sortent la barrière de ses gonds. Blake regrimpe dans sa voiture de patrouille et monte à la maison seul.

Le début du chemin est relativement droit, gravissant ce que tout le monde dans les parages appelle la Première Colline. D'habitude, les chevaux paissent à droite. À gauche, il y a une montagne de voitures à l'abandon. Il y a une Coccinelle Volkswagen jaune, une Ford Mustang turquoise et deux Studebaker si rouillées qu'on les reconnaît à peine. Il y a un van pour chevaux et au moins trois bateaux embourbés dans le pré, amarrés à des arbres solitaires. Juste derrière les voitures, il y a des bois plus épais, couvrant une pente raide qui donne sur le bas-côté de l'autoroute I-70. Un peu plus haut sur le chemin, il y a le premier hangar, un bâtiment de métal assez récent. Puis le chemin amorce un tournant à droite, vers la Seconde Colline. Dans ce virage se trouve une autre étable en bois, croulante. Il y a également d'autres voitures abandonnées et un vieux camping-car Winnebago dépouillé de son toit. Et ensuite, il y a les enclos, alignés de chaque côté du chemin. Au moment où Blake remonte le chemin en voiture entre ces enclos, il voit des animaux se disperser en tous sens – des lions, des tigres, des ours –, détalant par des portes qui battent grandes ouvertes. “Oh bigre, pensa-t-il. On est mal barrés.”

Plus bas, on approche déjà du pire. Après avoir tiré le loup, Merry entend, *via* le standard de la radio, qu'un lion a forcé la clôture. Lorsqu'il revient au bout du chemin de chez Thompson – il n'est qu'environ 17 h 25 –, il voit un autre shérif adjoint et un officier de patrouille des autoroutes de l'Ohio qui courent le long de la route. Merry essaie de sortir son fusil mais le magasin est pris dans les câbles de son ordinateur de bord. Il saute de son véhicule sans son fusil. Il n'est sorti de sa voiture que depuis quelques secondes quand il se rend compte de son erreur. L'ours noir qui pourchassait les chevaux a désormais les yeux braqués sur lui. Par le passage que bloquait auparavant la barrière, l'ours charge Merry, qui sort son arme de poing de sa gaine – un pistolet, un Glock calibre .40 –, le porte à la hauteur de l'ours et tire une seule fois. "J'ai eu beaucoup de chance", raconte Merry. L'ours s'écroule comme une masse, mort d'une balle dans la tête, à deux mètres de l'endroit où se tient Merry.

Blake arrive alors à la maison de Thompson, une large bâtisse de brique brune qui a précédemment appartenu à un médecin, avec, derrière, une piscine délabrée. Il est loin, le temps de sa splendeur et elle est désormais presque entièrement abandonnée aux animaux. Blake appuie lourdement sur le klaxon. Personne ne se présente à la porte et Blake, avec des tigres à quelques pas, décide de ne pas sortir de sa voiture. Il fait demi-tour, descend le chemin et voit Merry debout devant l'ours mort, tassé sur le bas-côté.

Merry est bouleversé.

"Lieutenant, je n'ai pas eu le choix, dit-il.

— Vous avez fait ce que je vous ai dit de faire, répond Blake. Mettez ça sur mon compte. C'est moi qui vous ai donné l'ordre."

Recroquevillé dans sa sellerie, Sam Kopchak a entendu l'unique tir de pistolet. Il regarde par la fenêtre et voit deux hommes, un plus âgé, l'autre plus jeune, dans leurs uniformes noirs se penchant l'un vers l'autre. À mi-hauteur de la Première

Colline, il aperçoit aussi un tigre qui remplace l'ours et commence à pourchasser les chevaux.

Retour au sous-sol de la prison. Joleen Kinsel, l'une des standardistes des urgences, entend un shérif adjoint crier "*99 Traffic*" à la radio et sent son cœur cogner dans sa poitrine. "*99 Traffic*" signifie que les ondes doivent être libérées.

Le shérif Lutz fait partie de ceux qui se hâtent de rejoindre les lieux, au volant de sa voiture de patrouille, jonglant entre son téléphone et la radio. On approche des 17 h 30. "Je ne pense pas pouvoir vous dire tout ce qui me passait par la tête", raconte-t-il. Lutz s'est vu confier ce poste en 2008, après avoir, depuis son plus jeune âge, occupé pratiquement toutes les fonctions possibles au bureau du shérif du comté de Muskingum. Son père, Mike Lutz, était lui aussi officier de police. Il avait été tué en intervenant sur un cambriolage dans la partie sud de Zanesville en 1994. Après avoir appris le meurtre de son père par un coup de téléphone, Matt Lutz, qui n'était que shérif adjoint à l'époque, avait pris quelques mois pour se remettre et décider de ce qu'il ferait du reste de sa vie. Il retourna finalement à l'uniforme. "J'ai simplement pensé que c'était ce qu'il fallait faire, dit-il. Je me suis dit que mon père aurait voulu que je m'accroche."

Lutz avait essayé pendant des années de destituer Thompson de son zoo personnel mais la seule charge que le service était parvenu à étayer, pour cruauté envers des animaux – portant sur le sort de quelques vaches et d'un bison sous-alimentés –, n'avait pas eu l'effet recherché. La vérité, c'était que Thompson ne faisait rien d'illégal, en tout cas pas au regard des lois de l'Ohio. Donc tant qu'il ne faisait pas payer l'entrée, il pouvait avoir autant d'animaux qu'il le voulait, quasiment sans le moindre contrôle. Mais Thompson avait été moins heureux dans la gestion d'un autre de ses trésors, un arsenal de plus d'une centaine d'armes. Avec l'aide et le soutien de l'ATF – le service fédéral chargé de la mise en application de la loi sur les armes, les explosifs, le tabac et l'alcool –, Lutz avait réussi à faire condamner Thompson pour possession illégale d'armes après qu'une arnaque eut révélé que les numéros de série de certaines d'entre elles avaient été soigneusement limés. Cet après-midi-là, cela ne faisait que deux semaines que Thompson était sorti de prison, après avoir purgé une peine d'un an et un jour. De nombreuses personnes, dont Lutz, avaient remarqué son retour à Zanesville ; Sam Kopchak l'avait vu l'après-midi précédent sur son tracteur, tâchant de remettre un peu d'ordre dans sa vie et dans sa ferme. La femme de Thompson, Marian, l'avait quitté pendant son année de détention – pour un autre homme, il en était sûr – et des animaliers volontaires s'étaient efforcés d'assurer l'entretien de la ménagerie. Il n'avait plus d'armes ; l'état de ses finances était désastreux ; et il lui restait tous ces fauves affamés à nourrir. Tout s'effondrait. À peine trois jours plus tôt, deux shérifs adjoints l'avaient prédit : Terry Thompson avait été acculé dans une impasse et un malheur allait se produire à sa ferme.

Au début, Lutz pensa que ce qu'il avait toujours craint s'était réalisé : Thompson avait été mis en pièce par quelques-uns de ses animaux et deux d'entre eux étaient en liberté. Mais la radio de sa voiture de patrouille l'informe alors qu'il y a plus de deux animaux en liberté, et il ne sait plus quoi penser. Lutz donne l'ordre d'alerter immédiatement la population : les riverains doivent rester chez eux ; les personnes qui sont sur la route ne doivent pas sortir de leur véhicule. Peu après, des panneaux de signalisation lumineux commencent à clignoter sur le bord de l'autoroute I-70 : "ATTENTION ANIMAUX EXOTIQUES." Lutz parcourt ensuite dans sa tête la liste des meilleures gâchettes de son service. Il passe un coup de fil à l'inspecteur Todd Kanavel, quarante-neuf ans, chef de la division des narcotiques, un grand chasseur aux mains énormes avec un fusil d'assaut à l'arrière de sa Chevrolet Silverado. Il veut aussi une équipe de deux adjoints, Tony Angelo et Jay Lawhorne, anciens marines qui étaient dans le même régiment et qui sont désormais membres de la force d'intervention d'urgence de Lutz. Angelo est un très fin tireur. Il est aussi doté d'un fusil de calibre .308. Enfin, Lutz demande à Joleen Kinsel d'appeler The Wilds, un centre de recherche et de sauvegarde des animaux de quatre mille hectares situé à une trentaine de kilomètres de la ville : il a besoin de tranquillisants. Mais Kinsel les a déjà appelés, dès qu'elle a entendu "*99 Traffic*".

Dans un premier temps, elle a essayé de joindre Dan Beetem, le directeur chargé des animaux protégés. À ce moment-là, Beetem se trouve à l'exposition consacrée aux ours polaires au zoo de Columbus, avec des invités appartenant à la Fondation internationale de défense des rhinocéros. Il est au sous-sol, en train de regarder les ours nager par la vitre et le téléphone ne passe pas. Ensuite, Kinsel essaie de joindre Barb Wolfe, vétérinaire du centre The Wilds et experte en médecine zoologique. Elle assiste également au gala de la Fondation de défense des rhinocéros au zoo de Columbus mais elle ne se trouve pas au sous-sol. Wolfe écoute Kinsel et fait la grimace. Elle court prévenir Beetem ; pendant ce temps-là, celui-ci est remonté de l'exposition sur les ours polaires et découvre alors son téléphone saturé de messages affolés. S'excusant auprès de leurs invités, les deux professionnels regagnent leur voiture en courant pour se lancer dans un sprint de quatre-vingt-dix minutes à destination de Zanesville. Wolfe troque ses chaussures à talons pour une paire de bottes. Beetem et elle se sont tous deux rendus sur les terres de Thompson à deux reprises, en 2008. S'efforçant de faire fermer l'exploitation, le shérif Lutz leur avait demandé de venir s'assurer qu'il n'y avait pas de problème avec les animaux. Ils lui avaient alors fait part de l'impossible équation : un grand félin peut manger jusqu'à sept kilos de gibier en un seul repas, ce qui signifiait, compte tenu des seuls lions et tigres dont s'occupait Thompson, qu'il devait en théorie décharger chaque jour plus de deux cent cinquante kilos de viande dans leurs enclos. Wolfe pensait que Thompson aimait sincèrement ses animaux mais que sa passion avait outrepassé les limites de son portefeuille. On ne pouvait pas dire que la manière dont il traitait ses animaux était cruelle, mais l'entreprise n'était pas viable. Beetem et Wolfe passent mentalement en revue tous ces animaux entassés dans leurs cages et comprennent alors qu'ils n'ont pas assez de temps ni de tranquillisants pour stopper le train en marche.

Après avoir tiré l'ours, le shérif adjoint Merry a réussi, au prix d'un combat acharné, à extirper son fusil du siège passager. Il lève maintenant les yeux de son fusil et voit une lionne se glisser sous les barbelés de la clôture. Elle détale vers le sud en empruntant Kopchak Road, dans la même direction que le loup précédemment. Merry se lance à sa poursuite. La lionne prend le chemin qui monte jusqu'à la maison voisine – maison qu'occupent la sœur de Sam Kopchak, Tammy, et sa famille – et atteint le porche. Merry épaule à une distance d'à peu près trente-cinq mètres, tire la lionne et la tue.

Il regagne alors le chemin qui mène chez Thompson, juste à temps pour voir un autre animal – un puma – se frayer un chemin par-dessous la clôture. Le puma se dirige lui aussi vers le sud, sauf qu'il dépasse les deux foyers Kopchak, vire cette fois-ci à gauche et pénètre dans la ferme de Fred Polk. Merry court après le puma. À mi-parcours, il s'arrête. Alors que le puma est en train d'entrer dans la ferme, un lion d'Afrique s'apprête à en sortir. Il fond droit sur Merry, qui fait alors feu. Deux autres shérifs adjoints qui viennent tout juste d'arriver sur les lieux le dépassent en courant. Ils abattent le puma dans la cour de Polk.

À peu près au même moment, John Moore, l'un des animaliers volontaires, arrive à la ferme. Il est âgé de quarante-huit ans et a travaillé sur l'exploitation pendant quinze ans. Il connaît les animaux mieux que personne, ou peu s'en faut. (Marian Thompson a été alertée par la police mais n'est pas sur place, puisqu'elle se trouve à plusieurs heures de route de la ferme ; elle a appelé Moore et lui a demandé de se rendre sur place au plus vite.) Moore rejoint le lieutenant Blake au bout du chemin tandis que les tirs retentissent de toutes parts. Blake dit à Moore que de nombreux animaux sont en liberté mais qu'il n'y a aucune trace de Thompson.

"Y a-t-il un camion blanc là-haut ?" demande Moore.

Oui, il a vu un camion blanc.

"Si le camion blanc est là, Terry est là", dit Moore.

Blake fait monter Moore sur la banquette arrière de sa voiture de patrouille et ils repartent ensemble vers les enclos. Il y a des animaux partout.

"Vous allez voir dans la maison ?" demande Blake.

Moore disparaît derrière la porte.

Blake sort sa carabine, chargée des balles pour cerfs qu'il a dénichées à l'arrière du véhicule de patrouille, et se décide à fouiller la cour. Derrière la maison, à côté de la piscine fétide, il trouve un puma profitant des derniers rayons de soleil. Il garde sa carabine pointée sur le félin et – se souvient-il – ils parviennent à un accord : je ne te chercherai pas d'ennui si tu ne m'en cherches pas. Blake contourne le puma et fait le tour du reste de la maison avant de revenir à sa voiture. Il appuie sur le klaxon et Moore sort. Il n'a pas trouvé Thompson.

Ils retournent ensemble à l'intérieur. Une puanteur horrible prend Blake à la gorge. Il y a deux chambres à peu près en ordre mais les animaux ont rendu le reste de la maison à son état préhistorique. Les planchers sont recouverts de crasse. Dans la cuisine, deux singes hurlent tout en secouant les barreaux de leurs cages. Trois léopards – deux tachetés et un noir – et un petit ours sont toujours enfermés et chahutent. Quand Blake commence à ouvrir les portes à coup de pied, le fusil à la main prêt à faire feu, il est tout à coup saisi de peur et s'imagine que Thompson a peut-être piégé sa maison, et pas seulement avec ses animaux : une corde de pendu attachée à la poignée d'une porte, des explosifs reliés à un interrupteur. Le hurlement des singes le suit où qu'il aille, perturbant sa concentration. "Ces singes qui faisaient un boucan d'enfer, raconte-t-il en dodelinant de la tête. C'était tout simplement surréaliste." Pièce par pièce, Moore et lui fouillent le reste de la maison. Ils rentrent bredouille.

Ils regagnent la voiture et Blake reprend le chemin en direction de la route. "Arrêtez-vous", crie Moore qui, assis sur la banquette arrière, regarde par la fenêtre droite. "Je crois que Terry est là."

Ils sortent du véhicule de patrouille et voient tous deux Terry Thompson en contrebas d'un petit talus, étendu sur le dos et couvert de sang. Il y a un pistolet dans l'herbe ; Blake ne voit pas la paire de pinces coupantes bleue qui se trouve à quelque trois mètres de là. Un tigre – un tigre blanc, un mutant génétique – est en train de grignoter la tête de Thompson. Il manque la plus grande partie de son crâne ; d'autres membres ont également été dévorés. Le tigre blanc traîne Thompson, perforant sa gorge avec ses dents. Il y a beaucoup de sang. Derrière le corps, quelques déchets se consument lentement. La fumée s'élève dans le ciel qui s'assombrit. "Jamais je ne saurais ce qu'il ne voulait pas qu'on trouve", dit Blake. Le tigre continue de manger.

Les deux hommes remontent dans la voiture de patrouille. Au bout du chemin, Blake et Moore retrouvent le shérif Lutz qui vient tout juste d'arriver sur les lieux. L'ours de Merry occupe encore la route telle une sorte de sentinelle. Il y a des animaux morts partout, au moins six, d'après les souvenirs de Lutz.

Ce dernier est soulagé de voir Blake, le seul de ses hommes qui n'avait pas donné de nouvelles.

"Terry est mort, indique Blake. Et il y a probablement une vingtaine d'animaux en liberté là-haut.

— Il y en a plus que ça", dit John Moore.

Il commence un décompte, tâchant de se remémorer chaque gueule, chaque paire d'yeux. Dix-sept ou dix-huit tigres. À peu près autant de lions. Des pumas. Des léopards. Des ours. Des loups. Des singes.

"Quarante-huit, finit-il par dire. Peut-être quarante-neuf."

On approche maintenant de 18 heures. Wolfe et Beetem ne sont pas encore arrivés du zoo. Il ne reste qu'environ une heure de jour et l'orage menace. De l'autre côté de l'autoroute I-70, il y a une maison de retraite, un McDonald's, l'équivalent américain d'un Flunch et une station-service. Il y a un motel type Formule 1. Et à environ un kilomètre et demi sur la route 40, il y a une école entourée d'arbres.

Le shérif Lutz prend alors une décision.

Peu avant 18 heures, Jay Lowhorne franchit en slalomant le barrage routier qui a été mis en place à l'extrémité de Kopchak Road et fait une embardée en s'engageant au bout du chemin. Il est le dernier membre de la force d'intervention d'urgence à arriver. Il porte un fusil d'assaut M4 devant et une mitraillette MP5 dans le dos – les marines lui ont inculqué l'importance d'une transition fluide entre les différentes armes –, ainsi que son Glock, un pistolet semi-automatique, à la jambe. Il dispose de huit chargeurs de trente balles fourrés dans les poches de son pantalon de treillis. Il espère que ça suffira. Le pick-up Silverado de Kanavel est déjà à l'arrêt à l'endroit où se trouvait initialement la barrière d'entrée; les hommes à l'arrière font signe à Lawhorne de se dépêcher. Blake est au volant, les vitres baissées afin de pouvoir entendre les indications. Kanavel, Tony Angelo – ami de longue date de Lawhorne et tireur d'élite – et Ryan Paisley, un shérif adjoint, se tiennent à l'arrière du pick-up. Lawhorne les rejoint d'un bond, ferme le hayon et loge une chique de tabac sous sa lèvre.

Lutz leur a donné des ordres clairs. Ils seraient seuls sur l'exploitation, ces hommes dans leur pick-up, et il leur faudrait tuer tous les animaux qu'ils verraient. Trois équipes d'adjoints ont été déployées pour surveiller le périmètre de la ferme: l'une patrouille la bordure sud, sur l'exploitation de Fred Polk; une deuxième contrôle la clôture longeant Kopchak Road; une troisième, dont Merry fait partie, a été envoyée en bordure de l'autoroute I-70 en direction de l'est. Les trois patrouilles serviraient de pare-feu en empêchant tout animal débusqué de s'échapper. Mais le plus gros de la charge reviendrait aux hommes dans ce pick-up. “Je crois que les gens se sont imaginé qu'on était ronds et qu'on beuglait comme une bande de péquenauds, raconte Kanavel. C'était une opération de police.”

Angelo, le plus fin tireur, fait feu le premier sur un lion qui se trouve à plus de cent mètres de distance, dans le pré des chevaux. (Peut-être s'agit-il du lion que Sam Kopchak a rencontré un peu plus tôt. Ce dernier reste pour l'heure tapis dans sa sellerie, saisi d'effroi, alors que, dehors, la fusillade a commencé pour de bon. “Au bruit, on avait l'impression qu'une guerre faisait rage à l'extérieur, se souvient Kopchak. Rien que des boum, boum,

boum, boum.") Ce lion s'écroule rapidement – touché en pleine tête par la balle unique d'Angelo – et les cinq hommes se prennent un moment à croire que peut-être cet horrible désastre ne sera pas si calamiteux. Mais c'est alors que deux tigres déboulent de derrière le hangar en bois et filent droit sur le pick-up.

Les tigres sont des cas à part. Jack Hanna, expert reconnu de la faune sauvage et directeur émérite du zoo de Columbus – qui a rejoint les convois qui se dirigent à toute vapeur vers la ferme –, racontera plus tard une vieille histoire sur l'évasion d'un tigre à laquelle il avait un jour assisté, terrifié. À cette occasion, un vétérinaire avait essayé d'administrer un tranquillisant à l'animal. Sa réaction à la seringue avait été immédiate : d'un bond de cinq mètres et demi, il avait fauché le vétérinaire, puis l'avait éviscéré.

Les deux tigres sont à deux mètres cinquante du pick-up quand les hommes ouvrent le feu, avec Kanavel qui tâche d'encaisser le recul de son fusil semi-automatique, un AR-15. Les deux félins s'effondrent, criblés de balles. Kanavel aperçoit alors le corps de Terry Thompson, auquel le tigre blanc continue de s'attaquer avec voracité. Il y a plusieurs autres animaux qui courent autour d'eux. Des morceaux de volaille sont éparpillés tout le long du chemin. Kanavel contacte Lutz par radio et lui dit : "Ils sont tous en liberté."

Lutz signale à Kanavel la présence de trois félins qui ont été détectés par la patrouille sur les terres de Polk. Kanavel crie l'info à Blake qui pilote le pick-up à travers le pré afin de disperser les chevaux. D'abord ils tombent sur un lion massif doté d'une crinière presque noire. Les hommes établissent une procédure : Angelo tirera la première balle, puis les autres déchargeront une salve de plombs sur la bête. Ensemble, ils tirent sur le lion à plusieurs reprises mais ce dernier réussit encore à courir et disparaît derrière une voiture abandonnée. *Merde.* Puis ils trouvent les deux autres félins ; aucun de ceux qui se trouvaient dans le pick-up ne se rappelle de quelle race ils étaient. “Tout a commencé à devenir flou en quelque sorte”, raconte Kanavel. Ils tirent les deux félins. Blake dirige ensuite le pick-up derrière la voiture abandonnée. Le lion est là, étendu, mort.

Pendant l'heure qui suit, les hommes sillonnent la propriété à bord de leur véhicule, en faisant feu sur les animaux. Fonçant à travers champs, ils en abattent peut-être une bonne vingtaine, majoritairement des lions et des tigres. (Contrairement à ce qu'indiqueront ensuite les journalistes, les tigres de la ferme des Thompson n'étaient pas des tigres du Bengale, une espèce rare. Il s'agissait de croisements, l'équivalent de bâtards.) L'arrière du pick-up est couvert de douilles, bringuebalant et cliquetant à chaque virage ; il y en a tant que poser son pied sur le plancher devient un problème. Les douilles volent également dans la cabine du pick-up et l'une d'elle se fraye un chemin dans le col de Blake et jusqu'à son dos. Sous peu, les explosions entament les capacités auditives de l'équipe. Tout devient alors assourdi, les voix et les coups de feu perdus derrière le bourdonnement. Malgré tout, les hommes continuent de tirer, dans une course contre la nuit et l'orage qui approchent. En contrebas, dans son écurie, Sam Kopchak n'y tient plus et, poussé par sa seule foi, pique un sprint jusqu'à sa maison. Durant cette dernière heure de jour, Lawhorne grille précisément deux cent vingt cartouches. La ferme des Thompson est un champ de tir. Les herbages sont couverts de cuivre.

Une mise à mort a particulièrement marqué Blake et ce souvenir refait encore surface aujourd'hui aux moments les plus inattendus, sans prévenir. Blake ferme les yeux et tout ressurgit alors : la nuit tombe rapidement et il y a un tigre pris dans le faisceau de ses phares, en haut à droite. Les rayons de lumière balaient son pelage. Les hommes à l'arrière braillent à Blake de s'arrêter. Il a appris à ce moment-là à enfoncer ses oreilles dans ses épaules dans un effort vain pour stopper le bourdonnement, mais il n'a pas encore pris l'habitude de détourner son regard de la cible programmée. Il fixe le tigre – "Ces animaux sont tout simplement magnifiques", selon lui – puis les tirs crépitent. Blake voit un morceau de fourrure, comme une feuille de papier prise par le vent, se détacher parfaitement et s'envoler du dos du tigre. Un instant plus tôt, le morceau de fourrure était là, épais et orange, un instant après, il n'y est plus, emporté par l'orage approchant et dispersé dans l'herbe comme des graines. Les phares éclairent désormais un aperçu de la colonne vertébrale décharnée du tigre, une épaisse colonne de blanc décapée jusqu'au trognon. Blake voit l'architecture d'un tigre dans l'instant qui précède sa chute. "Je n'ai tout simplement jamais rien vu de pareil de ma vie", dit-il.

Et puis la nuit tombe.

Plus bas, sur la bande d'arrêt d'urgence de l'autoroute I-70, l'adjoint Merry utilise une caméra thermique pour balayer l'obscurité entre les arbres. On approche de 20 heures. Peu de temps auparavant, des pompiers l'ont rejoint avec leurs camions pour essayer d'éclairer les bois bordant la route ; ils ont également apporté la caméra. Dans la lumière déclinante, Merry et un autre adjoint ont déjà tiré plusieurs animaux qui avaient réussi à sortir de la ferme : un loup de plus, deux lions, un tigre. Sur cette bande de terre longeant l'autoroute, la clôture ne tient plus debout qu'à l'aide de ficelles effilochées. À un endroit, elle a été soulevée de plusieurs centimètres au-dessus du sol. La nuit tombe comme un rideau sur la brèche.

Merry voit alors une forme par le viseur de la caméra. Dans un premier temps, il n'arrive pas à discerner ce que c'est ; ce n'est qu'une large masse, irradiant de chaleur, qui descend la pente en se frayant une issue au travers des arbres. Quoi que ce puisse être, ce n'est pas un animal rapide comme un félin. L'animal marche d'un pas lourd. Mais il est gros et résolu et se rapproche petit à petit, à chaque pas. Finalement, Merry prend conscience que c'est un ours – un ours énorme, un grizzly. L'autre adjoint et lui visent la cible rouge que leur indique la caméra. Ils font feu et regardent l'ours percuter le sol. Ils le surveillent sur leur caméra pendant un long moment après cela. Il finit par prendre une teinte orange, puis jaune, pâlissant au point de disparaître complètement, aussi froid que les feuilles.

De l'autre côté de la crête, sur les hauteurs de la ferme, Kanavel entend les coups de feu et s'inquiète de la visibilité dont dispose son équipe. Les lumières de leurs fusils consomment énormément d'énergie. Il contacte le capitaine LeCocq par radio et demande des batteries et des munitions supplémentaires. Le shérif Lutz envisage, à ce moment-là, aux environs de 20 heures, de suspendre la chasse, maintenant qu'il fait nuit noire. Il craint des feux croisés. Mais la pluie ne semble pas à l'ordre du jour et, même si le vent commence à se lever, les tireurs d'élite ont l'impression qu'ils peuvent poursuivre sans risque. Lutz décide de les laisser continuer à parcourir les terres de long et en large. La nuit elle-même œuvre en leur faveur d'une étrange façon : deux petites lumières immobiles apparaissent, qui semblent flotter dans l'obscurité devant eux, et Angelo peut alors viser entre les deux.

Lutz envoie deux équipes supplémentaires en haut du chemin : des officiers de soutien ainsi que des détectives, dans l'espoir de récupérer le corps de Terry Thompson. On a bien appelé le médecin légiste, mais il a décliné l'invitation. Il a demandé à ce qu'on photographie les lieux du crime et qu'on recueille des échantillons de sang. Le corps, ou tout au moins ce qu'il en restait, pourrait également aider à établir le rapport d'autopsie. Mieux valait qu'on ne lui rapporte pas un sac d'os.

Comme le corps a été traîné jusqu'à une sorte de rigole, les snipers en arrivent à la décision qu'ils n'ont d'autre choix que de tenter une approche à pied. Ils sautent du pick-up et forment un quadrant selon une organisation en losange, avec en son centre les détectives qui ne portent pas d'arme. Ensemble, ils descendent la colline. Quelques minutes après que les détectives ont entamé leur travail, ils entendent du mouvement à l'intérieur du hangar en bois à proximité. Quelques instants plus tard, un rugissement retentit dans la nuit.

“Ce n'est pas le moment de s'occuper de ça”, dit Kanavel.

On ramène les détectives à la sécurité relative qu'offrent le pick-up et ses phares. Les tireurs d'élite repartent à pied vers le corps. Ils tombent sur plusieurs félins qui se trouvent encore dans leur cage, alors même que leurs portes sont grandes ouvertes. Une telle chance, ils ont peine à y croire. Tandis que les snipers le couvrent, l'un des officiers en renfort s'introduit dans chaque enclos pour verrouiller la porte. Les hommes continuent leur boulot sur quatre ou cinq cages, en suivant la même procédure : lumières et fusils braqués sur le félin, une main dans la cage. La plupart d'entre elles hébergent des lions. Les tigres sont des solitaires, ils les trouvent presque toujours seuls, tapis en embuscade. Même en plein chaos, les lions ont tâché de rester dignes.

Arrivé à la dernière cage, l'officier en renfort tend la main vers le verrou. À ce moment précis, Lawhorne et Kanavel aperçoivent tous deux quelque chose dans le faisceau de leurs lampes : un large trou béant dans un des côtés de la cage. Quelques secondes plus tard, une lionne bondit par le trou et touche terre à mi-chemin entre la cage et les tireurs. Lawhorne se rappelle très bien de ses omoplates, deux pyramides pointées vers les ténèbres. Elle se tient à un peu plus d'un mètre d'eux et elle leur rugit au visage. Ils font feu tandis que l'officier en renfort retire sa main et tombe à la renverse. C'est à ce moment-là qu'ils se retournent avec leurs lampes et qu'ils se rendent compte que toutes les cages ont été sciées. Entre eux et tous ces lions, il n'y a rien d'autre que de l'air.

Les snipers entendent des cris derrière eux. Un tigre a surgi du hangar et a disparu dans l'herbe haute, s'enfonçant dans le chiendent à côté d'eux.

Kanavel sonde l'herbe avec sa lampe. Il saisit un imperceptible mouvement – le battement d'une oreille, pense-t-il. "Je crois que je l'ai", murmure-t-il aux autres. Il abaisse le canon de sa mitraillette dans la direction dans laquelle il croit avoir vu une oreille et il fait feu.

Le tigre bondit en l'air. Voici ce qui distingue les tigres : c'est la distance qu'ils peuvent couvrir, même après avoir reçu une dizaine de balles. "Ils se débattent, raconte Lawhorne, cherchant le mot juste. Ils pirouettent." Les autres animaux, même les lions, s'écroulent lorsqu'on les tire. Les tigres, au contraire, s'élancent. Les balles les transforment en oiseaux. Ils volent.

Le tigre de Kanavel, pris dans son faisceau de lumière, franchit cinq mètres d'un bond avant d'atterrir sur un bout de terrain dégagé, prêt à bondir de nouveau. "C'était un peu perturbant", dit Kanavel. Les hommes prennent immédiatement le tigre pour cible et ouvrent le feu. Il retombe dans l'herbe.

À l'abri du pick-up – un abri tout relatif –, Blake se tient avec les détectives dans la lumière des phares, écoutant les balles déferler dans l'obscurité. Il y a à nouveau des cris et cette fois c'est un lion qui surgit du hangar. Il se trouve que l'un des détectives, K.C. Jones, a récupéré un fusil de chasse. Il baisse son canon et le décharge sur le lion. Il le blesse à la croupe et le lion dérape sur l'herbe. D'autres hommes lui tirent alors dessus. Les détonations des canons sont si proches et si fortes qu'elles délogent un verre de lunettes d'un des détectives présents. C'est vous dire à quel point on flirte avec les limites dans cette ferme cette nuit-là. "C'est incroyable qu'aucun de nous n'ait été tué", déclare Blake.

Il est 21 heures passées lorsque la ferme retrouve un calme relatif et que les détectives tentent une seconde approche pour aller récupérer le corps de Thompson, encadrés par les tireurs. Cette fois, ils sont en mesure d'achever leur macabre besogne. L'un prend des photos, l'autre prélève des échantillons de sang dans des flaques. Blake ramasse le revolver et pivote le barillet. Il est plein, à l'exception d'une seule chambre. Non loin, les hommes trouvent dans l'herbe la paire de pinces coupantes bleue. Ils tiennent leur hypothèse de travail : Thompson a relâché presque tous ses animaux, coupant les parois de leurs cages et ouvrant leurs portes. C'en serait fini de la captivité pour eux. Puis il a mis le feu à ses ordures, brûlant ses secrets. Ensuite, il s'est posté au bord de son chemin, a regardé ses animaux gambader en liberté, avant de mettre son revolver dans sa bouche et de se faire exploser le sommet du crâne.

La pluie se met finalement à tomber. Blake et les détectives empaquettent le corps. Une ambulance avance doucement jusqu'en haut du chemin et on installe le corps de Thompson à l'arrière. Blake grimpe aussi. Pour les autres, la pluie et le calme relatif mettent un terme à la nuit. "Ç'aurait été du suicide que d'entrer dans ces bois-là", rapporte Kanavel. Les tireurs d'élite sautent dans leurs pick-up respectifs, les officiers de soutien montent dans leurs voitures de patrouille et ils serpentent ainsi jusqu'au bout du chemin.

Peu après 22 heures, la pluie se met à tomber à verse. Le shérif Lutz libère la plupart de ses hommes. Il renvoie également chez eux Wolfe et Beetem, qui ont passé leur soirée au barrage routier situé à l'entrée de Kopchak Road, à attendre un cessez-le-feu qui n'est jamais survenu.

Blake rentre à l'annexe du commissariat et commence à taper un rapport qu'il a lui-même beaucoup de peine à croire. Merry s'est déjà porté volontaire pour travailler une nuit supplémentaire. Il va ramasser son carnet détrempé sur le seuil des Kopchak, prend le volant et retourne à Zanesville où il arraisonne un cambrioleur. Avant que Lutz ne rentre chez lui pour essayer de dormir un petit peu, il assigne des périmètres à surveiller. Il poste Tony Angelo sur Kopchak Road et demande à Lawhorne et à un autre adjoint, Adam Swope, de garder un œil sur la ferme. Fred Polk leur a prêté son véhicule tout-terrain à six roues pour éviter qu'ils ne s'enlisent. Ce n'est qu'après avoir grimpé à son bord que Lawhorne sent une bosse sous sa lèvre : il crache une chique archisèche.

Vers 23 heures cette nuit-là, cinq jeunes amis sont en train de jouer au poker à Cambridge, dans l'Ohio, à environ quarante kilomètres à l'est de Zanesville, quand ils entendent parler des événements qui se déroulent à la ferme. Ils s'entassent dans une Jeep Cherokee avec une vague idée en tête. Ils raconteront ensuite qu'ils espéraient, peut-être, pouvoir prendre des photos du carnage qui avait eu lieu ce jour-là, mais ils n'ont pas réfléchi plus que cela. Ils sont simplement attirés par la lumière.

Peu après avoir jeté leurs cartes sur le tapis, ils se garent donc au bout du chemin menant chez Terry Thompson et trouvent un lion mort, saignant de la gueule. S'imaginant qu'ils pourront en faire un tapis ou l'empailler, ils s'escriment à hisser la carcasse à l'arrière de leur Jeep. Cela leur prend plusieurs minutes. Une équipe de reporters tombera sur les copains de poker et leur trophée et filmera le lion par l'ouverture de la Jeep, sa tête dépassant du coffre ouvert.

À quelques encablures de là, Lawhorne et Swope voient la vive lueur des phares ; méfiants, ils commencent à se frayer un chemin dans leur direction. Avant qu'ils n'arrivent au bas de la Première Colline, ils voient la Jeep faire demi-tour dans le chemin et prendre Kopchak Road en direction du sud. Lawhorne contacte par radio les adjoints qui sont en train de patrouiller et la Jeep est interceptée à peine quelques mètres plus loin. Difficile de passer à côté du lion à l'arrière de leur véhicule.

On demande aux cinq amis, qui seront ensuite condamnés pour infraction et vol, de ramener le lion volé à la ferme. Un shérif adjoint les suit dans sa voiture de patrouille et demande par radio à Lawhorne et Swope de les rejoindre au bout du chemin. Ils arriment des cordes autour du lion et le tirent hors de la Jeep, laissant une tache de sang à l'arrière. Après cette mésaventure, Lawhorne et Swope discutèrent de ce qu'il serait advenu si le vol du lion n'avait pas été intercepté : le plus grave, c'est qu'il aurait manqué un lion à l'appel. Pendant des semaines, des mois, voire même des années, il y aurait eu des alertes au lion fantôme de Zanesville, un spectre aux dents acérées qui serait apparu la nuit aux imaginations ardentes jusqu'à ce qu'il devienne une légende ; alors que pendant tout ce temps-là, le fameux lion n'aurait été qu'une peau étendue sur le sol d'une maison de Cambridge, réchauffant les pieds de cinq amis occupés à battre le carton.

Lawhorne et Swope décident qu'il leur faut se mettre au boulot. Ils grimpent dans le véhicule tout-terrain avec leurs fusils et quelques longueurs de corde et commencent une chasse aux carcasses. Les deux adjoints se relaient toute la nuit, sous une pluie continue. L'un saute du véhicule dans la gadoue et attache l'animal qu'ils trouvent dans la lumière de leurs phares ; l'autre couvre celui qui fait les nœuds. La nuit est agitée. Lawhorne essaie de se rejouer la séquence qui s'est déroulée à l'arrière du pick-up de Kanavel et il estime qu'ils ont tiré peut-être trente animaux. Ce qui laisse à peu près vingt animaux en liberté et une infinité d'endroits où se cacher pour chacun d'entre eux. Les chevaux renâclent ; les chiens aboient. Mais les hommes tiennent bon. Petit à petit, Lawhorne et Swope tracent de nouveaux sillons dans la boue : ils traînent des lions, des tigres et des ours morts jusqu'en haut de la courbe du chemin, non loin du hangar en bois, et les déposent sur l'herbe.

Les adjoints ne s'arrêtent que pour se soulager ou manger un morceau. À ces rares occasions, ils garent le tout-terrain à côté d'une voiture de patrouille en laissant un espace de soixante centimètres entre les véhicules. Lawhorne et Swope se placent alors dos à dos dans cet espace, leur fusil sur le torse prêt à faire feu, chacun pissant dans la direction opposée. “Il fallait absolument éviter de se faire attaquer par-derrière”, explique Lawhorne.

Enfin, la nuit commence à pâlir. Quelque part dans le monde, le jour se lève, mais en ce mercredi matin à Zanesville, le soleil n'est qu'une abstraction de plus. Le ciel vire du noir au pourpre puis au gris. Lawhorne et Swope se tiennent là, voûtés et couverts de boue, les mains sur les hanches ; ils font le bilan de leur nuit de travail. Ils n'ont pas tiré de nouvel animal mais ils en ont ramassé vingt et un, "en tas", raconte Lawhorne. Les deux adjoints savent par ailleurs où se trouvent d'autres cadavres : comme ils ont commencé par les carcasses les plus proches de la route, nombre d'entre elles sont encore étendues à portée de vue de leur tas, la pluie ruisselant sur leurs pelages. Ce panorama, comme Jack Hanna se le rappellera ensuite, donnait l'impression que l'arche de Noé avait fait naufrage et s'était échouée au beau milieu de l'Ohio.

Tôt ce matin-là, le shérif Lutz s'entretient avec la presse sur le parking de Moose Lodge à l'extrémité de Kopchak Road et explique aux caméras arrivées dans la nuit les événements qui se sont déroulés à la ferme. Hanna, la mine sombre, se tient à ses côtés, il assure au shérif son soutien inconditionnel.

Lutz revient ensuite à la ferme. Wolfe et Beetem du centre The Wilds sont également de retour. Ils sont montés en voiture jusqu'en haut du chemin et examinent la pile de carcasses qui continue de croître, comparant ces dernières avec la liste dressée par John Moore – qui compte alors cinquante-six animaux – et avec leurs propres souvenirs. Cette nuit a été, à tous points de vue, un massacre. "Ah, se rappelle Wolfe, c'était vraiment un spectacle abominable." En fonction de la distance qui les sépare de Zanesville et du sentiment de chacun quant à la valeur relative de la vie animale, les gens considèrent les événements qui ont eu lieu à la ferme soit comme l'un des pires carnages de l'histoire de l'Amérique, soit comme un miracle. À l'exclusion de Terry Thompson, aucun humain n'a été blessé, pertes de capacités auditives mises à part. Plus de quarante animaux ont été tués. L'un d'eux, un singe, a été mis en pièce par de grands félins et son corps déchiqueté jonche le sol de la maison. Six animaux ont survécu parce que Thompson les avaient laissés enfermés dans leurs cages dans sa maison, pour des raisons qui n'appartiennent qu'à lui : les trois léopards, le petit ours et les deux singes hurleurs. Pour autant que Lutz et ses officiers puissent en juger, il ne manque que peu d'animaux : un ours, un loup et un singe et peut-être un ou deux animaux de plus. Il fallait qu'ils commencent un ratissage en règle. “C'est dans des moments comme celui-ci que l'expression ‘surveiller ses arrières’ prend tout son sens”, dit Beetem. Il continuait de pleuvoir par intermittence.

Lawhorne, à nouveau associé à Angelo et bourré d'adrénaline, a refusé de quitter la ferme. Ils quadrillent alors la propriété à pied avec Moore, l'animalier. À un moment entre 9 et 10 heures ce matin-là, ils entendent un son qu'aucun ours, loup ou singe ne peut émettre, en provenance d'un bosquet non loin derrière la maison. “J'aurais du mal à le décrire, indique Lawhorne. Les lions grognaient lorsqu'on s'approchait : grrr, grrr, grrr. Là, c'était différent. C'était juste un vilain bruit, un très vilain bruit.”

Moore le repère le premier : un tigre se cache dans les arbres. Il est niché dans un taillis, derrière un épais buisson d'épines dans lequel il s'est enfoncé de plusieurs mètres. Il est presque impossible d'apercevoir le tigre dans les broussailles ; tout ce que les officiers distinguent, c'est ce qu'il déplace sur son passage – la branche d'un arbre, les herbes les plus hautes.

Lawhorne établit un contact radio avec Lutz, qui lui dit de garder le tigre dans sa ligne de mire. Au-delà des arbres se trouve un champ et au-delà de ce champ, la ville de Zanesville. On ne peut pas se permettre de laisser le tigre sortir du bosquet. Puis Lutz va trouver Wolfe, qui s'est rendue à la maison avec Beetem pour jeter un œil aux animaux survivants. Ils se mettent d'accord pour essayer de sauver cet unique et dernier tigre.

Wolfe prend sa carabine chargée de sédatifs, un fusil noir à cheville percutante équipé d'une lunette. Elle a également une mallette en plastique qui ressemble à une boîte de pêche remplie de fléchettes de différentes tailles. Administrer des tranquillisants à des animaux, ce n'est pas évident. Les animaux se défendent contre le sommeil artificiel, en particulier ceux qui sont pris de panique. Leur système peut parfois résister au sédatif pendant dix ou quinze minutes, voire plus. Chaque animal requiert également des médicaments spécifiques, à des doses différentes en fonction de l'espèce, du poids et du temps qui les séparent de leur dernier repas. Trop de tranquillisants et l'animal risque de mourir ; pas assez et cela ne fera que l'enrager. La balistique complique également les choses. Les flèches ne se comportent pas comme des balles. Leur trajectoire est loin d'être aussi régulière et un rien les dévie de leur course. Et il faut qu'elles tombent sur du muscle.

Lutz dit à Wolfe que, en dehors du tigre, il est possible qu'il y ait encore un ours en liberté quelque part. L'idée de se retrouver face à deux animaux en même temps ne lui plaît pas trop. La présence du tigre est une certitude, elle se prépare donc à l'affronter en premier : elle remplit une fléchette de taille moyenne, trois centimètres cubes, et la charge dans son fusil. Elle remplit également une fléchette de six centimètres cubes, la plus grosse de son arsenal, pour l'ours qui s'est évanoui dans la nature. Elle glisse celle-ci dans sa poche, en espérant qu'elle n'aura pas à l'utiliser. C'est une tannée de venir à bout d'un ours.

Beetem reste à l'intérieur de la maison, où on administre des sédatifs aux animaux qui sont encore enfermés. Il aide à soulever les léopards endormis et à les sortir de leurs cages. Ils vont finir au zoo de Columbus. Pendant ce temps-là, Lutz, accompagné de deux autres officiers, conduit Wolfe jusqu'au bosquet. Lawhorne et Angelo les attendent là-bas avec Moore. Comme eux, elle ne peut pas bien voir le tigre. Il faut qu'elle s'approche. Wolfe est un petit bout de femme, d'à peine plus d'un mètre cinquante, toute menue, mais elle n'a pas peur. “Entourée de ces hommes, je savais qu'il ne m'arriverait rien”, dit-elle. Elle commence à avancer sans bruit dans le taillis, se glisse entre les branches, s'approche petit à petit pour finir à moins de cinq mètres de l'animal. Le tigre est couché sur le ventre mais il lève la tête – en décubitus sternal, pour employer le langage vétérinaire. Il ne croise pas son regard. “Cela aurait peut-être changé un peu la donne d'un point de vue émotionnel pour moi”, raconte Wolfe. Il lui semble que le tigre a l'air blessé ou épuisé, ou les deux ; Lawhorne se souvient qu'un des hommes a tiré en direction de deux petites lumières dans ces bois la nuit précédente. Quoi qu'il en soit, le tigre est resté éveillé pendant des heures, tapi, à attendre que le bruit cesse. Désormais, il s'est trahi, peut-être en appelant les siens dans le silence revenu. Pour le moment, personne ne le sait mais Wolfe n'aura pas besoin de la grosse fléchette qu'elle a placée dans sa poche.

L'ours manquant, c'est le grizzly que sa chaleur corporelle a trahi, désormais étendu en contrebas de l'autoroute. Le loup manquant gît dans l'herbage en bas de Kopchak Road. Le singe disparu se trouve à l'intérieur d'un ou de plusieurs animaux morts, mis en pièce et dévoré. Des cinquante animaux que Terry Thompson a libérés mardi après-midi, quarante-neuf sont morts au matin du mercredi. Ce tigre est le dernier animal encore en vie.

Wolfe veut tirer la fléchette dans les flancs du tigre mais cette zone est difficile à atteindre étant donné la manière dont il est allongé dans l'herbe. Elle épaule son fusil, regarde par la lunette et essaie de trouver un morceau de pelage orange au travers d'un tunnel de verdure. Elle appuie sur la détente.

Le tigre tressaille. Wolfe ne bouge pas d'un pouce.

"Vous l'avez touché, je l'ai vu sursauter", dit l'un des hommes, un peu trop fort. Wolfe entend ces mots et le tigre les entend aussi ; il émet un rugissement et saute sur ses pattes. Puis il fond sur Wolfe. Elle tâche de battre en retraite mais se prend dans l'enchevêtrement des ronces qui s'agrippent à ses épaules. Elle est ligotée.

"Elle était coincée dans les épines et elle essayait de s'en extirper, raconte Lawhorne. J'ai collé quelques cartouches au tigre."

Celui-ci se débat, pirouette dans les arbres et vient terminer sa course au plus profond du bosquet. Wolfe conseille au groupe d'hommes d'attendre dix minutes avant de tenter une approche – si tout est calme dans dix minutes, cela voudra dire que soit le sédatif soit les balles ont fait effet. Les hommes rechargent leurs armes, ils attendent, balayant les bois de leur lunette. Chaque minute passe lentement, uniquement rythmée par le son de la pluie filtrant entre les arbres.

“Allons-y, dit John Moore. Il est mort. Je suis sûr qu’il est mort.”

Wolfe fait non de la tête et dit aux hommes d’attendre. Une fois que les dix minutes sont écoulées, elle se faufile à nouveau dans les bois. Et le tigre se tient face à elle – toujours vivant et éveillé. Sa respiration est laborieuse mais il lève encore la tête. Wolfe contemple le tigre pendant un moment. Debout sous la pluie, elle l’observe, c’est la première fois de sa vie qu’elle voit un tigre vivant de si près sans que ce soit à travers les barreaux d’une cage. Le tigre a la tête tournée dans la direction opposée. Jamais elle ne verra ses yeux. Tout ce qu’elle peut voir, c’est l’arrière de sa belle tête massive qu’il porte encore haut, tandis que son corps s’enfonce profondément dans le sol meuble, sombrant davantage à chaque souffle. Wolfe recule et les hommes prennent sa place. Lawhorne épaule son M4, appuie sur la détente et le dernier tigre de Zanesville s’effondre enfin, l’écho des balles se répercutant entre les arbres.

Après que les dernières carcasses sont déposées dans la courbe du chemin, le shérif Lutz, debout au milieu des dépouilles, fait une dernière fois le compte. En moins de vingt-quatre heures, il a rayé tous les animaux de sa liste. Il ordonne qu’on creuse un trou de trente mètres sur la ferme et, en ce mercredi après-midi humide, les fauves sont enterrés dans une fosse commune. Selon certaines rumeurs à Zanesville, quelqu'un essaiera de déterrer les animaux, mais Lutz dément. Les fauves demeurent dans le trou creusé pour eux dans la terre. Les fauves demeurent omniprésents.

Une semaine passa avant que Sam Kopchak ne retourne chercher son seau en plastique vert, qui gisait toujours dans un coin à l'autre bout de son pré. Aujourd'hui, lorsqu'il marche vers le champ, il peut encore voir le lion appuyé contre la clôture de barbelés. Il dit que Red n'est plus le même depuis. Il est devenu têtu, imprévisible. Il a passé beaucoup de temps à arpenter la clôture.

De l'autre côté des fils barbelés, les chevaux de Terry Thompson restent groupés dans leur prairie, poussant du nez le foin que John Moore continue de leur apporter. Marian Thompson ne vient pas souvent à la maison. Par l'intermédiaire de ses avocats, elle a fait savoir qu'elle aimerait qu'on lui rende les six animaux qui ont été confiés au zoo de Columbus ; les léopards ont toujours été ses préférés. Pour le moment, ils sont en quarantaine. Le corps de son ex-mari a été incinéré et placé dans une urne ornée du drapeau américain. Aujourd'hui, elle trône dans la cuisine de ce qui fut sa maison. Sa collection de voitures continue de rouiller dans les prés. Ses enclos longent encore le chemin, vides et propres.

"Pas un jour ne passe sans que j'y pense, lâche Blake. Je suis triste pour Terry Thompson. Je suis fou de rage contre lui mais en même temps, je le plains."

Joleen Kinsel et les autres standardistes passèrent ce mercredi-là à répondre à des coups de fil incessants ; leurs téléphones sonnent encore mais de moins en moins. Les appels provenaient du monde entier, des Anglais, des Australiens leur hurlant aux oreilles. Des personnes qui dirent que les policiers méritaient d'être tués pour ce qu'ils avaient fait. Qui traitèrent les standardistes de "salopes d'abattoirs". Au cœur du déluge, une vieille dame des environs appela pour signaler qu'on lui avait volé son carnet de chèque. Kinsel en eut la larme à l'œil tant elle était heureuse de recevoir un appel ordinaire de demande de secours.

Le shérif Lutz dit qu'il n'a jamais eu d'états d'âme quant à la décision qu'il a prise. Les gens viennent lui glisser quelques mots gentils dans les restaurants, mais ce n'est pas comme s'il avait eu le choix, dit-il, en ce qui concerne ce qu'il appelle l'"incident". Il pense aux différentes manières dont cette nuit aurait pu se terminer, l'atroce coup de téléphone qu'il n'a pas eu à passer et il est en paix avec lui-même.

Pour Merry, cela n'a pas été aussi facile. "Je n'ai pas besoin qu'on me fasse culpabiliser davantage à propos de cette histoire. J'en suis malade", dit-il. Il a tiré neuf fauves, dont quatre lions. Il n'a oublié aucun d'entre eux.

Lawhorne n'arrive pas non plus à se défaire de l'image de ces animaux. Peu de temps après cette nuit à la ferme, il conduisait l'une de ses filles à un match de foot. Des arbres longeaient la route. Il se surprit à scruter les bois qui défilaient, fouillant chaque recoin d'ombre, guettant le moindre mouvement dans les herbes les plus hautes.

Animals
a été traduit de l'anglais (États-Unis)
par Camille de Chevigny.
Le texte a paru pour la première fois
dans *Esquire* en mars 2012.

Joshua Davis

VACANCES DE PRINTEMPS ARABE

Traditionnellement, chaque année,
la jeunesse estudiantine américaine s'octroie
quelques jours de débauche sous le soleil.
Le *spring break*, simple parenthèse avant le retour
dans le rang, scelle ainsi le passage à l'âge adulte.
En 2011, Chris Jeon, un étudiant de UCLA
âgé de vingt et un ans, choisit sur un coup
de tête de réaliser le grand écart.
Délaissant son projet de stage dans le milieu
de la finance, il rallie les rangs des insurgés
libyens en guerre contre Kadhafi
durant ses vacances d'été.
Les plus beaux jours de sa vie.

Minuit en Libye. Debout sur un pick-up renversé, un étudiant en mathématiques d'UCLA s'exclame : "Vive la Libye !" Il vient de survivre à un accident de *drift* amateur – son pick-up a fait un tonneau après un dérapage à soixante-cinq kilomètres à l'heure sur la place Al-Keish à Benghazi – et pourtant il jubile. Cheveux ébouriffés avec soin, T-shirt fantaisie sur lequel figure le dessin d'une bombe qui explose littéralement en larmes : il a tout l'air d'un jeune fumeur de joints en vacances – ce qu'il est, étonnamment.

"C'est du délire", dit-il.

Il fait une chaleur à mourir sur cette place où près d'un millier de Libyens l'observent. Le serment d'allégeance que prête à leur pays ce gamin de vingt et un ans, américano-coréen originaire du comté d'Orange, n'est pas du goût de tous.

Un an plus tôt, Chris Jeon ne savait pratiquement rien de la Libye. Au printemps 2011, à l'époque où les Libyens rassemblaient leurs troupes à Benghazi et où éclatait la révolution contre Mouammar Kadhafi, il était en troisième année de fac, prévoyait d'entrer en école de commerce et s'apprêtait à décrocher un stage d'été surpayé chez BlackRock, la plus grande entreprise de gestion d'actifs du monde. Outre un excellent salaire, ce stage constituait une étape cruciale pour la carrière à laquelle il s'était toujours destiné. Cependant, la déception fut quasi immédiate. Les journées monotones qu'il passait dans son box au siège de BlackRock à San

Francisco lui firent comprendre à quel point cette vie pourrait l'ennuyer.

Ainsi, en août 2011, à l'heure où les rebelles pourchassaient Kadhafi, Chris Jeon prit un avion pour Le Caire, fit du stop pour traverser la frontière libyenne et rallia un bataillon d'insurgés. Vu de l'extérieur, son départ défiait l'entendement : en l'espace d'une semaine, il était passé d'un stage en finance dans une tour de bureaux chic de San Francisco à un désert irrespirable où il esquivait les tirs de mortier et se faisait appeler Ahmed Mougrabi Saidi Barga. Mais cela n'avait rien d'incohérent à ses yeux. Aujourd'hui, cinq mois après la fin de la guerre, Jeon est de retour en Libye pour les vacances de printemps. Il a abandonné l'idée d'une carrière dans la banque et dit vouloir rejoindre ses amis pour les aider à reconstruire leur pays. Pour l'heure, debout sur son pick-up renversé, il a l'air hagard et les pupilles dilatées par l'adrénaline. Il se met à scander un chant dans un arabe rudimentaire, tentant de faire répéter la foule après lui. Ça ne prend pas.

"Je crois qu'on ferait mieux de se barrer", dis-je. Mais il m'ignore. L'attroupement menaçant qui se forme autour de nous ne semble pas l'inquiéter. Notre interprète, qui, de l'autre côté de la place, a assisté à la course, se fraye un chemin à travers la foule et nous exhorte à partir au plus vite. Jeon refuse de s'en aller – voilà qu'il se met à prendre des photos – mais l'interprète se montre insistant. Les gens exigent de savoir qui nous sommes. Nous mettons le cap sur la voiture de l'interprète et nous y réfugions. La foule nous suit. Une personne hurle que nous sommes de la CIA. Des dizaines d'hommes encerclent le véhicule. Des poings tambourinent sur le toit.

“Rentrez chez vous, les Ameriki ! s’exclame quelqu’un.

— C’est merveilleux, la manière dont ces gens peuvent s’emballer”, dit Jeon en le saluant de la main.

L’interprète sort de la voiture pour raisonner la foule. On lui pointe un pistolet sur la tempe et on le force à se rasseoir au volant. Un homme grand au nez large et aplati prend place sur le siège passager.

“Qu’est-ce qui se passe ? m’écrié-je, pris de panique.

— C’est un enlèvement”, explique l’interprète.

Je jette un coup d’œil à Jeon. Il est hilare.

“On ne peut que l’aimer, ce pays, non ?”

Ladera Ranch se décrit comme l’“une des meilleures villes nouvelles du comté d’Orange”. Elle fut bâtie sur les collines broussailleuses de la Californie du Sud en 1999, offrant à tous ceux qui en avaient les moyens un petit coin de paradis au soleil. Les rues, récemment repavées, sont bordées d’arbustes. Des drapeaux américains ornent les porches. On propose tout un choix de modèles de maisons élégantes aux acquéreurs. La ville nouvelle compte près de huit mille foyers et dispose de ses propres écoles, autoroutes et centres commerciaux. Peu après l’emménagement de la famille Jeon, la commune fut nommée “Projet de l’année” par la commission locale de la Société américaine de génie civil.

Les Jeon émigrèrent de la Corée vers les États-Unis dans les années quatre-vingt. Le père de Chris, Peter, fit ses études à UCLA et engrangea un nombre impressionnant de diplômes : après une licence et un master en construction mécanique, il devint docteur en médecine dentaire et ouvrit son propre cabinet d'orthodontie dans le comté d'Orange. Sa femme, Jane, choisit d'être pharmacienne. Chris était leur fils aîné, un Américain de première génération. Ses parents nourrissaient de grandes ambitions pour lui.

Il ne les déçut pas : admis à la National Honor Society[01] avec une moyenne de 4,3 sur 5, il fut élu vice-président de l'Association des futurs dirigeants d'entreprise des États-Unis. Pendant que ses camarades sifflaient des bières sur le parking du multiplexe, Jeon restait à la maison pour apprendre à jouer du piano et de la guitare. "Mes parents ont fait beaucoup de sacrifices pour mettre toutes les chances du côté de leurs enfants", raconte Jeon. Pas question pour lui de gâcher ça. "Je voulais être un fils exemplaire aux yeux de mon père."

Exemplaire, il ne le fut pas toujours. Au collège, il constitua une honorable collection de disques de *death metal* : Slayer, In Flames, Cryptopsy – de quoi alarmer ses parents catholiques, qui profitèrent d'un jour de classe pour tout flanquer à la poubelle. "Je n'ai jamais été aussi en colère", se souvient Jeon. Ce fut un de ses premiers actes de rébellion : durant toute une semaine, il dormit dans sa voiture, dans l'allée de la maison familiale.

Lorsqu'il arriva à UCLA en 2008, Jeon avait le parfait curriculum vitae du premier de la classe. Il intégra une fraternité et but sa première bière en avril de la même année. Par la suite, il prit quelques

01 — La National Honor Society regroupe dix pour cent des meilleurs élèves de chaque lycée (NdT).

cuites, mais jamais il ne perdit de vue ses études ni son rêve d'aboutir à Wall Street. "Je voulais de l'argent, un statut, des *stock options*, la totale. Pour moi, c'était ça, le summum de la réussite."

Pourtant, à partir de sa troisième année d'études, il se mit à avoir des bouffées d'angoisse, à se sentir étouffer – et pas seulement dans le cadre de ses études. À la fraternité, on parlait de partir à Cancún pour les vacances de printemps. Ça promettait : ils allaient draguer les filles et picoler, comme l'année précédente.

"Et si on faisait quelque chose de différent ?" suggéra Jeon.

Un seul de ses confrères le prit au sérieux – Ross McCray. Lui aussi avait grandi à Ladera Ranch, dans une maison qui adoptait le même plan au sol que celle de Jeon. Ils étaient tous deux spécialisés en mathématiques et leurs pères étaient docteurs. Allez savoir comment, ils ne s'étaient jamais croisés avant UCLA.

Ensemble, ils résolurent de s'envoler pour Seattle et de tenter d'y survivre une semaine entière avec seulement un dollar en poche – le genre d'expérience qui ne serait jamais venu à l'idée de leurs congénères. "Notre voie était vraiment toute tracée, se rappelle McCray. Ça nous a fait l'effet d'une bouffée d'air frais."

Il surnomma cette aventure le "voyage à un dollar". Quelques jours plus tard, ils se retrouvèrent dans le centre-ville de Seattle avec un dollar, leur permis de conduire et un livre contenant quatre cents questions types à préparer pour les entretiens en banque d'investissement. (La période de recrutement approchait dangereusement et ils devaient réviser.) Ils n'avaient pas prévu qu'il ne ferait que quatre degrés ; ils moururent vite de froid et de faim. Ils se mirent à faire la quête.

Toute la semaine, ils dormirent dans des garages ou dans des centres d'accueil pour sans-abris et mendièrent de la nourriture, luttant pour se réchauffer. Pour Jeon, ce fut une révélation. "À Ladera Ranch comme à UCLA, j'avais toujours vécu dans une bulle, constate-t-il. Rien à voir avec le monde réel."

La semaine suivante, ils passèrent les entretiens pour les stages d'été en banque d'investissement. La transition fut difficile. Un recruteur demanda à Jeon d'estimer le nombre de balles de golf que pourrait contenir un 747. "Qu'est-ce qu'on s'en fout !" se demanda Jeon. Mais sa famille avait travaillé dur pour qu'il en arrive là. Il fit un effort de calcul mental et estima à près de quinze millions sept cent mille le nombre de balles nécessaires, à supposer qu'on ne remplisse pas les réservoirs. Quelques jours plus tard, on lui proposa un poste à BlackRock, l'une des plus grandes entreprises du monde en gestion d'actifs.

Tout l'été, Jeon passa douze à dix-huit heures par jour assis dans un box au siège de BlackRock à San Francisco. Il consacra des semaines entières à la préparation d'un rapport sur le potentiel micro- et macroéconomique du secteur des assurances maladie. Il étudia les bilans de compagnies pétrolières brésiliennes. Il laissait son esprit vagabonder. Il faisait des recherches sur Google sur les "lieux les plus intéressants du monde" et les "frontières inexplorées". Il était prêt à changer de vie.

Il fit du saut en parachute mais cela ne lui procura pas les sensations fortes escomptées. Il partit à Las Vegas le temps d'un week-end, pour un nouveau "voyage à un dollar". Il se fit passer pour un porteur de bagages au MGM Grand Hôtel, bien qu'il ne portât pas l'uniforme. Il lui suffit de saisir des valises dans des coffres et d'entraîner les clients dans les méandres déroutants du gigantesque hôtel. Au final, il parvint à récolter vingt dollars de pourboire. Il joua son argent au craps et but des cocktails gratuits dans la salle de jeux. Le lundi, il retourna chez BlackRock sans s'être lavé. Il avait les yeux chassieux et portait le même costume que le vendredi précédent. Son supérieur lui signifia que sa conduite manquait de professionnalisme. Il s'en fichait.

"Chez BlackRock, les jours se suivaient et se ressemblaient, décrit-il. Alors que pendant un voyage à un dollar, les heures s'étiraient indéfiniment. Tout gagnait en profondeur, en intensité – on devient très sensible quand on vit sans rien. Ça, c'était un investissement bien plus rentable."

Les stagiaires devaient surveiller l'impact des affaires internationales sur le cours du pétrole et sur les indices boursiers. C'est ainsi que Jeon se prit de fascination pour les rebelles qui s'armaient en Libye et pour leur débrouillardise. À l'époque, leur armée marchait sur Tripoli dans le désordre le plus complet. Les combattants étaient munis de fusils datant de la guerre froide et de mitrailleuses antiaériennes de fortune qu'ils montaient sur des pick-up. Selon Jeon, ça avait tout d'une guerre à un dollar.

Au début du mois d'août, il alla manger des sushis avec deux autres stagiaires, Astrid Fernandes et Letian Zhang. Il leur confia qu'il envisageait de se rendre en Libye pour rallier la rébellion. Il n'aurait pas d'autre occasion d'assister à un événement historique avant la reprise des cours et il avait envie de se confronter à des problèmes d'un autre genre : "Plus de PowerPoint ni de tableurs à la con", dit-il. Il voyait la Libye comme une étape logique de son parcours.

"Tu es complètement dingue ou quoi ?" lui demanda Zhang.

Zhang sortit un stylo et se mit à dessiner sur le set de table. Après avoir étudié les mathématiques à Stanford, il s'orientait vers un doctorat en sociologie et statistique à Harvard. Il établit un arbre de probabilité. Il y avait vingt-cinq pour cent de risques que Jeon soit tué par balle avant même d'arriver au front. S'il parvenait jusque-là, il y avait encore vingt-cinq pour cent de risques qu'il soit pris entre deux feux et abattu, dans la mesure où il ne parlait pas arabe et n'avait aucune idée de ce qu'il faisait. Il estima donc à cinquante pour cent le risque que son ami trouve la mort.

Jeon avait déjà l'impression de mourir.

Une semaine plus tard, il se rendit avec Astrid dans un magasin de spiritueux et acheta son premier paquet de cigarettes. Il s'imaginait que les rebelles fumaient comme des pompiers, alors il voulut s'entraîner. Son amie le regarda gratter une allumette, tirer une bouffée et être pris d'une quinte de toux.

Chris Jeon atterrit au Caire le 23 août 2011, un mois avant la reprise des cours. Ses parents croyaient qu'il allait faire du tourisme en Égypte. Il apporta un jean, trois chemises, une veste en cuir, une paire de Converse et deux préservatifs. Une fois au Caire, il sauta dans un bus qui le mena jusqu'à Saloum, à la frontière libyenne.

Des rebelles tenaient le poste de garde. Ils jouaient à FIFA sur leur PlayStation lorsque Jeon apparut. Il les salua. Ils jetèrent un œil à son passeport et s'en retournèrent à leur jeu vidéo. "OK, cool", dit Jeon. Il pénétra à pied sur le territoire libyen, sans plus de formalités.

On se serait cru sur la lune. Devant lui, un désert vide et calciné s'étendait à perte de vue. Le front se trouvait à huit cents kilomètres de là, vers l'ouest. Jeon ne connaissait pas un mot d'arabe et n'avait pas fait beaucoup de recherches sur la région. Cependant, il avait consulté la page Wikipédia consacrée à la Libye et avait visionné plusieurs reportages sur la guerre *via* YouTube. Il avait particulièrement apprécié la vidéo dans laquelle un groupe de rebelles célébrait une victoire en entonnant des chants à l'unisson – il ne se souvenait pas avoir jamais éprouvé une telle ferveur. L'emprise de Kadhafi sur le pays s'affaiblissait et les rebelles avaient pris l'avantage. Soutenus par les forces aériennes de l'Otan, les rebelles s'apprêtaient désormais à entrer dans Tripoli. Kadhafi était en cavale mais avait fait diffuser un communiqué selon lequel le gouvernement n'hésiterait pas à "transformer la Libye en un volcan de feu et de lave qui se déverserait sous les pieds des envahisseurs et AK-47 des traîtres". Jeon voulait atteindre la zone de combat avant que tout ne soit fini.

À la frontière, Jeon prit un taxi en direction de Benghazi, la capitale des insurgés. De là, il prévoyait de gagner le front en faisant du stop. Mais à quinze kilomètres de la ville, trois rebelles interceptèrent le taxi à un poste de contrôle. Ils scrutèrent l'intérieur du véhicule et firent signe à l'étranger de descendre.

Ils l'interrogèrent, et Jeon eut un mal fou à leur expliquer qu'il était étudiant, qu'il venait d'UCLA et qu'il cherchait la ligne de front. L'un d'entre eux lui demanda dans un anglais approximatif s'il était un espion nord-coréen mandaté par Kadhafi. Le taxi repartit à toute vitesse, l'abandonnant à son triste sort. Les rebelles commençaient à s'impatienter : à qui rendait-il visite ? Connaissait-il quelqu'un en Libye pouvant se porter garant pour lui ?

Durant son stage chez BlackRock, Jeon était entré en contact avec les deux seuls habitants de Benghazi inscrits sur *Couchsurfing.org*, un site pour voyageurs désirant loger chez l'habitant. Un gars lui avait répondu de l'appeler une fois qu'il serait à Benghazi. Jeon retrouva son numéro et le tendit aux rebelles. On était au beau milieu de la nuit, mais quelqu'un décrocha. Jeon entendit des éclats de voix à l'autre bout du fil. Il se dit que son aventure libyenne allait s'arrêter là. Le rebelle raccrocha.

"C'est bon, ton ami va venir", lui dit-il.

Une demi-heure plus tard, une berline BMW série 7 reluisante se présenta au point de contrôle. La radio était à fond et passait du Justin Bieber. Deux hommes partageaient le siège passager, l'un assis sur les genoux de l'autre, même s'il n'y avait personne à l'arrière. Ayman Amzain, le contact de Jeon, ouvrit la portière à toute volée et bondit au-dehors. Il avait les cheveux longs et il lui manquait les dents de devant.

"Kriiiz !" s'exclama-t-il, la voix haut perchée. Il lui fit la bise puis recula d'un pas et le jaugea du regard. "Je pensais que tu serais blond, dit-il en faisant la moue. Et peut-être plus grand."

Étudiant en médecine âgé de trente et un ans, Amzain vivait chez ses parents et rêvait de déménager à San Francisco. Il ne toucherait probablement jamais la Californie d'aussi près qu'en la personne de Jeon. La venue de ce dernier le réjouissait, au point qu'il ne voulait plus le laisser partir. Il essaya de convaincre son nouvel ami d'oublier l'idée d'aller à la guerre. Mais Jeon craqua au bout de quatre jours passés entre bars à chicha et clips musicaux.

"Je vivais dans un nuage de laque et de chansons de Justin Bieber, raconte-t-il. C'était comme si la révolution n'existait pas."

Non sans réticence, Amzain s'arrangea pour qu'un ami conduise Jeon vers la zone de combat. Il écrivit une lettre en arabe que Jeon pourrait montrer à quiconque lui poserait des questions: "Bonjour. Je m'appelle Chris. Je viens des États-Unis. S'il vous plaît, aidez-moi à rejoindre le front. Merci, et que Dieu soit loué."

Amzain fit la bise à Jeon et lui dit de revenir vite.

Début septembre, on déposa Jeon devant le portail d'une raffinerie de pétrole. On voyait que le front n'était plus très loin. Un flux continu de pick-up chargés de lance-roquettes sortait de l'usine et faisait route vers l'ouest. Tripoli était tombée mais Kadhafi était toujours en fuite et restait invaincu. À la radio ce jour-là, il s'engagea à mener une "longue guerre d'usure".

Les forces loyalistes de Kadhafi avaient concentré leur puissance de feu dans la région côtière centrale, près de Syrte, ville natale du dictateur. La révolution ne pouvait aboutir sans l'arrestation ou l'exécution de ce dernier et beaucoup pensaient qu'il se terrait là-bas. Les rebelles avançaient donc sur la ville à marche forcée.

Les pick-up qui sortaient de la raffinerie avaient tous la radio allumée à plein tube : à leur passage, les voix de Tupac et des Scorpions se superposaient aux notes stridentes de chansons arabes. À bord, les hommes portaient des tenues de camouflage vertes et, noués autour du visage, des keffiehs à carreaux rouges. Un pick-up s'arrêta et un jeune rebelle passa la tête par la fenêtre.

"Jackie Chan !" cria-t-il à l'adresse de Jeon, et il lui ouvrit la portière d'un geste vif.

"Merde, cette fois ça y est, c'est pour de vrai", pensa Jeon tandis qu'il essayait de se faire une place entre les hommes, les lance-roquettes et les AK-47. On ne lui demanda rien, ni son identité, ni la raison de sa présence. On se contenta de lui tendre une grenade, des boules Quies et une cigarette. Il se félicita de s'être entraîné à fumer.

Vingt minutes plus tard, ils rejoignirent sur le bas-côté un convoi de pick-up qui stationnait en plein désert. Soudain, un obus éclata à proximité, projetant un énorme panache de poussière dans les airs. Les rebelles du pick-up de Jeon se précipitèrent hors de la cabine, grimpèrent sur le plateau du véhicule et ripostèrent avec leur mitrailleuse de calibre .50. D'autres tiraient des balles et lançaient des roquettes. Il n'y avait aucune coordination. On prenait l'arme qu'on avait sous la main, on visait approximativement dans la direction d'où provenaient les tirs ennemis et on se défoulait. Cela n'avait rien à voir avec les vidéos de YouTube ; c'était de la folie furieuse.

Les bombes pleuvaient sur les rebelles. Cédant à la panique, ils rampèrent jusqu'à leurs véhicules et filèrent sans demander leur reste. Un rebelle posa alors la main sur la poitrine de Jeon et sentit son cœur battre à tout rompre. Tout le monde le regarda et explosa de rire. Il avait l'air terrifié.

"Tu crèches où ? demanda le rebelle.

— Nulle part, répondit Jeon.

— Pas de problème, dit-il. Tu peux rester avec nous ce soir."

À la raffinerie, les rebelles avaient réquisitionné un bâtiment neuf de deux étages. Ils y dormaient à six par chambre. Deux membres du bataillon furent fauchés par une roquette ce jour-là, ce qui libéra de la place par terre. Dans le salon, Jeon s'assit à même le sol et se présenta, mais les rebelles n'aimaient pas son prénom. Chris, c'était trop court et ça n'avait pas l'air libyen.

"On te donne nouveau nom", annonça Mohammed, un adolescent de dix-huit ans originaire de Benghazi.

Ils se mirent à débattre avec véhémence du nouveau prénom de Jeon. Enfin, le commandant Absalam, le chef du groupe, leva la main et désigna Jeon.

"Fini Chris, dit-il solennellement. Maintenant, tu es Ahmed Mougrabi Saidi Barga."

Les rebelles approuvèrent joyeusement. Chaque nom correspondait à celui d'une des tribus représentées dans la pièce. Ils l'appelleraient Ahmed.

"Ahmed, tu fumes haschich ?"

C'était le second jour de Jeon au sein du bataillon. Ils le passèrent à provoquer les loyalistes en sillonnant le désert, passant de petite ville en petite ville dans l'espoir d'attirer les tirs ennemis jusqu'à épuisement des munitions. Aucun coup de feu n'avait encore été échangé, mais la tension était palpable. Les rebelles se faisaient passer une bouteille de soda en plastique sale qu'ils utilisaient comme bang. Quand vint le tour de Jeon, il hésita. Il n'avait jamais pris de drogue. Ce fut le moment où il décida d'adopter ce qu'il appela la politique du "ouais, mec".

"Ouais, mec, dit-il, et il aspira une bouffée. Je fume du hasch."

La nuit suivante, le bataillon fit route jusqu'au bord de mer, où il s'arrêta devant une résidence de quatre étages plongée dans le noir. Le commandant Absalam pulvérisa la poignée de la porte d'un coup de feu. Ils entrèrent. On avait quitté les lieux en catastrophe. Absalam expliqua que seuls les collaborateurs du régime habitaient des maisons aussi jolies. Aussi tout ce qu'elle contenait était désormais la propriété des rebelles.

Il y avait encore des vêtements dans les placards et de la nourriture dans le frigo. Les rebelles s'en emparèrent et dévalisèrent les tiroirs. Jeon repéra une brosse à dents dans la salle de bains principale et la fourra dans sa poche. Il ne s'était pas brossé les dents depuis des jours et il entendait d'ici les réprimandes de son père orthodontiste.

Un écran plat flambant neuf trônait sur le mur du salon. Mansour, un rebelle proche de la trentaine, tendit un marteau et un AK-47 à Jeon. Celui-ci le considéra d'un air perplexe.

"C'est une bonne télé, dit-il. Pourquoi on ne la prend pas ?

— Les partisans de Kadhafi, ils ont fait du mal à mon père. Ils ont fait du mal à ma mère. Ici, on est chez des partisans de Kadhafi. Rien à foutre de leur baraque."

Jeon soupesa l'arme et balaya la pièce du regard. Les grands canapés en cuir tout neufs, les lustres au plafond : cela lui rappelait les maisons modèles de Ladera Ranch.

Il abattit le marteau sur la télé, puis braqua la mitraillette vers le plafond. Il appuya sur la gâchette et regarda les lustres éclater en morceaux et s'écraser au sol.

Le lendemain, Mansour lui offrit un fusil russe. De simple observateur, il devenait membre à part entière de la *katiba*, le mot libyen pour “brigade”. Il ne parlait toujours pas arabe mais personne ne semblait s'en soucier. Ils avaient trouvé un synthé Casio bon marché dans la maison. Lorsqu'ils n'étaient pas en patrouille, Jeon apprenait à Akram, un jeune homme maigre de dix-sept ans, à jouer du Beethoven. En échange, Akram lui montrait comment monter et démonter un AK-47. Au bout de deux jours, le Casio était recouvert de graisse, mais Akram était capable de jouer *La Lettre à Élise* et Jeon de monter son arme en moins de quatre-vingt-dix secondes.

Akram parlait anglais et voulait tout savoir de la vie de Jeon en Californie. Jeon lui montra des photos de Ladera Ranch sur son téléphone portable. Akram n'arrivait pas à y croire : c'était tellement beau, pourquoi diable quitter un endroit pareil ? Akram expliqua que sous Kadhafi, la vie en Libye était un enfer. Quelques mois plus tôt, on avait exécuté son cousin sous prétexte qu'il avait critiqué le dictateur.

“Je me bats pour mon cousin, pour ma famille, pour mon pays, affirma Akram. Je n'ai pas peur : plutôt mourir que de revivre ça.”

Peu de rebelles semblaient se préoccuper des motivations de Jeon à combattre. Seul importait qu'il le voulût. Il passait son quatrième jour avec la brigade lorsque le commandant Absalam lui dit que la mission qu'ils allaient mener était trop dangereuse. "Tu n'es pas prêt à mourir en martyr." Il le déposa dans une zone de transit rebelle, en plein désert.

Deux reporters américains, Bradley Hope et Kristen Chick, venaient d'arriver. "On n'en menait pas large, se souvient Hope. Et là, on a vu débarquer un étudiant avec un fusil et un maillot des Lakers. On n'arrivait pas à y croire."

Jeon expliqua qu'il était là pour les vacances et qu'il s'était dit que "ce serait cool de rallier les rebelles". Il ajouta que ses parents n'étaient pas au courant de sa présence en Libye et pria les journalistes de ne pas le mentionner dans leurs articles. Mais tous deux relatèrent la rencontre. (Dans The National, un journal de Dubaï, Hope écrivit: "À première vue, on aurait dit que M. Jeon s'était trompé d'embranchement sur la route de la plage ou du Santa Monica Pier.") Les parents de Jeon apprirent qu'il était en Libye lorsque des proches leur transmirent les articles en ligne. Ils se mirent à harceler les organes de presse locaux d'*e-mails* et de coups de téléphone.

"Personne ne souhaite à son fils de faire la guerre, dit le Dr Jeon. En plus, c'était bientôt la rentrée."

Une équipe de journalistes d'Al-Jazira localisa la raffinerie où Jeon logeait avec sa *katiba*. Une correspondante de la chaîne décrocha son téléphone satellite et le tendit à Jeon. Une minute plus tard, il avait ses parents au bout du fil.

“Rentre à la maison, brailla son père. Tu ne te rends pas compte de ce que tu fais.

— Je sais très bien ce que je fais”, répliqua sèchement Jeon.

Sa mère intervint. Elle pleurait. Elle était dans tous ses états. Elle le supplia de revenir à la maison. Jeon lui dit qu’il allait y réfléchir. Il raccrocha et rejoignit sa brigade.

Quelques jours plus tard, la *katiba* se rendit dans le désert pour pilonner les positions des loyalistes. Jeon était préposé aux munitions. “Ça faisait des jours que je ne m’étais pas brossé les dents, j’avais les lèvres en sang, complètement desséchées, et le visage qui pelait, mais ce n’était pas grave, raconte-t-il. C’était le bonheur – un des plus beaux jours de ma vie.”

Retranché derrière un camion, il regardait ses amis tirer, quand il entendit le sifflement d’une bombe qui approchait. Tout le monde plongea au sol pour se protéger et la terre trembla. Du sable plut sur eux et quelqu’un hurla. Lorsque Jeon se releva, il aperçut un corps mutilé et carbonisé près de l’impact. C’était Akram.

Il fixa le cadavre. Quelques nuits plus tôt, Akram avait bondi de joie après avoir joué sans faute *La Lettre à Élise*. Il n’avait que dix-sept ans. “Les salopards”, répétait Jeon. On le fit monter dans un camion et ils battirent en retraite.

Cet après-midi-là, le commandant Absalam missionna Jeon et cinq autres dans le désert pour assurer la relève à un poste de contrôle. Le trajet se fit dans le silence. Une fois sur place, ils enchaînèrent les cigarettes sans mot dire, assis sous une bâche. Il faisait plus de quarante degrés. Jeon vit trois camions surgir du mirage chaud qui se dessinait au bout de la route de l'ouest. Ils arrivaient du territoire contrôlé par Kadhafi et fonçaient sur eux. Les rebelles saisirent leurs armes, la cigarette pendue aux lèvres.

Les camions étaient tout proches. Jeon aperçut un homme se pencher par une des fenêtres et brandir une arme. Cela avait quelque chose d'irréel ; on aurait dit qu'il faisait partie du mirage causé par la fournaise. Les rebelles autour de lui se mirent à crier et il entendit des balles siffler à ses oreilles. On les attaquait.

"Bande de connards", siffla Jeon en attrapant une Kalachnikov sur le plateau d'un pick-up. Il savait comment la monter et la démonter, mais restait à en faire usage au combat. Les loyalistes sortirent de route pour cerner les rebelles et mitrailler le point de contrôle. Jeon pouvait désormais discerner leur visage. Il retira le cran de sûreté.

Une balle transperça la jambe d'un homme à ses côtés. Les détonations des armes automatiques couvrirent les hurlements. Le souffle court, Jeon surgit de derrière le véhicule, se positionna et ouvrit le feu sur un des camions qui les encerclaient. Il tira sur tout ce qui bougeait et se retrouva à court de munitions. Il rechargea. Cette fois, après avoir appuyé sur la détente, il vit la tête du passager valdinguer et du sang asperger l'intérieur de la cabine.

Les assaillants filèrent vers l'ouest après une dernière salve et le calme revint. On n'entendait plus que les gémissements des blessés. Un des rebelles s'approcha de Jeon et lui donna une tape dans le dos.

"Tu es un vrai Libyen désormais", le félicita-t-il.

Son contingent quitta le poste de contrôle à la nuit tombée et retourna à la raffinerie. Le jour déclinait. L'adrénaline retombait. Il se demanda ce qui lui avait pris. "Je ne ressentais aucun remords, précise-t-il. Mais je redoutais la réaction de mes parents s'ils l'apprenaient." Il se souvint de sa mère qui pleurait au téléphone et sa gorge se serra.

"Un problème, Ahmed ? lui demanda Abdoul Karmi, un ami rebelle.

— *Mia, mia*", lui répondit Jeon.

C'était une expression libyenne qui signifiait à "cent pour cent", que tout allait bien.

Le lendemain matin, Chris Jeon s'était décidé à retourner chez lui. Il rentrait en quatrième année et le premier semestre promettait d'être chargé – algèbre linéaire, équations différentielles, théorie des jeux. Cependant, arrivé en novembre, il n'avait pratiquement assisté à aucun cours. Il avait perdu tout intérêt pour les mathématiques et s'était détourné de toutes ses attaches ou presque. Il résidait hors du campus et restait planté dans son appartement à fumer, les rideaux tirés. Il portait en pendentif une balle d'AK-47 suspendue au cou par un collier en cuir – un cadeau de sa brigade. Il dormait toute la journée et veillait tard pour pouvoir parler à ses amis libyens sur Skype.

"Je l'engueulais parce qu'il ne me donnait plus de nouvelles et qu'il ne sortait plus", raconte McCray, l'acolyte de Jeon lors de son "voyage à un dollar" à Seattle. "Il avait disparu de la circulation."

Les parents de Jeon aussi étaient inquiets. Par peur d'une blessure au bras qui aurait mis en péril sa carrière d'orthodontiste, Peter Jeon n'avait jamais pris plus de risque qu'en jouant au golf ; il ne parvenait pas à comprendre que son fils se soit aventuré dans une zone de combat. "Tous mes amis m'ont demandé où Chris était allé se fourrer, rapporte le Dr Jeon. J'ai répondu que je n'en avais aucune idée."

Aux États-Unis, nombreux furent ceux que cette histoire horrifia. *Wired.com* accusa Jeon de "faire du combat d'un peuple pour la liberté un prétexte pour alimenter les brèves de comptoir". Le *LA Weekly* réduisit son périple à des "vacances d'été pour amateur de sensations fortes". Après tout, s'il avait vraiment voulu faire l'expérience de la guerre, il aurait pu se présenter au bureau de recrutement de l'armée. Cependant, Jeon insiste sur le fait qu'il visait à appréhender le monde dans sa réalité concrète, profonde, en se confrontant au quotidien des sans-abris comme à celui de la guerre. Par ailleurs, il avait noué des liens profonds d'amitié avec les rebelles. "Ces gens m'ont traité comme si je faisais partie de leur famille, souligne-t-il. Ils ont fait beaucoup pour moi. Je dois leur rendre la pareille." En janvier, il décrète qu'il retourne en Libye pour les vacances de printemps. Je décide de le suivre.

Avril. Le soleil se lève quand nous atterrissons à Benghazi. J'ai déjà des doutes sur ce voyage. Juste avant de monter dans l'avion, Jeon m'a demandé s'il pouvait mettre sa bouteille de vodka dans mon sac, car elle ne tenait pas dans le sien.

"Tu es sûr ? ai-je demandé.

— On est en vacances, a-t-il répondu. Ça ne posera pas de problème."

À peine débarqués, nous tombons sur un douanier à l'air sévère, assis sous un écriteau spécifiant que l'alcool est strictement interdit en Libye. Chaque bagage est passé aux rayons x. Le douanier repère vite la bouteille et entre dans une fureur noire. Sous nos yeux, il vide la bouteille dans une bonde.

Le soir, nous nous promenons jusqu'à la place de la Liberté, là où a commencé la révolution. Autour de l'esplanade, on a accroché sur les immeubles des affiches gigantesques reproduisant les portraits de rebelles morts l'arme à la main. La guerre a pris fin cinq mois auparavant. Un groupe d'hommes s'approche et nous demande qui nous sommes. Dès que Jeon se présente, ils lèvent les bras en l'air, crient et l'accolent. Ils ont tous entendu parler du jeune Asiatique venu de LA pour se battre à leurs côtés.

“Il est célèbre ici”, affirme Mohammed al-Zawwam en m'expliquant que les rebelles ont propagé l'histoire de Jeon. Âgé de vingt-huit ans, Al-Zawwam est éducateur. Sa gorge se noue tandis qu'il continue : “Les mots me manquent pour décrire ce qu'il a fait et ce que ça représente. Il s'est battu avec nous. Il a eu beaucoup de courage. Il est incroyable.”

Le soir suivant, Jeon retrouve cinq de ses amis rebelles au deuxième étage d'un bar à chicha dans la banlieue de Benghazi. La pièce est enfumée, éclairée au néon. Peu après notre arrivée, une bagarre éclate entre deux hommes près de l'entrée. L'un se jette sur l'autre et lui flanque une série de coups rapides en plein visage. Le personnel de l'établissement finit par le maîtriser. Les choses se calment et les amis rebelles de Jeon lui disent qu'il a grossi. La conversation reprend dans l'hilarité générale.

Je discute avec Ebrahem Benamer, jeune homme de vingt-trois ans qui porte la barbichette. Au début, il croyait que Jeon avait été envoyé par les forces spéciales des États-Unis pour traquer Al-Qaïda. Puis il constata qu'il ne savait pas où se trouvait le cran de sûreté sur un pistolet. Il en conclut qu'il était simplement venu pour les aider à faire la révolution.

"On pensait que les Américains ne se souciaient pas de la Libye, se souvient Benamer. Mais après avoir rencontré Ahmed, on s'est rendu compte qu'on avait tort."

Nous fumons les narguilés. Jeon se montre de plus en plus agité. Il a entendu dire qu'une compétition informelle de *drift* s'organisait sur la place de la Liberté. Il veut y jeter un œil. Quand nous arrivons là-bas, quatre bolides nous dépassent à toute vitesse en faisant des dérapages latéraux. Il y a près de mille spectateurs et aucune barrière pour protéger la foule des voitures qui exécutent leurs figures à une distance dangereusement proche. En une heure, nous assistons à deux carambolages. Un spectateur me raconte que quelques mois auparavant, un véhicule a frappé le public de plein fouet, tuant trois personnes.

Benamer veut tenter sa chance avec son pick-up, sur lequel figure encore, peint à la bombe, le blason de sa brigade. Il klaxonne pour se frayer un chemin à travers la foule, écrase l'accélérateur et se met à zigzaguer sur la place. Jeon profite d'un arrêt qu'il marque à notre hauteur pour ouvrir la portière arrière à toute volée et sauter à l'intérieur. Je lui emboîte le pas. Benamer redémarre d'un coup sec avant même que j'aie claqué la portière. Tout en me démenant pour la refermer, je remarque un AK-47 à mes pieds. On dirait bien qu'il est chargé. "Libye 2012 ! Ça, c'est du *drift* !" s'exclame Jeon à côté de moi. Il se filme avec un caméscope de poche. Benamer tourne le volant de gauche à droite, provoquant de longs dérapages plus ou moins contrôlés. Puis il accélère avant de braquer. Le virage est spectaculaire : nous l'amorçons à soixante-cinq kilomètres à l'heure, deux roues en l'air, jusqu'à ce que la voiture bascule à la renverse. Nous rampons hors de la carcasse et, dix minutes plus tard, nous sommes pris en otage.

J'ai les mains qui tremblent et j'ai du mal à respirer. La voiture est cernée par des hommes armés de mitrailleuses. Ils nous accusent d'être de la CIA, mais mon interprète est certain qu'ils veulent juste nous détrousser.

"Ce sont vraiment des sales types, gémit-il. Ils vont nous emmener dans le désert et on n'en reviendra jamais."

J'aperçois des immeubles en ruine à quelques dizaines de mètres. Peut-être peut-on arriver à s'enfuir dans cette direction. Je regarde Jeon et je le vois sourire.

"Tu as peur, mec? me demande-t-il, hilare. Tu as l'air d'avoir peur."

On dirait que ça l'amuse. J'ai envie de le secouer, de lui dire de se ressaisir. La seule chose qui l'inquiète, c'est son caméscope et la vidéo de l'accident qu'il contient. "Mec, me confie-t-il, je me suis fourré la carte mémoire dans le fion pour pas qu'ils me la prennent. Hors de question que je perde les images de notre crash."

Un autre pick-up rempli d'hommes armés s'arrête à notre hauteur. Une dispute éclate entre les nouveaux arrivants et nos ravisseurs. Mon interprète m'explique qu'il s'agit d'une milice différente. On nous conduit à un poste de milice, où l'altercation se prolonge pendant des heures. Enfin, à l'aube, on nous libère sans plus d'explications.

De retour à l'hôtel, Jeon est euphorique. Nous le sommes tous. Je redoute encore qu' une milice nous traque jusqu'à notre hôtel mais je suis aussi heureux d'être libre. Il est six heures du matin et je n'éprouve aucune fatigue. À dire vrai, je ne me suis jamais senti aussi vivant.

"Tu vois ce que je veux dire sur la Libye ? me demande Jeon. C'est génial. J'adore cette instabilité. C'est à l'opposé complet de ma vie d'avant." Cela l'oblige à ne rien tenir pour acquis, à vivre le moment présent. Je saisis la logique. Pour autant, je n'ai qu'une envie : me tirer d'ici. Je réserve un billet pour le lendemain soir, à destination d'Istanbul.

Plus tard dans la journée, une organisation pour la jeunesse lance un appel à manifester dans le centre-ville de Benghazi. Les protestataires exigent que le gouvernement de transition rende compte de son usage des bénéfices du pétrole. Jeon annonce qu'il souhaite prendre part au cortège afin de montrer son soutien à la nouvelle Libye. Je pars le rejoindre et l'aperçois dans la foule. Il tient au-dessus de sa tête une pancarte avec des inscriptions en arabe. Ils sont en pleine rue et des voitures passent entre les manifestants en klaxonnant. Je demande à Jeon ce qui est écrit sur la pancarte.

"Aucune idée, dit-il en me rappelant qu'il est incapable de lire l'arabe. Je l'ai attrapée en passant."

Il quitte le défilé mais continue de brandir fièrement la pancarte tandis que nous déambulons dans les rues. Je lui conseille de la ranger, maintenant que nous ne sommes plus protégés, si l'on peut dire, par le cortège.

"Tu ne sais pas ce qui est écrit là-dessus, ni comment les gens vont y réagir, dis-je en m'arrêtant sur le trottoir.

— Tout est une question de risque et de profit, rétorque-t-il.

— Exactement ! m'écrié-je tandis que des passants nous regardent avec suspicion. Tu prends plus de risques que tu ne peux espérer de profit.

— Tu n'as pas idée du profit que je pourrais tirer de cette pancarte. Peut-être qu'il va m'arriver quelque chose de cool grâce à elle. Ça vaut le coup de prendre le risque."

Je me dépêche de retourner à l'hôtel et de faire mes bagages. Alors que je règle la note à l'accueil, j'aperçois Jeon dans le hall d'entrée. Il vient d'apprendre qu'il y a des pêcheurs dans le coin qui jettent des explosifs dans l'eau et récupèrent les poissons à la surface.

"Je vais tenter le coup, dit-il, l'air radieux. Il n'y a plus qu'à trouver quelqu'un qui me vendra de la dynamite."

Arab Spring Break
a été traduit de l'anglais (États-Unis)
par Louis Armangaud Wurmser.
Le texte a paru pour la première fois
dans *Men's Journal* en septembre 2012.

Adam Green

LE ROI DES PICKPOCKETS

Approcher les corps au plus près pour les voler est un savoir-faire qu'Apollo Robbins maîtrise sans pareil. Dans les cercles de magiciens, de pickpockets et autres prestidigitateurs, cet esthète qui excelle dans l'art du vol à la tire est devenu une légende. À tel point qu'experts militaires et neurologues n'ont pas hésité à faire appel à son talent pour approfondir leur connaissance de la nature humaine. Réussir le bon geste ne vise, pour Robbins, qu'à ravir la reconnaissance de ses victimes.

C'est à Las Vegas il y a quelques années de cela que, au cours d'un congrès de magiciens, Penn Jillette, du duo d'illusionnistes Penn & Teller, rencontra pour la première fois Apollo Robbins. Ce jeune homme à la voix douce jouit d'une réputation de pickpocket aux dons quasi surnaturels. Jillette, également pickpocket – se situant selon lui "quelques crans en dessous des hypnotiseurs sur l'échelle du métier" –, tenait salon, entouré de quelques collègues. À un moment, l'air blasé, il demanda à Robbins de faire une démonstration. Ce dernier, arguant qu'il ne se sentait pas à l'aise à l'idée de travailler devant d'autres magiciens, déclina la proposition. Jillette portait pour tous vêtements un short et un polo, souligna Robbins, cela ne lui laissait donc pas beaucoup de marge de manœuvre.

"Allez ! insista Jillette, pique-moi quelque chose."

Robbins déclina à nouveau, mais proposa à la place d'exécuter un tour. Il demanda à Jillette de placer la bague qu'il portait au doigt sur une feuille et d'en dessiner les contours au stylo. Une petite foule s'était à présent rassemblée autour d'eux. Jillette retira sa bague, la déposa sur le papier, sortit un stylo de la poche de son polo et se pencha, prêt à dessiner. Un instant plus tard, il se raidit et leva la tête, le visage pâle.

"Et merde, tu...", lâcha-t-il en s'affalant sur sa chaise.

Robbins brandit alors entre ses doigts un objet fin et cylindrique : la cartouche d'encre du stylo de Jillette.

Robbins a trente-huit ans et vit à Las Vegas. C'est un singulier artiste de variété, d'un genre hybride, connu dans le milieu comme pickpocket de scène. Il est largement considéré par ses pairs comme le plus doué du métier. Un métier qui consiste à subtiliser des objets se trouvant dans des vestes, des pantalons, des sacs, autour des poignets, des doigts, des cous, pour finalement les restituer de façon amusante et surprenante. Robbins travaille en douceur et en toute discrétion. Quelque chose en lui, qui relèverait du manque d'assurance, viendrait presque contredire ses talents pour le vol. Et on a l'impression qu'il pourrait facilement prospérer du côté de l'illégalité. "Au fond de soi, il n'y a qu'une seule question qui tient, aime-t-il souvent à répéter en exhibant un portefeuille ou une montre qu'il vient juste de subtiliser : suis-je suffisamment payé pour pouvoir le rendre ?"

En plus de dix ans de carrière d'artiste à plein temps, Robbins a volé (et restitué) des quantités de choses, dont des objets appartenant à des grands noms du monde du spectacle (Jennifer Garner, actrice : bague de fiançailles), du sport (Charles Barkley, ancienne star de la NBA : liasse de billets), des affaires (Ace Greenberg, ancien président de la banque d'investissement Bear Stearns : une montre de la marque Patek Philippe). Il est probablement plus connu pour sa rencontre en 2001 avec un détachement des services secrets de Jimmy Carter. Alors que Carter dînait, Robbins engagea la conversation avec plusieurs de ses hommes. En quelques minutes, il avait vidé les poches des agents de pratiquement tout ce qu'elles contenaient, excepté les armes. Quand Robbins brandit un exemplaire de l'itinéraire de Carter, un des agents le lui arracha des mains en lançant : "Vous n'êtes pas autorisé à voir ce document !" Lorsque l'agent s'enquit de son badge, Robbins le présenta et le lui tendit. Puis il se tourna vers le chef du détachement et lui rendit sa montre, son badge et les clés des véhicules du cortège.

Dans le monde de la magie, Robbins est considéré comme une sorte de légende ; même si, globalement, comme me l'a confié le magicien Paul Harris, il reste "le secret le mieux gardé de la ville". Cependant, au-delà des limites de ce cercle, son talent commence à faire parler de lui. Récemment, des psychiatres, des chercheurs en neurosciences et l'armée ont étudié ses méthodes et ce qu'elles révèlent sur la nature de la concentration chez l'homme. Teller, un bon ami de Robbins, pense que bientôt, son talent sera reconnu. "La popularité du crime en tant qu'élément romantique est importante en Amérique. Et Apollo joue là-dessus, explique-t-il. Si on y pense, la magie partage en essence beaucoup des caractéristiques de l'activité criminelle : on ment, on triche, on essaye de ne pas se faire prendre – mais tout ça se passe sous les feux des projecteurs. Quand Apollo entre en scène, on a l'impression qu'il pourrait très bien avoir un pied dans la réalité. Le moindre délit devient acte artistique."

J'ai rencontré Robbins pour la première fois à Las Vegas. Il m'a invité à l'hôtel-casino Rio pour assister à un de ses spectacles déambulatoires pour les entreprises. En me serrant la main, il me jauge d'un œil attentif, sourit et dit : “Bonjour, monsieur.” (Il s’adresse ainsi à tout homme.) Malgré la chaleur, il est entièrement vêtu de noir (veste, chemise, cravate, pantalon, mocassins). “C’est un peu mon signe distinctif”, précise-t-il avant d’expliquer que, s’il devait devenir un vrai pickpocket, il porterait des “vêtements plus chic” pour se fondre dans le monde de la nuit de Las Vegas. Robbins est petit et trapu, et, sous l’apparente douceur de quelques kilos en trop, il possède la physiologie sèche d’un acrobate. Ses traits sont vivants et expressifs, ses joues saillantes, ses sourcils arqués, ses oreilles pointues. Il a les cheveux châtains et ébouriffés, et une mouche sous la lèvre inférieure. Ses mains sont fines, délicates et manucurées, ses doigts effilés, seulement marqués par une cicatrice à son annulaire droit – elle date de ses dix-huit ans, époque à laquelle il s’essayait au jonglage avec un service de couteaux à viande dans un restaurant japonais.

Une fois arrivé au Rio, Robbins jauge la scène avec l’œil appréciateur d’un joaillier à l’œuvre. Quelques dizaines de quadragénaires, hommes et femmes confondus, et un groupe de représentants commerciaux accompagnés de leurs clients boivent un verre en dégustant des crevettes dans le patio, au soleil couchant. On a informé Robbins qu’ils seraient en tenue décontractée. La plupart des femmes arborent décolleté coloré, pantalon blanc moulant et mules. Seuls quelques hommes portent une veste. “Ça va être intéressant, dit Robbins. OK, c’est l’heure d’aller faire son marché.” Robbins parcourt la foule, souriant et acquiesçant, posant une main sur une épaule par-ci, effleurant un coude par-là. De temps en temps, il laisse le bout de ses doigts frôler la poche de quelqu'un ; "une méthode appelée technique de l'éventail". "Il a un portable, des clés et peut-être un peu de liquide dans sa poche avant droite, me murmure Robbins tout en m'indiquant un homme. Ma méthode, c'est de dresser un inventaire, d'avoir une vue d'ensemble et une impression sur tous ceux qui se trouvent là, pour pouvoir décider du sort que je vais leur réserver. Je suis un musicien de jazz – il faut que j'improvise avec ce que j'ai sous la main."

Une fois son tour du patio fini, son attitude change : il se montre plus dynamique et espiègle, ses mouvements paraissent plus gracieux, presque stylisés. Plus tard, il me confie utiliser ses missions de repérage pré-spectacle pour progressivement entrer dans la peau de son personnage de voleur. "Normalement, lorsque je ne suis pas sur scène, que je ne dérobe pas, je doute de moi, je ne me fais pas confiance, dit-il. Mais, une fois dans la peau du personnage, je deviens invincible."

Robbins commence par engager la conversation avec un duo de directeurs de vente prénommés Suzanne et Josh.

"Vous faites quoi comme métier ? demande Suzanne.

— Je suis spécialisé dans les futurs objets de deuxième main – des objets qui ont déjà appartenu à quelqu'un. Je suis pickpocket."

Josh et Suzanne gloussent nerveusement.

"Ne vous inquiétez pas, je rends tout au propriétaire – c'est l'une des conditions de mon contrat. Vous avez dit que vous vous appeliez Josh?

— C'est exact.

— Je vous crois. Josh, pourriez-vous venir là, juste à côté de moi ?"

Robbins guide Josh par le coude pour le conduire à sa droite et, alors que plusieurs personnes se regroupent autour d'eux pour voir, il met son bras autour de ses épaules.

"Détendez-vous, poursuit Robbins. Je ne vais pas réellement mettre ma main dans votre poche – je ne me sens pas prêt à m'engager de la sorte avec vous. Car voyez-vous, lors de mon dernier spectacle, un homme avait un trou dans sa poche, et cela a été une expérience assez traumatisante pour moi." Robbins fronce le sourcil gauche et sort une pièce d'un dollar de sa poche. "Je vais à présent vous demander de garder cette pièce, et nous verrons bien si j'arrive à vous la voler." Robbins demande à Josh de tendre son bras gauche à hauteur d'épaule, paume de la main tournée vers le ciel.

"OK, je mets ça dans votre main, et vous, vous fermez le poing. Vous seriez impressionné si j'arrivais à extraire la pièce de votre main ? Dites oui.

— Oui.

— Moi aussi. OK, ouvrez la main."

Josh s'exécute. Robbins s'empare de la pièce restée dans la paume de Josh et ajoute "Merci beaucoup". Il sourit. "OK, on réessaye."

Robbins place la pièce dans sa propre main, la ferme, et demande à Josh d'agripper son poignet. Lorsque Robbins desserre les doigts, la pièce a disparu. Josh rit. "Elle n'est pas dans ma main – c'est impossible qu'elle s'y trouve. Et vous savez pourquoi? Parce qu'elle est sur votre épaule gauche." Josh est de plus en plus ébahi à mesure que Robbins fait disparaître et réapparaître la pièce – sur l'épaule de Josh, dans sa poche, sous le bracelet de sa montre. En parallèle, Robbins se met aussi à dérober les affaires de sa victime : sa montre semble glisser de son poignet, et Robbins la fait réapparaître dans le dos de Josh, aux yeux de tous. Puis il s'empare de son portefeuille, de ses lunettes de soleil et de son téléphone.

Robbins danse autour de ses victimes, les place en douceur à certains endroits, évolue avec légèreté dans leur espace privé. Lorsqu'elles finissent par comprendre ce qui vient de se passer, Robbins se tient là, immobile, l'air de dire : "Je sais ce que tu ressens." Les improvisations les plus simples de Robbins ont la dimension onirique d'une rencontre fortuite qui, imperceptiblement, tournerait mal.

Il engage la conversation avec un jeune homme qui lui dit : "Ensuite on va assister au spectacle de Penn & Teller.

— Ah, alors vous aurez sans doute besoin de ça", répond Robbins en lui tendant deux tickets qui se trouvaient quelques instants plus tôt dans le portefeuille du jeune homme.

Une fois Robbins dans son élément, on commence à se dire que seule une capacité à défier le temps peut expliquer ses actes. Pendant le spectacle, au Rio, le téléphone portable d'un homme disparaît de sa veste, remplacé par un morceau de poulet frit. Les cigarettes d'un paquet placé dans la poche avant de la chemise d'un type se retrouvent en vrac dans la poche latérale d'un autre. La bague de fiançailles d'une femme disparaît de son doigt avant de réapparaître accrochée à un porte-clés situé dans le pantalon de son mari. Le permis de conduire d'un autre s'évanouit de son portefeuille pour resurgir dans un paquet de M&M's toujours scellé, à l'intérieur du sac de sa femme.

Après le spectacle, Robbins et moi allons dîner au bar. “Beaucoup de tours de magie sont conçus dans le but de plaire visuellement au public. Mais je préfère essayer de jouer avec leur esprit, leur humeur, leur perception, me dit-il. Je n’essaye pas de les heurter ou de les dérouter en leur proposant un puzzle, juste de jouer avec leur cartographie de la réalité.”

Selon la plupart des ouvrages, le premier à avoir placé l’art de faire les poches au centre de ses spectacles était un magicien anglais d’origine française du nom de Fred Brezin. Il commença à se produire à Londres en 1906, se présentant comme “le premier véritable pickpocket”. Adolph Herczog, juif hongrois officiant sous le nom de scène de Dr Giovanni, défraya la chronique en Angleterre dans les années 1920 en dérobant au prince de Galles lui-même une épingle de cravate, avant de devenir une figure emblématique du monde de la nuit aux États-Unis. L’âge d’or des spectacles de pickpockets correspond à la fin de la Seconde Guerre mondiale. Son représentant de loin le plus célèbre, un Serbe aux cheveux en bataille, se nommait Borislav Milojkowic. Sous son nom d’artiste, “Borra, roi des pickpockets”, il devint la star des night-clubs et des cirques de toute l’Europe. Il réussissait à dérober des lunettes à une victime sans que cette dernière ne s’en rende compte. Robbins, qui a passé au crible des vidéos montrant les tours de Borra, reconnaît en lui une âme sœur. Il a incorporé dans ses spectacles le coup du vol des lunettes, non sans ajouter un rebondissement improbable : ce sont des lunettes de soleil qui réapparaissent.

Si tant est que les gens imaginent les pickpockets s'entraîner, ils ont sans doute en tête l'image des gamins d'*Oliver Twist* aux visages noirs de suie rassemblés dans la tanière de Fagin, et qui s'entraînent à piquer des montres à gousset dans les gilets des messieurs. Une école semblablement obscure, l'école des Sept-Carillons, est supposée exister quelque part en Colombie : l'examen final consiste à tester la capacité des élèves à dérober sans un bruit des objets placés dans une veste truffée de grelots. Mais Robbins est un autodidacte, et son dévouement aux études est quasi monastique. Chaque instant passé à autre chose qu'à affiner sa technique, ou à approfondir sa connaissance de la nature humaine et des moyens de l'exploiter, équivaut, pour lui, à du temps perdu.

Dans cette volonté d'améliorer ses compétences, Robbins a fini par assimiler des techniques provenant de champs aussi variés que l'aïkido, la vente ou les danses latines de salon. C'est un amateur d'ouvrages tels que *Influence : la psychologie de la persuasion*, de Robert B. Cialdini, et de littérature noire. Le livre qui l'a le plus marqué est une édition de poche datant de 1964 et intitulée *La Petite Pègre : une corrélation entre l'argot technique des pickpockets et leurs types de comportement*. Cet ouvrage a été écrit par David W. Maurer, un professeur d'anglais qui dédia sa vie à l'étude de la sous-culture des bas-fonds avant, semble-t-il, de se donner la mort en 1981. Robbins a adoré la vivacité du jargon de la profession repris dans l'ouvrage, et il continue d'essaimer ses conversations de termes tels que “valade” (poche), “grinchir à la fourche” (voler en explorant les poches), “brûler le pégriot” (faire disparaître les traces d'un vol), et "balancer ses alènes" (renoncer au vol). En lisant les méthodes des pickpockets de rue, Robbins a eu le plaisir de découvrir qu'il avait intuitivement adopté les mêmes.

Les pickpockets de rue agissent généralement en bande, qu'on nomme communément "basse pègre" ou "petite pègre". Le "charrieur" choisit la victime, généralement désignée sous le terme de "pante", de "bon à faire" ou de "pigeon". Mais cette dernière peut aussi être définie par des termes rappelant son appartenance à des sous-catégories, telles que "biffard" (bourgeois) ou "pépé" (personne du troisième âge). Le "mouton" ou "jardinier" lie conversation avec la victime, détourne son attention, peut-être la fait-il trébucher, ou bien lui demande-t-il son chemin, ou encore lui renverse-t-il quelque chose sur ses habits. "L'hirondelle" voltige autour d'elle, lui bloque la vue, parfois à l'aide d'un objet, un journal par exemple. Le "tireur" s'empare de son portefeuille et le refile à un "nonneur", qui déguerpit au plus vite avec, laissant le lieu, souvent hautement fréquenté, aussi calme qu'il l'a trouvé. Robbins m'explique qu'en réalité le processus est bien plus fluide – les membres de l'équipe jouent souvent plusieurs rôles. La scène ressemblerait donc moins à cette succession d'événements qu'à ce qu'il appelle une "convergence synchronisée", comparable à une offensive bien menée sur un terrain de football américain.

Si l'on peut établir un parallèle entre une bande de pickpockets et une équipe de foot américain, alors l'équivalent du *quaterback* star est "l'aigle blanc", un terme honorifique généralement réservé aux faucheurs suffisamment doués pour exécuter leur coup sans l'aide d'une équipe. Ces voleurs solitaires sont aussi appelés “ermite”, “philosophe” ou “mangeur de chou”. Robbins est un philosophe. Il endosse à lui seul les rôles de charrieur, de jardinier, d’hirondelle, de tireur et de nonneur. Mais, contrairement aux criminels de rue, il fait savoir à ses victimes qu’il va leur faire les poches.

Un jour, attablé à déjeuner dans un restaurant vietnamien d’un centre commercial de Las Vegas, Robbins me choisit pour démontrer sa méthode. “Quand je serre la main de quelqu’un, j’exerce avec mon index et mon majeur une infime pression sur son poignet et j’en profite pour diriger la personne sur ma gauche, dit-il, joignant le geste à la parole. Cette manière de mener l’autre provient en fait d’un pas de salsa. Je découvre alors à quel genre de partenaire j’ai affaire. Je sais aussitôt que s’il suit ce mouvement, je pourrai en faire ce que je veux.” Robbins a besoin de s’approcher de ses victimes sans les alarmer. “Si je m’avance comme ça, de front, dit-il en faisant quelques pas vers moi, je vais faire éclater ta bulle d’espace privé bien trop brusquement. Et ça va te mettre mal à l’aise.” Il recule d’un pas. “Ma technique consiste donc à te donner un objet sur lequel te concentrer, disons une pièce de monnaie. Et puis je romps le contact en baissant les yeux, et je pivote autour de l’objet, en suivant la courbe d’un arc, ou d’un demi-cercle, jusqu’à ce que je rentre dans ton espace.” Il fait une démonstration et finit par se retrouver à mes côtés, épaule contre épaule, les yeux levés, la tête tournée et penchée vers moi, l’air innocent. “Tu as vu comment j’ai réussi à abolir la distance ? dit-il. Ton radar n’a pas pu me détecter et maintenant, j’ai accès à toutes tes poches.”

Découvrir les composantes d'un tour de magie est souvent décevant. On se rend compte alors que ça n'a rien de vraiment magique. Mais avec Robbins, le résultat et la méthode ne font qu'un. Et comprendre la façon dont il commet ses "vols" est tout aussi impressionnant que voir, ou ne pas réussir à voir, l'action elle-même. Chaque geste s'harmonise parfaitement avec le suivant, sans un pas de trop, sans une fioriture. Lorsqu'il place son bras dans une certaine position, ce n'est jamais accidentel : il bloque la vue de sa victime, la neutralise, ou plaque un instant un portefeuille en le fixant contre son corps.

Robbins me dit préférer se servir des opportunités offertes par les propres mouvements de ses victimes plutôt que de les créer seul. Il me fait une démonstration de ce principe, et commence par me demander de placer mon portefeuille dans la poche intérieure de ma veste. "Donc ton portefeuille est dans ta poche ?" dit-il en ouvrant les pans de ma veste.

Je vérifie. Il s'y trouve bien.

"OK, parfait. À présent je vais pincer le porte feuille entre mon index et mon majeur, et au moment où je vais refermer la veste et te faire pivoter sur la droite, il va glisser en dehors." Tout en parlant, Robbins me fait ainsi tourner, puis pose sa main droite sur mon épaule. "Dans le cas où tu aurais pris le portefeuille, c'est à ce moment-là que tu l'aurais fait, pendant que je pivotais ?" dis-je. Robbins avance alors sa main pour me montrer qu'il tient mon portefeuille entre ses doigts. Même s'il a tout expliqué étape par étape, je n'ai rien senti. Mais la technique physique, souligne Robbins, est simplement un outil. "Tout dépend de la structure chorégraphique de l'attention des gens, dit-il. L'attention, c'est comme de l'eau. Ça ruisselle. C'est liquide. On creuse des rigoles pour la détourner et on espère qu'elle coulera comme il faut."

Robbins a recours à de nombreuses métaphores pour décrire sa manière de travailler avec l'attention : "surfer sur l'attention", "découper l'attention en parts de tarte" et "cadrer". "J'utilise 'cadrer' de la même manière qu'un réalisateur de film ou un cameraman, dit-il. Si je penche mon visage à proximité de quelqu'un, comme ça – il s'exécute –, c'est comme un gros plan. Toute son attention est tournée vers mon visage, et ses poches, surtout celles du bas de son corps, sont hors champ. Si je veux détourner son attention des poches de sa veste, je peux dire : 'Vous aviez un portefeuille dans votre poche arrière. Est-ce toujours le cas ?' La personne se concentre alors sur sa poche revolver, ou bien ses pensées sont court-circuitées l'espace d'une seconde, et je suis libre de faire les poches de sa veste."

Orchestrer tout ceci relève de ce que Robbins, empruntant le terme à Maurer, appelle "le sens de l'escroquerie". "C'est en gros notre sixième sens, me dit-il. Cela revient à être capable de sortir de soi-même, et de réussir à voir à travers les yeux de l'autre, à penser comme lui. Mais tout cela se passe à un niveau inconscient. Je peux analyser ma façon de faire les choses, mais l'action elle-même – lorsque les synapses se connectent –, je ne peux l'expliquer."

Apollo n'est pas le véritable prénom de Robbins ; il s'agit d'un surnom qui date de ses années de lycée, époque durant laquelle il se baladait toujours avec un frisbee jaune modèle Apollo qu'il faisait tourner au bout de ses doigts. Il le prit comme nom de scène lorsque, adolescent, il se mit à proposer des spectacles de magie. Il abandonna rapidement son vrai prénom, qu'il m'a demandé de ne pas révéler. "C'est un cocon duquel je me suis échappé", m'a-t-il expliqué.

Robbins est né en 1974 à Plainview, au Texas, mais il a grandi dans le Missouri, à Springfield. Ses parents, Larry et Betty, se sont rencontrés dans une petite église baptiste à Enid, dans l'Oklahoma, où Larry officiait parfois comme pasteur. Betty était en école d'infirmière, veuve et mère de trois enfants, et elle assistait aux services. Larry et Betty décrivent la naissance de leur fils comme "un miracle divin". Ils racontent que les médecins découvrirent chez Betty une tumeur à l'utérus, et l'avertirent qu'elle risquait de mourir en couches. L'enfant, s'il survivait, serait sans doute infirme ou présenterait des lésions cérébrales. Les médecins prônaient un avortement, mais Larry et Betty refusèrent. Larry m'a confié : "J'ai réalisé que Dieu avait un dessein précis pour mon fils."

À la naissance, Robbins souffrait de graves déficiences motrices. Ses jambes étaient arquées et ses deux pieds tournés vers l'intérieur. Les médecins prédisaient qu'il ne marcherait jamais normalement, et qu'il n'aurait pas non plus un plein usage de ses mains. Lorsqu'il était encore tout petit, on prescrivit à Robbins le port d'une des premières séries d'orthèses en métal et en cuir. Les rééducateurs l'aidèrent à marcher sans trébucher, et lui apprirent des exercices pour développer sa coordination, en particulier celle de ses mains.

Lorsque Robbins eut quatre ans, Larry quitta son emploi et installa sa famille à Springfield, où il enchaîna une série de petits boulots. Une année, se souvient Robbins, un journal local fit leur portrait dans le cadre d'un article présentant les familles les plus nécessiteuses de la ville. Mais c'est avec tendresse qu'il se rappelle cette période. Il se souvient de son père lui racontant les histoires d'Huckleberry Finn, de Zorro ou de Spiderman, et le laissant dessiner à l'église, ce qu'il parvenait à faire en tenant des deux mains le stylo.

À cinq ans, Robbins put retirer les orthèses destinées à ses jambes et, avec l'âge, il acquit une dextérité étonnante. Il devint un artiste et un dessinateur de BD talentueux. Il étudia les arts martiaux, apprit seul à faire du monocycle, à cracher du feu et à jongler, jusqu'à savoir maintenir cinq balles dans les airs en même temps.

Robbins aime à dire qu'il a grandi dans un oxymore, entre un père pieux et deux demi-frères escrocs. Ces derniers, adolescents à la naissance de Robbins, apprirent de la bouche d'un de leurs oncles les bases du vol à la tire et à l'étalage. Ils furent ensuite impliqués dans des crimes plus sérieux. Ils partagèrent leurs connaissances et leur vision du monde avec Robbins, qui se mit, au collège, à piquer dans les magasins (tout en étant chef de l'équipe "Quiz sur la Bible" de son église, qu'il mena jusqu'aux championnats régionaux). Un jour, après avoir volé un paquet de cigarettes dans une épicerie, le responsable le coinça. Jouant l'innocent, il cacha le paquet sous son bras pendant que l'autre le fouillait. Puis il écarta discrètement son bras, réceptionna le paquet dans sa main et, profitant d'un moment d'inattention de l'épicier, le glissa dans la poche du tablier de ce dernier. À la même époque, il se mit à fuguer et sécher les cours. Robbins se souvient de son père, convaincu que son fils était possédé par Satan, le clouant au sol et essayant de le délivrer du diable.

À quinze ans, après avoir assisté, dans une foire, à un spectacle de magie, Robbins se mit à sérieusement étudier cette discipline. Il perfectionna sa technique en se produisant dans plusieurs restaurants du coin. Il préféra ne pas avoir recours aux accessoires habituels du métier, choisissant de travailler à partir de tout ce qui lui tombait sous la main. C'est ainsi qu'il découvrit tout le potentiel de divertissement secrètement contenu dans le fait de mettre – ou de prendre – des choses dans les poches des gens.

Au cours de sa dernière année de lycée, Robbins sortit avec la fille d'un pasteur de la région, et elle tomba enceinte. Après de nombreuses et obscures tractations, ils se marièrent. Sur les photos de la noce, la peau de Robbins est abîmée, brûlée, résultat d'une séance passée à cracher du feu la semaine précédente, au cours de laquelle il s'enflamma le visage. Au lieu de téléphoner aux pompiers, il appela un clown du cirque voisin familier de l'exercice pour qu'il vienne l'aider. Après la naissance de son fils, Robbins arrêta ses études et trouva un travail d'illustrateur pour textes religieux. Mais rapidement, l'inquiétude le gagna et il démissionna. Il se mit à lire des ouvrages sur le développement personnel, les techniques commerciales, et s'essaya à la vente par téléphone. “Tout le monde disait : ‘Il est incroyablement volage – il passe d'un job à l'autre', se souvient Robbins. Mais je prenais ce dont j'avais besoin puis je partais. Je me disais que je n'avais pas tant de temps que ça."

À vingt-deux ans, il décida d'installer sa jeune famille à Las Vegas et de se consacrer à plein temps à la magie. Les choses commencèrent mal. Le premier jour, on le braqua avec une arme, et, pendant plusieurs semaines, il réussit à peine à nourrir sa famille. Il commença à travailler pour une chaîne de magasins de magie, réalisant des travaux de graphisme et des démonstrations de tours. Rapidement, son mariage échoua et sa femme partit s'installer dans le Dakota du Nord, emmenant leur fils avec elle. "Je crois que j'ai fait une sorte de dépression nerveuse, raconte Robbins. Je me suis mis à bégayer. Je croyais que ma vie était finie." Pour trouver des fonds, il vendit sa collection de livres de magie.

Un jour, Robbins reçut un appel du directeur chargé des animations pour le Caesars Magical Empire, un fabuleux cabaret (aujourd'hui disparu) sur le thème de la Rome antique, qui se trouvait au Caesars Palace. Il lui offrit de remplacer un magicien pendant deux semaines. Son premier soir, une femme dans le public à qui il n'avait rien volé cria : "Mes bagues ! J'avais un diamant et un saphir – où sont-ils passés ?" La femme et son mari accostèrent Robbins et le menacèrent d'appeler la sécurité de l'hôtel.

"Ne partez pas, dit Robbins calmement. Allons-y ensemble, parce que si j'avais vos bagues, je pourrais facilement m'en débarrasser pendant votre absence. Demandons-leur de me fouiller sous vos yeux."

Il poursuivit d'un ton réconfortant: "Je sais ce que vous ressentez. Une fois que nous aurons éliminé la possibilité que je vous aie volé vos bijoux, vous serez ensuite en mesure d'y voir plus clair et nous pourrons comprendre ce qui s'est passé."

"J'utilisais là une vieille méthode commerciale, appelée 'Sens, ressens, repère', qui consiste à compatir avec le client, m'explique Robbins. Et la technique qui conseille de ne jamais verser dans le négatif, d'acquiescer et d'approfondir à la place."

Pendant qu'on fouillait Robbins, la femme alla vérifier dans sa chambre et découvrit qu'elle avait laissé là ses bijoux. C'est ainsi que Robbins se vit offrir son premier CDI.

Il décrit ses années au Caesars Magical Empire, où il a travaillé de 1998 à la fermeture en 2002, comme "sa formation pré- et postuniversitaire" dans l'art d'escamoter. Son travail consistait à revêtir un costume de magicien et à divertir pendant sept minutes les touristes attendant d'être conduits à leur table par des hôtesses en toge. "J'ai décidé de ne pas faire de tours de magie – juste du vol, me dit Robbins. Ainsi, je travaillais sans filet." Il estime avoir rencontré vingt-quatre personnes à chaque numéro, et avoir volé quelque chose à trois d'entre eux. À base de six numéros par heure, cinq heures par jour, cinq jours par semaine, quarante semaines par an, cela amène à un total minimum de quatre-vingt-un mille poches piquées. "C'était une expérience d'apprentissage intensif", admet-il.

Rapidement, des magiciens de tout le pays se mirent à venir le voir travailler, et, lorsqu'ils l'interrogèrent sur ses méthodes, Robbins réalisa qu'il n'avait rien à répondre. "Ça m'embêtait vraiment, je voulais être capable d'expliquer ma démarche." Il s'inquiétait aussi de savoir si sa quête pour comprendre ce don était entravée par son impossibilité à comparer ses notes avec celles de vrais pickpockets. Il commença alors à se plonger dans toute la littérature existant sur le sujet. "Un jour, un vrai pickpocket d'Amérique du Sud est venu voir mon spectacle au Caesars, raconte Robbins. À la fin, il m'a accosté et m'a dit : 'Tu es comme un frère pour moi. Je suis si fier que tu aies trouvé un moyen pour faire de ce don quelque chose de positif.' Il était persuadé que j'étais un vrai voleur. Ensuite, il m'a montré plusieurs astuces pour dérober des trucs, c'était génial."

Après la fermeture du Caesars Magical Empire, Robbins décida de se présenter uniquement comme pickpocket. On lui proposa rapidement de se charger du divertissement dans des entreprises. Arrivé à l'âge de trente ans, il était devenu à Las Vegas une figure incontournable du monde de la prestidigitation. Teller lui organisa une fête d'anniversaire à laquelle les plus grands magiciens du monde assistèrent. À cette occasion, en considérant autour de lui tous ces hommes qui, un jour, l'avaient inspiré, Robbins réalisa qu'il faisait à présent partie des leurs. "Pour la première fois de ma vie, j'avais l'impression d'avoir trouvé ma place", me confie-t-il.

Aujourd'hui, Robbins gagne bien sa vie, principalement en se produisant dans des entreprises situées à Las Vegas et ailleurs dans le pays, ou en faisant du conseil pour différents clients. Mais, de temps en temps, il se demande comment il pourrait toucher un public plus large. Ses amis, eux aussi, ont le sentiment que ses dons surnaturels le destinent à accomplir de plus grandes choses. Jillette pense que Robbins doit encore trouver le bon moyen d'exercer ses talents. "Mon conseil à Apollo ? Peu importe le nombre de tours que tu peux exécuter. La vraie question, c'est : comment faire pour qu'en sortant de ton spectacle je sois devenu un autre homme ?"

Il y a quelques années, Robbins a soudain eu l'idée de monter une vraie pègre : une bande d'escrocs repentis, de magiciens et de flics qui formerait une sorte de groupe d'experts et donnerait des conférences ou des consultations sur l'art de l'escamotage, de l'escroquerie, des paris véreux, de la fraude et de l'illusion. Un matin d'hiver, Robbins et moi prenons la direction du nord de Las Vegas – quatre heures et demie de route, à travers le désert – pour se rendre au Tonopah Conservation Camp, une prison à sécurité minimale où un pickpocket du nom de Gary Scott purge sa peine. Robbins a vu une interview de lui dans une émission de la NBC. Des images de caméras de surveillance le montraient dans un ascenseur en train de voler dans le sac d'une femme. "J'ai bien aimé la façon dont il n'a eu recours à aucun subterfuge pour commettre le vol, alors qu'il aurait pu, se souvient Robbins. Et pendant l'interview, il utilisait des termes tels que 'aigle blanc' et 'hirondelle', ce qui m'a beaucoup plu."

Scott, un mètre soixante-cinq, quatre-vingt-quinze kilos, possède une allure mémorable. J'ai plus tard entendu plusieurs personnes le comparer à une boule de bowling. Ses cheveux sont nattés en tresses africaines, et il boitille. Il n'a clairement aucune idée de la raison de notre présence, mais cela n'a pas l'air de le gêner. Il parle un rude mélange d'argot urbain et de vieux jargon des voleurs. Il nous raconte qu'il est né à Memphis, mais qu'il a grandi à Chicago où, à treize ans, il a appris les ficelles de l'escamotage à ce qu'il appelle "l'école de la pègre", sous la tutelle de deux aigles blancs locaux connus sous les noms de High Pocket et Finger Wave Dave. "*I been playing since I was knee-high to a shit-ball. At first, I was a moll buzzer. I used to play in the ghetto. Then I started playing Skokie, then I started playing downtown in the Loop. They got Shot-Jims down there, and if you can play at that level and beat a chump, right there on the corner in front of they face—believe me, you can play.*" (En gros, ça donne : "J'ai commencé à voler dans les sacs à main des dames de mon quartier. Puis j'ai tenté ma chance dans le centre-ville. Là, je suis devenu si bon à ça que j'arrivais à piquer des portefeuilles dans les poches de vestes ou de pantalons de types qui se trouvaient sous les yeux de flics en civil, familiers des techniques de ma profession.") À quatorze ans, il payait la plupart des factures à la maison et allait à l'école en costume Armani, dit-il. À quinze ans, alors que, à la suite d'un pari, il était en train d'extraire de son étui le pistolet d'un agent de sécurité, un policier en civil qui assistait à la scène lui tira dessus à cinq reprises (d'où le boitillement).

Scott a tenu le rôle d'aigle blanc dans une bande pendant des années. "L'aigle blanc, c'est à la fois un psychiatre, un ambassadeur et une star de ciné très bien payée, m'explique-t-il. Si je travaille seul et que je vois un type marcher dans la rue avec sa femme, à qui j'aimerais bien piquer un truc dans son sac, je vais avancer vers lui et lui dire : 'Salut, coach, comment ça va ?' Je vais passer le bras devant sa femme et serrer la main du type. Elle, elle va le regarder droit dans les yeux et dire : 'T'as été coach, toi ? Quand ça ?' Lui, son regard va osciller entre elle et moi, et il va bredouiller : 'Coach ? Quel coach ?' C'est là que je mets ma main dans son sac, et elle, je l'ai endormie."

Robbins ne tient plus en place. "Ça, c'est une super technique, dit-il. Ça mobilise tout leur esprit, ça distille le doute en eux, et après, tu peux te les faire facile." Ensuite, il explique son métier à Scott et lui fait une démonstration. L'autre est scié. Puis ils passent près d'une heure à comparer leurs techniques, et à parler de projets auxquels Scott pourrait collaborer une fois sorti de prison. Robbins suggère qu'ils lancent un programme de sensibilisation au crime à l'attention du grand public.

"La plupart des événements sportifs sont diffusés sur grand écran, dit Robbins. Imagine qu'avant le début du match, il y ait une petite vidéo montrant une démonstration de pickpocket. Et imagine que tu puisses vendre les droits de ces vidéos." Scott applaudit et ajoute : "Waouh ! C'est génial, toi et moi, on pense pareil." Lorsque nous nous quittons, Scott conclut : "Il va nous falloir un camion de la Brinks, vu tout le pognon qu'on va se faire."

Quelques mois après cette rencontre, Scott est transféré dans un centre de réadaptation à proximité de l'aéroport de Las Vegas. Robbins décide alors de lui servir de chauffeur, il veut apprendre à mieux le connaître, et aussi le tenir à distance de l'attrait exercé par les transports publics. "J'ai l'impression que pour lui, un bus est l'équivalent d'un bar pour un alcoolique."

Scott est ravi à l'idée d'entrer dans le monde du show-business. (Il a aussi un plan pour lancer une ligne de vêtements résistants aux voleurs.) Robbins voit alors en lui un incroyable potentiel, mais il essaye de modérer ses ambitions en expliquant que rien de tout ça ne va se produire en une nuit. Un jour où il tente de savoir si Scott est capable de fournir tout le travail nécessaire pour faire aboutir le projet, ce dernier lui répond, à plusieurs reprises, en ces termes : "Je suis quelqu'un d'honnête." Ce qui finit par conduire Robbins à lui rétorquer : "Mais enfin, Gary, tu es un voleur."

Pour augmenter la liste des criminels du groupe, Robbins invite un vieil ami à les rejoindre. Rod, surnommé Rod the Hop. C'est un homme grand et élancé d'une cinquantaine d'années, doté d'un visage osseux et d'un accent du Sud. Il est considéré comme l'un des plus grands tricheurs aux cartes du moment. Son surnom renvoie à son geste phare : réussir à passer invisiblement la moitié haute d'un jeu de cartes en dessous du tas. Au cours de sa carrière, il a travaillé comme donneur dans un casino de Las Vegas où il s'assurait que certains de ceux qui avaient des relations quittaient la table satisfaits. Sa chance a tourné lorsqu'il est devenu obsédé par l'idée de battre les machines à sous. Il a fini par passer un an en prison. Depuis, Rod évite tout ennui avec la justice, traînant dans les cercles de la magie tout en travaillant chez un concessionnaire de voitures d'occasion. Les As de la Pègre, la bande de Robbins, représentent pour lui l'occasion de mettre à profit ses talents criminels dans un cadre légal et de gagner l'argent nécessaire pour payer son opération de la hanche. Mais il se montre prudent : "Une fois que t'as appris à tricher aux cartes, et à en vivre, tu ne vas plus jamais gagner honnêtement une partie de ta vie. Dieu ne va pas te laisser tricher et être chanceux à la fois."

Représentant l'autre versant de la loi, le sergent Tim Shalhoob a été, en son temps, le plus grand expert en pickpockets de la police de Las Vegas. Parmi ses faits d'armes les plus notables, on compte l'arrestation de Gary Scott en 2003. "Gary était indéniablement l'une des deux-trois plus grandes figures du milieu, se souvient-il. D'un autre côté, c'est un homme à l'allure extrêmement reconnaissable, donc sur les bandes des caméras de surveillance, il était facile à identifier." Au fil des années, Shalhoob s'est pris d'affection pour Scott, et a ressenti une certaine empathie pour lui lorsqu'il a appris qu'une bonne partie de l'argent volé était destinée à payer les frais médicaux de sa femme, guérie depuis, d'un cancer du sein. Il laissa alors le choix à Scott : "Je lui ai dit : 'OK, voilà les options : on peut te mettre sous les verrous pendant vingt ans. Ou, deuxième option : on négocie une condamnation à deux ou trois ans de prison, mais il faudra que tu fasses une série de vidéos à destination des forces de l'ordre expliquant les spécificités de ton métier. Il faudra aussi aller sur un plateau télé d'une chaîne nationale pour montrer ton visage, et ainsi faire en sorte que tu ne puisses plus opérer comme pickpocket.'" Scott opta pour la seconde option et resta ami avec Shalhoob. Pour ce dernier, Les As de la Pègre lui permettent de mettre un pied dans le circuit lucratif des conférences à l'attention des forces de l'ordre et offrent un débouché créatif pour son obsession. "On est de la même espèce, les pickpockets et les flics. On est tous accros à l'adrénaline", m'avoue-t-il.

Robbins endosse le rôle de chef d'équipe. Pour prendre la température, il envoie d'abord Rod et Gary intervenir et se produire dans une conférence à destination des forces de l'ordre, puis dans un spectacle de magie. Malheureusement, Scott, en dépit de sa personnalité extravertie, est terrorisé à l'idée de monter sur scène. Et malgré sa réputation d'aigle blanc, ses tours de passe-passe ne sont pas assez au point pour être exhibés. Un après-midi, j'observe Robbins enseigner à Scott un numéro qui consiste à demander à un spectateur de signer un billet de vingt dollars, de le plier, de l'envelopper dans un mouchoir puis de glisser le tout dans une poche. Après quelques fioritures scéniques, le spectateur découvre que le billet a disparu. L'escamoteur sort alors de sa propre poche un petit tube en métal, cadenassé, qu'il ouvre pour découvrir dedans le billet signé.

"Premièrement, sors tous tes billets de tes poches, lui demande Robbins. Sinon, les gens vont dire que tu les leur as volés. Je ne veux pas que tu aies le moindre argent liquide sur toi pendant le spectacle." Scott essaye alors d'exécuter le tour. Alors qu'il est sur le point de sortir le mouchoir, il baisse les yeux. Robbins bondit : "Non, non, non. Tu es un pickpocket, tu sais où sont tes poches. Prends ton temps. Recommence." Scott reprend depuis le début. Il énonce clairement chaque mot, avec un léger accent anglais : "Puis-je vous emprunter un billet d'un dollar, monsieur ? Je vous remercie, monsieur.

— Parfait, parfait, prends ton temps, dit Robbins. Bien, tu as fait signer le billet, tu l'as roulé et entouré d'élastiques, continue."

Scott place alors le billet roulé dans la paume de sa main droite, sort le mouchoir de la poche de sa chemise d'un geste théâtral, puis recouvre sa main avec en énonçant : "Je mets le billet dans ma main et place le mouchoir par-dessus.

— Ils voient bien que c'est ce que tu es en train de faire, interrompt Robbins. Pas la peine de le leur dire."

Scott serre nerveusement le billet dans sa main, qu'il maintient contre sa cage thoracique.

"Détends-toi, dit Robbins. Et n'approche pas ta main près de ton corps comme ça. Ça va rendre ta victime nerveuse. Et reste dans son espace, mais sur le côté. Pas face à lui – les gens angoissent quand ils sentent que leur espace privé est envahi, surtout par un pickpocket afro-américain de quatre-vingt-quinze kilos."

Le lendemain, Gary Scott et Rod the Hop font leur entrée dans le monde des conférenciers à l'hôtel Luxor, face à un public composé de quelque deux cent cinquante gérants de casinos, responsables de la sécurité dans des hôtels, policiers et gardes-forestiers. Scott est terrifié à l'idée de prendre la parole en public. "Je te croyais du genre à l'aise devant les gens, dit Rod, qui lui-même ne se sent pas très à l'aise.

— Mec, j'arrive juste pas à m'y faire quand Apollo dit : 'Voici Rod the Hop – c'est un tricheur.'"

"Je serre les fesses à chaque fois", m'avoue-t-il.

Les gens applaudissent poliment, puis le silence tombe alors que Scott s'avance dans l'allée centrale.

Il s'installe finalement derrière le pupitre, parcourt quelques notes et, dans un gros soupir, lance : "Je suis très nerveux." Avec moult hésitations, les mains vissées au pupitre, il commence le récit de ses débuts dans la profession, à treize ans. Il émet des observations d'ordre général, du genre : "Les pickpockets influencent notre économie globale, ici aux États-Unis, tout comme à l'étranger." Il improvise sans doute un peu lorsqu'il avoue : "J'ai fait le serment de consacrer la même énergie à lutter contre ce fléau que j'ai pu en mettre à voler – même si je dois y laisser ma vie." Il a vraiment l'air ému et il semble commencer à trouver son rythme de croisière. Puis il se lance dans un discours passionné, qui culmine avec l'idée que les aigles blancs sont "les terroristes silencieux qui sèment la pagaille dans notre économie".

Ce soir-là, Les As de la Pègre se réunissent au domicile de l'inspecteur Shalhoob pour un barbecue et une réunion de groupe. Robbins s'inquiète toujours des capacités et de l'engagement de Scott. Il le prend à part et pose une main sur son épaule. "Voilà ce que j'attends de toi. Je t'ai demandé d'acheter des menottes et du fil pour qu'on puisse exécuter le tour du billet, et tu ne l'as pas fait. Tu me demandes de t'apprendre à faire le coup du vol de la montre pour commencer à te produire sur scène, mais j'ai besoin de voir que tu fais de vrais efforts, tu comprends ?"

Scott le regarde, essayant de retenir ses larmes, et acquiesce.

Plus tard, alors que la soirée s'achève, Robbins aperçoit Scott avachi sur le canapé et va le voir pour lui remonter le moral. Il lui fait le coup de la cartouche d'encre et du stylo. Scott rit aux larmes. Puis il baisse les yeux et réalise que sa cravate a disparu. Il lève la tête, Robbins la tient dans sa main.

“T’es un vrai aigle blanc, Robbins, dit-il, le sourire jusqu’aux oreilles. Tu gères, et les gens t’adorent. Ta personnalité, c’est du caviar.”

Malgré tous les efforts de Robbins, Les As de la Pègre échouèrent. Rod fut de nouveau condamné à purger une peine en prison, et Scott disparut pendant un temps. Ce fut une sévère désillusion pour Robbins : “J’avais eu cette idée de rassembler des experts pour propulser ma carrière. Mais le résultat inverse s’est produit : j’ai monté un groupe dont je devais surveiller chacun des membres.” Il avait pourtant plusieurs autres plans pour remplacer le groupe dissous. Lorsque je l’ai vu récemment, il était à New York en train de tourner plusieurs séquences pour “Brain Games”, une émission de la chaîne câblée National Geographic qui explore plusieurs aspects du fonctionnement de l’esprit par le biais d’expériences interactives, de démonstrations et de jeux. Il allait également se produire sur scène, sous le nom de “Gentleman Voleur”, faire du conseil pour un programme télé intitulé “Influences”, et donner des conférences aux forces de l’ordre. Il élaborait aussi des outils pour faire de la formation et du conseil auprès des entreprises, collaborait avec Barry McManus, un ancien de la CIA, et Charles Morgan III, un professeur spécialisé en psychiatrie clinique associé à l’école de médecine de l’université de Yale. Robbins me disait avoir pour l’instant mis de côté l’idée de collaborer avec d’anciens condamnés : “Le taux de récidive est tout simplement trop élevé.”

Le ministère de la Défense a également contacté Robbins pour lui proposer d'adapter au domaine militaire des techniques d'escamotage, d'influence comportementale et d'escroquerie. Le ministère vient de fonder en décembre dernier un centre de recherches à l'université de Yale. Robbins doit y occuper un poste d'enseignant non titulaire, donner des conférences et animer des ateliers. Transposer les activités de Robbins au domaine de la défense est moins étrange qu'il n'y paraît. Dans leur ouvrage intitulé *Manuel de contre-illusion politique et militaire* (2007), Barton Whaley et Susan Stratton Aykroyd remarquent que, dans les années soixante-dix, "les prestidigitateurs ont conçu des théories et des principes relatifs à l'illusion et à la contre-illusion plus avancés que ceux encore utilisés aujourd'hui par le corps militaire et les renseignements". J'ai discuté avec le représentant des opérations spéciales qui a recruté Robbins pour le projet. Il m'a confié que plusieurs de ses hommes, impressionnés par ses vidéos accessibles sur YouTube, lui avaient parlé de Robbins. "Ça n'est pas vraiment un secret d'affirmer que beaucoup de gens dans les forces spéciales armées s'intéressent de près à la magie, à l'illusion, et à la capacité de manipuler l'attention des gens. Apollo est un homme qui se plonge vraiment dans les rouages de cette machine, son fonctionnement, les raisons de son fonctionnement. Et souvent, il arrive à extrapoler à partir de là et à tirer des conclusions plus larges."

Le travail de Robbins a aussi été repéré par des chercheurs en neurosciences. Il y a quelques années, il fit sensation lors de la conférence annuelle de l'Association pour l'étude scientifique de la conscience.

Il expliqua ses théories quant à la gestion de l'attention et décomposa son tour de magie de la pièce sur l'épaule. Les deux présidents de la conférence, Stephen Macknik et Susana Martinez-Conde, un couple de chercheurs en neurosciences, se mirent à travailler avec Robbins et commencèrent ensemble la rédaction d'un livre. Intitulé Un tour d'esprit, l'ouvrage établit des liens entre les techniques de Robbins et certains aspects rattachés aux sciences cognitives.

Apprendre les bases cognitives de ses dons n'a pas fait de Robbins un meilleur pickpocket. Mais cela lui a offert un nouveau cadre pour décrire ses activités, ainsi qu'un nouveau groupe de collègues, moins criminels, sans parler de la satisfaction de voir ses propres intuitions se révéler fondées. L'une des premières observations qu'Apollo m'a expliquées consiste à affirmer que le regard va suivre, sans jamais revenir à son point de départ, un objet qui se déplace en décrivant un cercle. En revanche, lorsqu'un objet se déplace en ligne droite, le regard a tendance à retourner au point de départ, et alors l'attention du spectateur s'évanouit dans le brouillard. Robbins exposa sa théorie à Macknik et à sa femme, qui élaborèrent une expérience pour la tester. Les participants observèrent deux vidéos de Robbins exécutant un simple tour de magie avec une pièce, pendant que des équipements de laboratoire suivaient les mouvements de leurs yeux. Dans l'une des vidéos, Robbins reculait sa main d'un geste non linéaire au moment crucial du tour. Dans l'autre, le geste était rectiligne. Bien entendu, le regard suivait avec plus d'insistance la main de Robbins lorsqu'elle décrivait un cercle. Les résultats de l'expérience furent publiés en 2011 dans Les Frontières de la neuroscience humaine, et signés par quatre auteurs, dont Robbins. Pour son affiliation universitaire, il indiqua “Lapègre, SARL”.

La communauté scientifique commence à s’intéresser de près aux croisements entre magie et neurosciences, et Robbins est aujourd’hui souvent invité à intervenir dans des conférences. Récemment, lors d’un congrès à Baltimore, il monta sur scène en compagnie du psychologue Daniel Kahneman, lauréat du prix Nobel d’économie pour ses travaux sur la finance comportementale. Ils discutèrent longuement de “la cécité d’inattention”, le phénomène qui provient d’un excès de concentration sur un ou plusieurs éléments, entraînant une incapacité à remarquer un stimulus annexe pourtant parfaitement visible.

Une bonne partie des interventions de Robbins relative à la neuroscience finissent sur YouTube. Je lui demande s’il n’a pas peur d’en dire trop. “Ça n’a pas d’importance que les gens sachent comment je travaille, ou même les gestes que je fais. Ils n’arriveront toujours pas à les capter. Pendant qu’ils essaieront de les repérer, je les observerai.”

Entre les différentes demandes contradictoires que Robbins reçoit et honore, il continue de consacrer du temps à son activité première : divertir les gens en leur faisant les poches. Comme beaucoup de magiciens, il participe à la fois à des spectacles déambulatoires et à d’autres sur scène. Il travaille aussi avec sa seconde épouse, Ahndao Le Do, une ancienne artiste-performeuse et militante des droits des femmes, aujourd’hui devenue mentaliste. Il avoue cependant que l’envie de se produire dans des spectacles déambulatoires commence à s'estomper, qu'il est de plus en plus frustré par les publics des entreprises. “Ils ne sont pas là parce qu'ils s'intéressent à toi ou bien à ce que tu vas dire. Ils sont là pour dîner, discuter avec les collègues, rire un peu, boire beaucoup, puis rentrer chez eux.”

Robbins a pour but de mettre au point un nouveau numéro de scène : un *one-man-show* dans un théâtre. “Je pense que tout le côté pickpocket serait beaucoup plus intéressant et marrant si cela faisait partie d'un récit sur ma vie”, dit-il. Des années plus tôt, Teller conseillait à Robbins de se poser deux questions : “Pourquoi je vole ?” Et : “Pourquoi je restitue tout aux propriétaires ?” Robbins commence petit à petit à considérer sa méthode comme “une métaphore, une expérience consistant pour moi à jouer avec les interactions entre les gens. Rétrospectivement, je me rends compte à quel point j'apprenais de choses sur le fonctionnement des gens en les volant. J'ai beaucoup appris sur leur façon de gérer l'attention, le stress, la confiance. Donc, quand je me demande pourquoi je vole, je réalise qu'en gros c'est ma façon de communiquer avec les gens.”

Pour l'instant, Robbins ignore totalement à quoi pourrait ressembler ce spectacle, plus exploratoire et plus biographique. Mais il connaît depuis plusieurs années la conclusion dont il rêve : une scène spectaculaire de vol qu'il nomme son saint Graal. “Au début, chaque spectateur reçoit une enveloppe noire joliment gravée à son nom et un petit cœur en papier rouge, m'explique-t-il. Je dis ‘chacun d'entre vous a reçu ceci. Mettez votre cœur dans l'enveloppe, collez-la et mettez-la dans votre sac ou votre poche. Surveillez votre cœur.'”

Robbins poursuit ses explications : “À la fin du spectacle, je pointe du doigt quelqu’un dans le public et lui demande de se lever. Je montre à tout le monde ma main vide, puis je la ferme, et quand je la rouvre, il y a un cœur dedans. Le type vérifie dans son enveloppe – son cœur n’y est plus. Ensuite, je mets mes mains dans mes poches et j’en sors tous les cœurs – des poignées de cœurs. Je les laisse retomber au sol. Le reste du public vérifie son enveloppe, et tous leurs cœurs ont disparu. Je me tiens là, le sourire aux lèvres, et dès que je vois leur air ébahi, je salue et quitte la scène. C’est la seule fois où je ne restitue pas ce que j’ai volé.”

Robbins rit. Il prend une longue inspiration puis laisse l’air s’échapper entre ses lèvres. “Certains disent : ‘C’est tout simplement impossible.’ Mais je ne crois pas, non. Est-ce que je sais déjà comment je vais y arriver ? Non. Mais j’y travaille.”

A Pickpocket’s Tale
a été traduit de l’anglais (États-Unis)
par Laura Brimo Evin.
Le texte a paru pour la première fois
dans *The New Yorker* en janvier 2013.

Michael Idov

UN TOURNAGE PRIS DANS L'ENGRENAGE

La limite se dit de l'extrémité
de chaque chose. Attaché à son infidèle fidélité
au réel, le cinéma passe outre les frontières.
Mais il est des expériences cinématographiques
qui excèdent tous les cadres. Depuis 2006,
un réalisateur russe, à l'ambition démesurée
mais à la notoriété relative, rassemble acteurs
et techniciens par milliers pour construire,
dans une ville d'Ukraine, une société totalitaire
où les caméras, minutieusement disséminées,
tournent sans discontinuité.
Un antre dans lequel la vie et le cinéma
ne sont qu'un.

Les rumeurs commencèrent à filtrer hors d'Ukraine vers 2008. Un jeune réalisateur russe retranché dans la banlieue de Kharkov, une ville d'un million quatre cent mille habitants à l'est du pays, préparait... *quelque chose*. Un film, sans aucun doute, mais pas seulement. À en croire les on-dit, il s'agissait là du projet cinématographique le plus cher, compliqué et accaparant jamais entrepris.

Par flot régulier, d'anciens figurants et des assistants entre-temps licenciés décrivaient le tournage en des termes d'ordinaire réservés aux survivants des camps. Le réalisateur, Ilya Khrzhanovsky, était un fou qui payait les équipes en roubles, les forçait à porter des vêtements de l'époque stalinienne et à manger des conserves soviétiques. D'autres parlaient du projet comme d'une secte où toute personne impliquée travaillait gratuitement. Khrzhanovsky s'était emparé de tout Kharkov, disaient-ils, avait fermé l'aéroport. Non, non, insistaient les autres, il s'agissait d'une expérience carcérale, filmée subrepticement, peut-être par des caméras cachées. Sur son blog, le critique de cinéma Stanislav Zelvensky écrivit qu'il s'imaginait un campement entouré de "têtes embrochées sur des pics".

Je dispose d'assez de temps et d'énergie pour me repasser ses potinages dans la tête tandis que mon avion à hélices branlant de marque Saab fait une approche cahoteuse vers Kharkov. Une éprouvante minute plus tard, il traverse un terrain d'atterrissage envahi par les mauvaises herbes et passe entre les carcasses rouillées d'avions d'Aeroflot que la chute de l'empire a cloués au sol. L'aéroport ne ressemble pas à grand-chose mais, au moins, il n'a pas été réquisitionné par le film. Et alors que mon chauffeur de taxi connaît tout du tournage (la production a emprunté la voiture de collection d'un de ses amis, fanfaronne-t-il sans qu'on lui ai demandé, il ne m'apparaît pas être sous le joug du réalisateur ni à son service). Je m'attends à tout, et tandis que j'arrive dans l'enceinte du film, je m'apprête à jeter aux oubliettes ces vains bavardages de la blogosphère. Vu de l'extérieur, le plateau est une énorme boîte en bois surplombant un bâtiment en briques de trois étages qui héberge les vastes bureaux du film, les ateliers et les départements des accessoires. Celui des costumes occupe le sous-sol à lui tout seul. C'est à cet endroit que deux sœurs jumelles me somment d'enlever mes vêtements et d'enfiler un costume trois pièces des années cinquante, une tenue composée de fixe-chaussettes, d'un pantalon remonté jusqu'au nombril, d'un borsalino, de chaussures couleur marron brique et d'un maillot de corps. Noirs, en tissu qui gratte et atrocement moches, les sous-vêtements agissent comme une piqûre de rappel proustien sur quiconque aurait passé du temps en URSS (J'ai vécu mes années de lycéen en Lettonie). Soixante-dix ans de misère quotidienne retenue par une ceinture.

Olya et Lena, les jumelles, ne voient rien d'anormal à ce rite initiatique pratiqué sur un reporter qui n'apparaîtra dans aucune scène du film – tout comme elles ne voient rien d'anormal à ce que les caméras n'aient pas tourné depuis plus d'un mois. Après tout, le film, provisoirement intitulé *Dau*, est en production depuis 2006 et ne s'achèvera pas avant 2012[01], voire jamais. Mais dans l'enceinte du plateau, pour les trois cents personnes qui travaillent sur le projet (parmi lesquelles une cinquantaine qui ne quitte jamais ni leur costume, ni la peau de leur personnage), il n'existe aucune différence entre le *on* et le *off*.

Une des jumelles me touche la tête avec admiration. Avant d'arriver à l'habillage, je m'étais arrêté à la coiffure et au maquillage. Ma nuque et mes tempes sont à présent rasées, dans ce qui se rapproche d'un dégradé à blanc. Tout est fait pour m'aider à me fondre sur le plateau. Sauf qu'à partir de maintenant, je ne peux plus le qualifier ainsi. Selon un glossaire de termes proscrits accroché au mur face à moi, le plateau doit être appelé l'Institut. De même, à l'intérieur de l'Institut, on ne parle pas de scènes, mais d'expériences. Un tournage ? Non, de la documentation. Et il n'y a certainement pas de réalisateur. À la place, Ilya Khrzhanovsky, l'homme responsable de cette folie, doit être nommé Directeur de l'Institut ou, simplement, Patron.

Khrzhanovsky me salue. Il porte une chemise gris foncé, par-dessus une veste noire, des Ray-Ban sans âge à forte correction et arbore une coiffure ébouriffée des années cinquante. Il m'entraîne vers l'un des interminables couloirs qui mènent de l'enceinte de *Dau* jusqu'à l'Institut et, en route, remarque que l'on prépare une figurante dans l'une des nombreuses loges de maquillage.

“Arrache-lui les cils, dit-il sérieusement, elle fait pute intello.

01 — Le film, actuellement en postproduction, devrait sortir en 2014 (NdT).

— C'était l'idée ! lui crie la maquilleuse.

— Oui, dit Khrzhanovsky, pivotant sur son talon comme un patineur sur glace. Mais essaie de la rendre moins putassière. Impossible, je sais."

Quelques instants plus tard, nous atteignons un passage entre deux mondes : la porte qui relie les bureaux modernes de la production du film – où les gens sont libres de manger des hamburgers, de pianoter sur leurs ordinateurs – et l'autre dimension temporelle qu'est l'Institut. Un gardien silencieux observe mon badge tapé à la machine, tamponné à la date du 28 avril 1952 et orné du marteau et de la faucille. Un autre fouille Khrzhanovsky, sans égard ni marque de reconnaissance. Un détecteur de métal passe brutalement le long de mon dos : un téléphone portable, désolé, impossible d'avoir ça à l'intérieur. Je parviens enfin à passer la porte pour accéder au plateau. Je connais les histoires et j'ai vu des photos mais j'ai le souffle coupé.

C'est toute une ville qui se tient devant moi, construite à l'échelle et ouverte aux éléments. Il est 1 heure du matin, il n'y a aucune caméra en vue mais l'endroit est entièrement habité. Deux gardiens font le tour du périmètre, le gravier craque sous leurs bottes. Au bout de la rue factice, une concierge, un vieux foulard sur la tête, balaie sous un porche. Le plateau fait environ la taille de deux terrains de football américain, et une fantaisie architecturale oppressante de cinq étages l'encercle. Une ziggourat irrégulière supporte un édifice à son sommet, une version précaire du mausolée de Lénine. Un stade en forme de colisée se dresse au-dessus de deux immeubles résidentiels mornes. Émanant de haut-parleurs perchés sur des pylônes, la musique atonale d'un violoncelle traverse la ville avec semble-t-il pour seul but de rendre les gens tendus, mal à l'aise, nerveux. “Est-ce que vous prévoyez d'agrandir la ville avec des images de synthèse ?” demandé-je, histoire de s'enquérir de quelque chose.

Khrzhanovsky trépigne et grimace. “Écoutez, si l'un des gardiens vous entendait, il me mettrait une amende de mille hryvnias [environ quatre-vingt-quinze euros], dit-il. Vous êtes mon invité mais ça n'a pas d'importance que je sois le Patron. Je suis fouillé comme tous les autres. Vous ne pouvez pas utiliser des mots qui n'ont aucun sens dans ce monde.

— Comme ‘images de synthèse’ ?

— Là, il m'en mettrait une deuxième.”

Le système d'amende est la dernière innovation de l'Institut, décrété il y a quelques mois par un Khrzhanovsky exaspéré par l'usage illégal de téléphones portables au sein de l'équipe et par leurs discussions à propos de Facebook. Parmi les autres offenses répréhensibles, on compte les retards – qui vous coûtent le salaire d'une journée entière – et le non renouvellement du faux pass de l'Institut. Le programme remporte un beau succès. Le moral s'est non seulement amélioré, mais un tout nouveau vocabulaire euphémique a vu le jour (on ne fait pas une recherche sur Google mais dans *Pravda*, le journal officiel de l'époque soviétique). Le système d'amende a aussi encouragé une solide culture de la délation. “Dans un régime totalitaire, les mécanismes de répression déclenchent des mécanismes de trahison, explique le réalisateur. Tout ça m'intéresse beaucoup.”

Khrzhanovsky ouvre en grand la porte d'entrée de l'un des immeubles. De nouveau, j'en ai le souffle coupé. Les entrailles du décor sont aussi élaborées que le plateau lui-même. On trouve des halls menant à des appartements, dedans des cuisines, et dans les bacs à glace, des aliments, frais et parfaitement comestibles mais dont la date d'expiration est fixée en 1952. Dans chaque appartement, Khrzhanovsky ouvre des placards, des tiroirs, des armoires, me montre des boîtes d'allumettes, des bougies, des luffas, des livres, du salami, des mouchoirs, des pains de savon, des boules de coton, du lait condensé, du pâté. Il tire fièrement la chasse d'au moins trois toilettes différentes. "Les canalisations sont faites sur mesure, ça a des répercussions sur le volume et la tonalité du bruit." La délectation se lit sur son visage.

L'idée de l'Institut a émergé en 2006 dans la tête de Khrzhanovsky peu après le début de la préproduction de *Dau*. Il voulait un endroit où il pourrait tirer de ses acteurs les émotions nécessaires, un environnement contrôlé, vingt-quatre heures sur vingt-quatre. Le plateau deviendrait un panoptique. Les micros seraient cachés dans les divers éclairages (comme c'était le cas dans plus d'une lampe sous Staline) permettant à Khrzhanovsky de filmer avec de multiples caméras, de tous les points de vue possibles – à travers les fenêtres, les lucarnes et les miroirs sans tain.

Le but ostensible de l'Institut était de recréer le Moscou des années cinquante et soixante, lieu où réside le sujet du film : Lev Landau. Physicien lauréat du prix Nobel, il a permis une avancée significative de la physique quantique grâce à ses théories sur le diamagnétisme, la superfluidité et la supraconductivité. Il a également tripoté un nombre incalculable de derrières. Les opinions de Landau sur le sexe et le mariage précédèrent le *Summer of Love* de plusieurs décennies (lui et sa femme Kora vivaient dans une relation libre qu'il appelait "l'acte marital non agressif"). Tout pour en faire un biopic, sa vie connut une fin cauchemardesque après un accident de voiture non loin de Moscou en 1962. Le physicien passa deux mois dans le coma. La cérémonie du prix Nobel se déplaça à son chevet.

Khrzhanovsky ne connaissait rien à la physique avant de découvrir l'existence de Landau. Mais son histoire, et l'abondance des récits sur le sexe, le génie et la fatalité qu'elle comportait, le fascina. Il fonda rapidement une société de production dans le but avoué de porter la vie du physicien à l'écran. Quasiment au même moment, son premier long métrage, *4* – une vision fantasmagorique à la Béla Tarr –, remporta une victoire surprise au Festival international du film de Rotterdam. Ce succès permit à Khrzhanovsky de négocier pour obtenir le contrôle total sur *Dau*. Son contrat avec les producteurs russes et européens du film stipule qu'il est maître du montage final, qu'il a la possibilité de renvoyer quiconque sans explication et qu'il n'a aucune date butoir. L'équipe se composerait majoritairement de personnes du monde des arts et du théâtre possédant la bonne "énergie".

De tous les acteurs, Radmila Shchegoleva est la seule professionnelle. Elle joue la femme de Landau. Avant le début du tournage, elle a passé une année entière à travailler dans une chocolaterie et dans un hôpital, un régime concocté par Khrzhanovsky pour voir ce qu'elle avait dans les tripes. En ce qui concerne le rôle principal, il imposait une condition : être joué par un vrai génie, peu importe sa discipline. "J'avais besoin de gens dotés de la même énergie, analyse-t-il. Des génies pour jouer des génies, le puissant pour jouer le puissant." Il finit par retenir un séduisant chef d'orchestre grec à la crinière luxuriante, Teodor Currentzis, et ce, malgré son calendrier de tournée chargé et une connaissance du russe pour le moins bancale. "Tous les génies sont des étrangers", me dit Khrzhanovsky mystérieusement.

Les figurants professionnels ne convenaient pas non plus à Khrzhanovsky ; il leur préféra de nouveaux visages qu'une équipe de photographes rechercha dans les rues de trois villes différentes. Leurs efforts conduisirent à la création d'une base de données de deux cent dix mille candidats. Quand les caméras ne tournent pas, la préparation des figurants représente le seul travail des départements costumes et maquillage, à raison de cinquante personnes chaque jour. On les habille, on les maquille, les photographie sous quatre angles différents, et – autre idée de Khrzhanovsky – on les filme en train de répondre aux questions suivantes : "Que signifie pour vous le bonheur ?" "Pour quoi vivez-vous ?" Difficile de dire s'il est aisé ou non de préserver sa santé mentale entre les périodes de tournage ; un à un, les sujets du réalisateur s'offensent quand je leur pose la question. Ma tentative de distinguer l'image du film et tout ce qui se passe autour du plateau est, me dit-on, une pratique très "béotienne", "cynique" et, pour finir, "américaine".

Khrzhanovsky savait depuis le début qu'il s'était engagé dans un projet fou. "Si on prend tous ces détails séparément, ils ne sont que pur délire, me confie-t-il lors de ma première nuit tout en exhibant une liasse de roubles tout frais ornés du portrait de Lénine (des faux billets chacun numérotés). Mais si on les considère dans leur ensemble, ils révèlent une profondeur insondable. Quand votre salaire est en roubles, qu'il existe un taux de change pour cette monnaie et que vous savez que ces billets vous permettent de faire des achats, vous commencez à les regarder différemment quand les caméras tournent. Quand la femme de ménage passe la serpillière dans les toilettes tous les jours pendant deux ans, elle le fera différemment quand elle sera filmée."

Les gens sont happés par le projet. Depuis 2008, plus d'un membre de l'équipe a arrêté de prétendre qu'il s'agissait là d'un boulot temporaire et a déménagé à Kharkov. La plupart sortent tout juste d'écoles de cinéma, mais plusieurs ont laissé derrière eux de grandes carrières. Certains ont amené leurs familles à Kharkov. D'autres en ont fondé de nouvelles. Anton, un jeune homme barbu au regard triste qui s'occupe de la base de données des figurants, travaille depuis deux ans et demi sur le projet. Sa femme, qu'il a rencontrée ici, a accouché deux semaines avant mon arrivée.

Fait déconcertant, les gens vont et viennent par vagues. Quand Khrzhanovsky aime quelqu'un – généralement une jeune femme –, il lui offre de l'argent et avec, un titre ronflant. Si on l'agace, on est renvoyé sur-le-champ. Sveta, la jolie productrice déléguée du film, est venue il y a deux ans interviewer Khrzhanovsky pour un livre sur les jeunes réalisateurs russes. Elle est restée et a divorcé de son mari peu de temps après. Je fais sa connaissance alors qu'elle rentre tout juste de dix jours passés à Varsovie, son plus long séjour hors du plateau depuis son emménagement ici. "J'ai dû aller voir mes parents, dit Sveta d'une voix énervée. C'est tellement bien d'être de retour."

Dans un sens, on peut dire que l'histoire de Khrzhanovsky reflète celle de son projet, un mélange de débauche et de grandes ambitions. Le père du cinéaste est un réalisateur d'animation de renom. Son grand-père était un peintre célèbre. Le jeune Khrzhanovsky a grandi avec accès direct au meilleur de l'art et de la culture russe. "Mes parents m'ont eu tard donc j'ai principalement communiqué avec leurs amis, déclare-t-il. Ces interactions m'ont forgé." Il a perdu sa virginité à treize ans, il ne s'en cache pas. Quelques années plus tard, il était devenu un grand habitué des boîtes de nuit et un des plus grands dragueurs de Moscou. Les récits de ses exploits servent toujours quand un sujet de discussion vient à manquer. Un de ses amis se souvient du Ilya adolescent qui, à la suite d'un pari ou d'un défi, approchait d'excentriques créatures en leur disant de sa douce voix : "Viens me sucer dans les toilettes" (je ne sais pas pourquoi mais c'est encore plus obscène en russe). Et elles le faisaient. Certaines en tout cas. Khrzhanovsky draguait tout le monde. Cela lui en coûta quelques amitiés. Mais lui permit également de tirer son coup, soir après soir. "La luxure animale, le moteur essentiel de son existence, est un handicap", me lance un de ses amis de Moscou. À ses homologues masculins, le *sex-appeal* de Khrzhanovsky semblait incompréhensible, une ironie du sort : c'était un garçon juif menu et ordinaire, avec une tendance à porter d'horribles vestes en velours frappé. Des lunettes rondes écrasaient son visage potelé de bébé ; vous pouviez dessiner son portrait en ne faisant que des cercles. Il était pourtant évident que Khrzhanovsky possédait un magnétisme ravageur.

Pour quelqu'un autant à la recherche de contrôle et d'adulation, *Dau* était la meilleure chose qui pouvait lui arriver. Construire l'Institut a donné à Khrzhanovsky plus qu'un film à tourner, il l'a proclamé roi, avec toutes les prérogatives attachées à ce rang (comme le choix de sa cour). Yulia en est l'exemple classique. Cette jolie femme, frêle diplômée d'un prestigieux atelier de mise en scène atterrit à Kharkov pour passer un entretien à l'un des postes (au nombre apparemment illimité) "d'assistants réalisateurs" de Khrzhanovsky. Ses responsabilités n'étaient pas précisées. Une fois dans l'enceinte, Yulia attendit plus de six heures ; le réalisateur finit par arriver. "Bonjour, dit Yulia, je vous ai attendu toute la journée." "Merci, répondit Khrzhanovsky, je vous ai attendue toute ma vie." Pendant deux heures, ils discutèrent d'art, après quoi, elle fut envoyée au département des costumes pour revêtir une tenue de 1952 ("rends-la magnifique", ordonna Khrzhanovsky). Il fallut deux heures rien que pour la coiffure. Enfin, à 1 heure du matin, on montra le plateau à Yulia. Là, ils discutèrent encore jusqu'à 3 heures, cette fois-ci en privé. L'interrogatoire passa rapidement de l'art au sexe. Quand as-tu perdu ta virginité ? Est-ce que tu peux aller vers un gars dans un club et le sauter sans même chercher à connaître son nom ? Parmi tes copines, y a des putes ? ("Je n'arrivais à comprendre s'il voulait dire des professionnelles ou juste des allumeuses, dit Yulia. J'en étais à ma deuxième nuit blanche. Je voulais juste en finir et aller me coucher").

Le réalisateur n'allait rien tenter, ce n'était pas son genre, il attendait manifestement de Yulia qu'elle se jette sur lui. "Quand je suis sortie, se souvient-elle, tout le monde était, genre, 'Il t'a demandé si tu couchais avec des femmes ?' Cela semblait être une partie importante de son processus de recrutement." Le matin, quand elle vit Khrzhanovsky, elle se mit à trembler de dégoût de manière incontrôlable. Peu après, un assistant lui demanda courtoisement de partir : "Avec Ilya, vous avez des points de vue très différents sur la vie."

Des histoires comme celle de Yulia se comptent par dizaines. Certains ont tenu une journée, d'autres un mois. Certains disent qu'ils retravailleraient avec plaisir avec Khrzhanovsky, d'autres rapportent des séquelles proches du syndrome post-traumatique. "C'est presque de l'esclavage, écrit l'un des anciens membres de l'équipe sur un blog. Mais Ilya a réussi à persuader tous ces gens qu'ils faisaient partie intégrante de quelque chose de très grand." "Travailler ici, note un autre, c'est comme être ce type qui voulait être tué et mangé et trouver un maniaque qui veut vous tuer et vous manger. Corrélation parfaite."

Vingt-quatre heures à l'Institut et je commence à sentir son magnétisme. L'habillage, les contrôles de papiers, ces rituels répétés perdent de leur absurdité pour devenir en quelque sorte la réalité. Mais ce matin, le monde extérieur se rappelle à moi sous la forme rondelette de mon collègue photographe. C'est un homme barbu, trapu, du nom de Sergey, enclin à l'hilarité cynique. Il a photographié tout le monde, de Poutine à Castro. Un problème se pose aussitôt. L'appareil photo numérique de Sergey ne sera pas autorisé à l'intérieur, à moins qu'il soit recouvert par une espèce de tissu des années cinquante (similicuir, lin, toile de jute). Quatre heures passent tandis qu'un atelier crée un jupon noir à l'appareil. Sergey fulmine. C'est son bizutage ; moi, j'ai eu droit à la coupe de cheveux. Quand nous retrouvons Khrzhanovsky, je découvre à quel point le plateau est panoptique. Tous ceux avec qui j'ai parlé le premier jour m'ont balancé au Patron. Les jumelles ont dit que mon costume me dérangeait. Un autre employé a rapporté que je montrais peu d'intérêtpour les *mood boards* – dont l'un fait l'inventaire des centaines de plaques d'égout soviétiques. Khrzhanovsky, visiblement amusé par la situation, me fait gentiment savoir qu'il a été dûment alerté. “Vous devez vous intéresser aux mêmes choses que les autres, dit-il avec dérision. Combien d'argent ai-je dépensé, et quand aurai-je fini.”

La tension est bien plus forte entre Khrzhanovsky et Sergey. Une fois à l'intérieur, Sergey refuse de prendre le règlement au sérieux ; les mots interdits (filmer, scène, éclairage, maquillage) sortent de sa bouche par dizaines. Je me rends soudain compte que chacun de ses anachronismes me font grimacer. Moins de douze heures à l'Institut et j'ai déjà accepté les règles du jeu de quelqu'un d'autre.

Au programme du jour, un dîner à la cafétéria totalement opérationnelle de l'Institut et une visite des laboratoires de physique. Comme notre statut d'invités d'un État totalitaire l'exige, Sergey et moi sommes constamment entourés par des gardes du corps et des indics. À la cafétéria, nous trouvons une oasis d'opulence coco – des bonbons, les versions soviétiques du roquefort et du gruyère, et une charmante caissière du nom d'Olya. Elle habite ici "depuis 1949", une réponse toute faite que tout le monde donne cette semaine. En réalité, elle est sur le plateau depuis quatre mois. Elle travaille à la cafétéria de midi à 22 heures et passe le reste de son temps dans un appartement communautaire qu'elle partage avec Konstantin, "un physicien". Sur, j'imagine, un signal de Khrzhanovsky, elle nous invite à passer chez elle après son travail. Sortie pour une rapide cigarette soviétique, loin du regard du réalisateur, Olya n'ôte pas le masque. "Vous voulez être actrice ?" demandé-je. "Quoi ? Non ! Je veux être scientifique."

L'appartement d'Olya se situe sur le plateau. La fête commence vers minuit, Olya, Konstantin, Khrzhanovsky, ses deux assistantes, Sergey et moi sommes présents. Pendant deux heures extrêmement étranges, nous tenons une conversation guindée des années cinquante. Sergey possède un trésor d'histoires de photographe de guerre, toutes extrêmement anachroniques ("Quand j'étais en Corée du Nord… enfin je veux dire au nord de la Corée"). Parfois, tout le monde éclate de rire, même Khrzhanovsky. Et parfois non. Olya est celle qui tient le mieux son rôle. La bouteille de vodka vide, elle me prend à part pour me montrer sa chambre ; j'y trouve un cactus solitaire et une chemise de nuit jetée sur le petit lit. Ce minuscule animal montrant sa cage est un moment intensément érotique et curieux. Elle me demande d'écrire quelque chose dans son journal intime. Je gribouille quatre vers en anglais. Ravie, elle m'invite à revenir la voir le lendemain. Seul. C'est un coup monté, le plus vulgaire et le plus évident de tous. Et contre toute attente – il y a un micro dans le plafond, bordel de merde – j'envisage cette option. L'espace d'un instant. Dehors, le violoncelle braille.

"Ça ne te rend pas dingue ? Cette musique incessante ?

— Non, j'aime bien. Parfois je dors même les fenêtres ouvertes."

Mais oui bien sûr.

Khrzhanovsky n'est à l'évidence pas le premier réalisateur à repousser les limites cinématographiques. Aujourd'hui, la *runaway production*, la délocalisation des tournages, constitue un élément de base des traditions filmiques. Sans l'occasionnel réalisateur à la barbe fournie partant à l'aventure, les films ne nous permettraient pas de nous enrichir : nous avons besoin de ces histoires pour nous rappeler qu'un film est, après tout, une œuvre d'art et peut rendre son créateur fou. Le tournage d'*Apocalypse Now* de Francis Ford Coppola ne dura que deux cent trente-huit jours, une goutte d'eau comparé à *Dau*. Kubrick avait séquestré Cruise et Kidman pendant quinze mois pour *Eyes Wide Shut*. En comparaison, *Dau* entre dans sa sixième année. Les sources de financement se sont asséchées à plusieurs reprises mais à chaque fois, Khrzhanovsky a réussi à flagorner un autre investisseur. Le résultat est un mesclun d'argent provenant de Russie, d'Ukraine, de France, d'Allemagne et de Suisse.

Le réalisateur lui-même m'a assuré que le projet était à quatre-vingts pour cent fini. Il m'a même permis de visionner environ une heure de *rushes*, dans une pièce sous le plateau, uniquement accessible par un escalier situé dans son bureau. Dans ce bunker, on trouve une table de montage numérique et un chien encagé. Les images que j'ai observées constituent un mélange vertigineux de sensibilité avant-gardiste, de travellings hollywoodiens et de techniques de télé-réalité. Une séquence d'émeute dans une gare ressemblait à un croisement entre du Michael Bay et du Jérôme Bosch – un long voyage soigneusement chorégraphié à travers une foule dense animée de mouvements tumultueux. Un autre passage montrait une chamaillerie improvisée pendant quarante minutes entre Landau et sa femme. Le film qui émergera un jour de ces extraits pourrait être tout et n'importe quoi : une grande épopée, un poème monotone ou rien du tout. Parce que *Dau* n'est pas qu'un tournage "en échappée". C'est un tournage qui s'échappe à lui-même : le premier projet cinématographique de l'histoire dont le réalisateur ne semble pas vouloir tirer un film. "Que va-t-il arriver aux décors une fois la production terminée ?" demandé-je un jour à Khrzhanovsky avant de le voir instantanément plonger en dépression. "Je ne sais pas, dit-il, caressant un des murs en stuc de la cafétéria. En ce moment, tourner est la seule chose qui justifie les coûts énormes de son maintien. Je ne sais pas quoi faire ensuite."

Au bout de mon troisième jour sur le plateau, le déguisement ne se ressent plus comme tel. Je tire habilement sur mes bretelles, attache les boutons de manchette et pars : j'ai pris rendez-vous pour un massage chez le coiffeur. Bien sûr, ceci est le côté le plus séduisant de la vie totalitaire : lorsqu'on nous a retiré le droit de choisir, on devient tout à coup reconnaissant de la moindre offre de service. “Mmm, du fromage !” Pensée classique d'incarcération que j'ai développée après seulement quarante-huit heures. Khrzhanovsky m'arrête juste au moment où je suis sur le point de m'enfoncer dans le tunnel séparant le département des costumes du plateau. Son visage est d'un rouge profond teinté d'une pointe de violet. Prêt à crier.

“J'en ai rien à foutre de votre magazine, j'en ai rien à foutre des États-Unis. Il demande aux gens de poser. Il n'observe pas la vie, il la met en scène. Et je ne peux pas tolérer ça. Ce ne sont pas des marionnettes”, hurle Khrzhanovsky.

Il semblerait que Sergey ait voulu prendre Olya en photo dans son bain. L'accord avait apparemment été donné. Mais Sergey lui a demandé de mettre une serviette en guise de turban. Khrzhanovsky se jette dans un fauteuil et abat son poing sur une table recouverte de dentelle. Divers subalternes regardent de loin, en un chœur silencieux.

“Olya, dit-il avec insistance, ne prend pas son bain enturbannée.” Khrzhanovsky prend sa respiration et se met à murmurer poliment. “Notre collaboration s'arrête là, m'informe-t-il. Laissez-moi finir et ensuite vous pourrez riposter comme il vous plaira ; même si ça ne changera pas grand-chose, ma décision est prise. Vous êtes, après tout, sur mon territoire. Je serai bref, je vous prierai de partir.”

Et à cet instant précis je sens mon cerveau s'éteindre subitement. J'en suis à la moitié de ma phrase avant de me rendre compte de ce que je suis en train de répondre.

“Je comprends, affirmé-je calmement. Je suis tout à fait d'accord. Cet homme n'est pas mon collègue.

Je ne le connais pas. Je ne l'ai rencontré qu'hier. Si vous pensez qu'il doit partir, je n'ai pas d'objections. L'article est la seule chose qui m'intéresse. Si vous avez des photos de presse du plateau que nous pouvons utiliser, alors nous n'avons pas besoin d'un photographe." Oui, en deux jours, j'ai été réduit à un soviétique pleurnichard stukach, une balance. La faute au costume. Tout ça à cause du caleçon. De la nourriture de la cafétéria. De quelque chose.

Khrzhanovsky arbore soudainement un large sourire. Je fais de même. Nous vivons un moment extrêmement étrange. On sait tous les deux ce qui vient de se passer. Il m'a dressé un autoportrait soigneusement réalisé d'un génie tyrannique. Je lui ai apporté la satisfaction d'observer mon absolu avilissement. Nous sommes quittes.

Sans rien ajouter, je mets mon borsalino, présente mon pass au gardien en sueur et marche vers le soleil d'avril. Il me reste une heure avant mon massage. Je me promène dans l'Institut. Pourquoi ne pas rendre visite à Olya. À ma droite, un gardien médit sur l'un de ses collègues avec un troisième. À ma gauche, penché en avant, un concierge balaie avec monotonie un carré de gravier en dessinant de grands arcs, cela ne change strictement rien, il s'agit juste de balayer pour balayer, comme il l'a fait hier et comme il le fera demain, j'en suis en tout point certain.

The Movie Set That Ate Itself,
a été traduit de l'anglais (États-Unis)
par Annelyse Perrier.
Le texte a paru pour la première fois
dans *GQ US* en novembre 2011.

Achevé d'imprimer
dans l'Union européenne
pour le compte des

Éditions
du sous
sol

en septembre 2014